GILBERT KEITH

CHESTERTON

ORTHODOXIE

DIE ANDERE BIBLIOTHEK

HERAUSGEGEBEN

VON HANS MAGNUS

ENZENSBERGER

GILBERT KEITH

CHESTERTON

ORTHODOXIE

EINE HANDREICHUNG

FÜR DIE UNGLÄUBIGEN

Aus dem Englischen
neu übersetzt von Monika Noll
und Ulrich Enderwitz

Mit einer Einleitung
von Martin Mosebach

EICHBORN VERLAG
Frankfurt am Main 2000

ISBN 3-8218-4187-7

INHALT

MARTIN MOSEBACH:

GILBERT KEITH CHESTERTON, F. D.

Am 6. Mai 1756 schrieb die Marquise de Pompadour an den Comte de Tressan, der in Nancy am Hof des Königs Stanislaus Leszczyński lebte, um von ihm etwas über eine schier unglaubliche Laune der Natur zu erfahren: »Man erzählt, daß der König von Polen einen ganz wunderbaren Zwerg habe, der tausenderlei geistreichste Scherze treibe, obgleich es ihm nicht begreiflich zu machen sei, daß es Gott gibt.« Die Unfähigkeit zu glauben erschien der Dame aus dem angeblich so ungläubigen achtzehnten Jahrhundert als eine seelische Monstrosität, die der körperlichen Verkrüppelung des Zwergs auf eigentümliche Weise entsprach. In ihrer Umgebung lebten zwar einige Schriftsteller, die sich »Libertins« nannten und die Kirche heftig angriffen, aber viele davon waren weniger »Feinde Gottes als Feinde des Mesners«, wie Gómez Dávila sagt, und der Wortführer der Freigeister, der mächtige Voltaire baute Gott – »Deo fecit Voltaire« – eine hübsche Kapelle auf seinem Gut Ferney. Achthunderttausend Jahre alt sind die neuerdings in China gefundenen steinernen Äxte, die bisher ältesten Zeugnisse der Menschheitsgeschichte, aber der Atheismus als kulturelles, die Massen berührendes Phänomen blickt erst auf gut zweihundert Jahre zurück. Bis ins neunzehnte Jahrhundert hinein war ein Atheist für weite Kreise so unheimlich wie der Zwerg des Königs von Polen – war es möglich, daß Atheisten treue Freunde, anständige Kaufleute, loyale Bürger sein konnten? Heute erscheinen solche Fragen als Inbegriff eines philiströsen Fanatismus. Sie waren es nicht, als die überwiegende Zahl der Menschen davon überzeugt war, Gott alles zu verdanken, nicht nur das Leben, sondern auch das Gesetz, wonach es zu führen sei, nicht nur die Kenntnis von Gut und Böse, sondern jeden ungetrübten Genuß, jedes reine Glück und jeden gelungenen Augenblick. Wenn der Glaube an Gott bedeutete, daß die Menschen Geschöpfe dieses Gottes waren, war der Unglaube ein Raub an den Menschen, denn er nahm ihnen ihre menschlichste Eigenschaft und den Grund für ihre Würde.

Der idealistische Atheismus fühlte sich hier allerdings schmerzlich mißverstanden. Nicht gefährden oder gar abschaffen wollte er die Menschenwürde, sondern sie erst eigentlich begründen. Die Verblendung, die im Glauben lag, hätten die Menschen selbst verschuldet; mit Priestertrug und Heuchelei gehe die Religion einher. Im Punkt der Moral drehten die

Ungläubigen den Spieß herum: waren die Gläubigen nicht vielfach schlechte Christen? Hielten die Ungläubigen nicht oft besser die Gebote, obwohl sie nicht an deren göttlichen Ursprung glaubten und deshalb gar nicht dazu verpflichtet waren? Vielleicht war der Mensch nur ein höheres Tier oder eine organische Maschine, aber seinem Instinkt oder Programm sollte dennoch ein Gesetz von Gut und Böse eingeprägt sein.

Aber war dies nicht bereits ein neuer Glaubenssatz, der sich in materialistischer Umgebung fremdartig genug ausnahm? Populär wurden die Denker, die diese Frage stellten, bis auf den heutigen Tag nicht. Die Konsequenz des vatermörderischen Karamasov: »Wenn es Gott nicht gibt, ist alles erlaubt«, löste ebensoviel Empörung aus wie das philosophisch und politisch immer wieder geäußerte Bedürfnis, eine neue »gottlose« Moral »jenseits von Gut und Böse« zu entwickeln. Das atheistische Experiment dauert eben bei weitem noch nicht lange genug, um schon mehr als die Umrisse einer vollständig atheistischen Kultur ahnen zu lassen. Solange man ein atheistisches Frankreich noch als kulturell »katholisch« und ein atheistisches Schweden als kulturell »protestantisch« charakterisieren wird, solange also eine ungläubig gewordene Gesellschaft sich in ihren Lebensgewohnheiten, Wertvorstellungen und ästhetischen Maßstäben aus dem kulturellen Fundus der Religion ernährt, ist ihr moralisches Eigengewicht noch nicht feststellbar.

Wieviel Glauben braucht der Atheismus? Schon im achtzehnten Jahrhundert begann man in England dieses Problem zu erörtern. David Hume hatte nicht eine Apologie der Religion im Auge, als er deklarierte, daß er »glauben müsse, um auch nur ein Ei zu essen«. Der radikale Skeptiker sah in dem Begriff der »Kausalität«, der Ursache und Wirkung verband, eine durch keine Notwendigkeit bewiesene bloße Erfahrungstatsache. Jede der beiden folgenden Behauptungen sei in gleichem Grade möglich: die Sonne werde morgen aufgehen; die Sonne werde morgen nicht aufgehen. »Die Welt, die wir bewohnen, ist ein großes Theater, dessen Maschinen uns verborgen sind«, lehrte Hume, »die eigentlichen Triebkräfte sehen wir nicht, die Ursachen der Ereignisse sind uns unbekannt.« In einer derart undurchschaubaren Welt war der Glaube, ein überaus reduzierter, auf das praktisch Naheliegende gerichteter Glaube allerdings vonnöten, um auch nur die allereinfachsten Vollzüge des täglichen Lebens möglich zu machen. Weil Hume an Gott nicht glauben konnte, mußte er daran glauben, daß das Ei einen Eidotter enthielt und daß dieser Dotter einen Menschenkörper nährte. Er verachtete diesen Glauben, und weil er sah, daß dieser Glauben für das Leben dennoch notwendig war, verachtete er vielleicht auch das Leben.

Aber auch wer die Grenzen der Vernunft viel weiter absteckte als Hume, mußte schließlich auf den Glauben stoßen, und zwar nicht als brüchige Hilfskonstruktion für das tägliche Existieren, sondern als Fundament des den ganzen Kosmos umfassenden Vernunftpalastes. Joseph Kardinal Ratzinger hat als Präfekt der Glaubenskongregation der Römischen Kirche erst jüngst den Ort beschrieben, den der Glaube in der wissenschaftlichen Evolutionstheorie einnimmt: »Es geht um die Frage, ob das Wirkliche aufgrund von Zufall und Notwendigkeit, also aus dem

Vernunftlosen entstanden ist, ob mithin die Vernunft ein auffälliges Nebenprodukt des Unvernünftigen und im Ozean des Unvernünftigen letztlich auch bedeutungslos ist, oder ob wahr bleibt, was die Grundüberzeugung des christlichen Glaubens und seiner Philosophie bildet: *In principio erat verbum* – Am Anfang aller Dinge steht die schöpferische Kraft der Vernunft... Die Vernunft kann gar nicht anders, als auch das Unvernünftige nach ihrem Maß, also vernünftig zu denken, womit sie implizit doch wieder den eben geleugneten Primat der Vernunft aufrichtet.« Und die Aufrichtung dieses Primates ist ein Glaubensakt, vielleicht der größte und grundsätzlichste Glaubensakt überhaupt. Auch im Sprachgebrauch der Christen ist das »Glauben« längst zu etwas Schwächerem als das »Wissen« geworden. In dem vom Kardinal geschilderten Zusammenhang wird das »Glauben« jedoch zu etwas unendlich Stärkerem als das »Wissen«, nämlich zur Voraussetzung jeden Wissens und jeder Tat. Vor diesem Glauben erscheint der Glaube des David Hume als bloßes Gedankenspiel. Der Glaube, daß die Welt eine Ordnung ist, die es möglich macht, sich sinnvoll in ihr zurechtzufinden, hat, wie jeder große Glaube, ungezählte Märtyrer, Glaubenszeugen, die gegen jede Wahrscheinlichkeit, und indem sie jeder Versuchung zum Aufgeben trotzen, sich jeden Morgen von ihrem Lager erheben und mit schier tollkühnem Zutrauen ihr Tagewerk beginnen. So erdrückend ist die Zahl dieser Gläubigen, daß die wenigen, die diesem Glauben nicht anhängen und im Bett liegenbleiben, nach allgemeiner Überzeugung und sogar ihrer eigenen als krank gelten. Der Glaube, daß die Welt eine Ordnung und das Leben einen Sinn haben – irgendeine Ordnung und irgendeinen Sinn –, ist ein gelebter Glaube, der sehr weit von den theoretischen Überzeugungen seiner Gläubigen entfernt sein kann. Es ist nicht nur vorstellbar, sondern überaus häufig, daß ein Mensch von der Sinnlosigkeit und dem Chaos der Welt überzeugt ist, und dennoch täglich ins Büro eilt, dort gewissenhaft und intelligent arbeitet, ein Vermögen erwirbt und darauf achtet, seinen Besitz geordnet an seine Erben gelangen zu lassen. Schriftsteller und Philosophen, die allein von der Sehnsucht, so bald wie möglich im Nichts aufzugehen, geleitet scheinen, kümmern sich geschäftstüchtig um ihre Auflagen und registrieren mit Genugtuung die Auszeichnungen, die ihnen zuteil werden. Leute, die jede transzendentale Macht leugnen und niemals einer Göttin ein Tier opfern würden, legen ihren Frauen in festgelegtem Rhythmus Brillantringe und Pelze zu Füßen. Nach Ansicht der Religionsforscher ist es auch dem hochbewußten Atheisten nicht möglich, seine Abkunft vom *homo religiosus* einfach abzulegen. Er verdränge die intellektuell widerlegte Religion in sein Unterbewußtes und ordne seine politischen und beruflichen Verhaltensweisen unversehens nach religiösen Strukturen.

Es war dieses Phänomen, das Gilbert Keith Chesterton im Auge hatte, als er am Ende eines Jahrhunderts, in dem der Atheismus philosophisch triumphiert hatte, und am Anfang eines Jahrhunderts, in dem er politisch triumphieren würde, sein Buch *Orthodoxie* schrieb. Die eigentümliche Schizophrenie des westlichen, von einer rationalistischen Zivilisation geformten Zeitgenossen, Materialist und Atheist sein zu wollen, in allen praktischen Entscheidungen jedoch an dem Begriff von Gut und Böse und einer daraus entwickelten Moral und an der Vorstellung einer vernünftig geordneten Welt festzuhalten, führte ihn zu einer Betrachtung der Menschennatur, die in einen Gottesbeweis mündete, den man vielleicht den »anthropologischen Gottesbeweis« nennen könnte.

Der Mensch, den er als Beispiel für die Natur des ganzen Menschengeschlechtes nahm, war er selbst. Das entsprach bei Chesterton nicht einem unkontrollierten Egozentrismus, sondern einer Grundhaltung, die er »demokratisch« genannt hätte: der Überzeugung, daß sich die eigene wahrhaft überwältigend geistreiche und originell schöpferische Person in den wesentlichen Punkten des Menschseins in Nichts von seinem dümmsten und unbegabtesten Nebenmenschen unterschied. Chesterton war sicher, daß er eine Aussage von allgemeiner Geltung über Glaube und Religion machte, wenn er über den eigenen Weg zu Glaube und Religion sprach, denn er teilte mit allen Menschen die Erfahrung der Kindheit und die angstvolle Erwartung des Todes, die Sehnsucht nach Liebe und das Bewußtsein eigener Schuld.

Chesterton war ein Bewunderer des Menschen; man darf getrost behaupten, daß er sich selbst, von Zeiten der Zerknirschung abgesehen, im Spiel seiner unerschöpflichen Begabung genoß wie ein Seehund, dem niemals die Lust ausgeht, sich von einem Felsen ins schäumende Wasser zu werfen. Und deshalb wurde es für ihn zu einer sein Leben umwälzenden Entdeckung, als er feststellte, daß der Mensch, den er liebte, der ungebärdige, komplexe, widersprüchliche, unauslotbare, schöpferische und zerstörerische Mensch nur entstehen konnte, wenn der Glaube seine

Existenz bestimmte. Wem es gelang, den Glauben aus sich herauszuziehen, der blieb, so meinte Chesterton zu sehen, als Krüppel zurück. Die spezifischen Möglichkeiten des Menschen, seine Phantasie und Schöpferkraft, seine Leidenschaft, seine Freude und sein Sinn für Absurdität, vor allem auch seine Fähigkeit, von sich selbst abzusehen, die eigentliche Voraussetzung für den Humor, verkümmerten, wenn sich der Mensch nicht mehr als Geschöpf verstand. Der Mensch zahlte für seine Autonomie, einziges denkendes, wollendes und empfindendes Wesen im Kosmos zu sein, mit dem Verzicht auf sein Menschsein.

Daß die »Idee Mensch« einen religiösen Charakter hat, würde vielleicht ein Teil des Publikums der eindringlich beschwingten Rhetorik Chestertons noch zugestehen. »Religion« ist ein weiter Begriff, der erst jenseits der Grenzen des Agnostizismus sanft verschwimmt. Gerade die Gegenwart hat viele überaus kultivierte Formen der Religiosität zu neuer Blüte geführt – alle Abstufungen des Pantheismus und der indischen Philosophie verbunden mit Naturliebe und gesunden Diäten –, Ausdruck religiöser Bedürfnisse, die sich mit einem aufgeklärten Lebensstil nicht nur vereinen lassen, sondern ihm auch Wärme und Tiefe verleihen, ohne das strikte Desiderat unbedingter Privatheit jeder religiösen Überzeugung zu verletzen. Die Forderung, die Religion oder die Religionen hätten Toleranz zu üben, will in Wahrheit ausdrücken, daß die Religion nur in der Privatheit Anspruch auf Toleranz besitzt. Warum mußte Chesterton die Schilderung seines Lebensweges zum Glauben dann mit dem provozierenden Titel *Orthodoxie* versehen? »Orthodoxie« – das war das abschreckende Gesicht der Religion. Orthodoxie war ein anderes Wort für geistige Enge, Obskurantismus und bösartiges kirchliches Machtstreben. Als Chesterton im Jahre 1908 seine »Orthodoxie« veröffentlichte, wußte die Öffentlichkeit sehr genau, was unter diesem Begriff zu verstehen war.

Chesterton war 1908 noch nicht Katholik – er konvertierte erst 1922 zur katholischen Kirche –, aber es ist wohl kein Zufall, daß sein Werk ein Jahr nach zwei berühmt und berüchtigt gewordenen Lehrschriften des unter Pius dem Zwölften später heiliggesprochenen Papstes Piux dem Zehnten herauskam. Die »Apostolische Konstitution ›Lamentabili sane exitu‹« vom 3. Juli 1907 und das »Motu proprio ›Praestantia scripturae‹« vom 18. November 1907 enthielten eine feierliche Verdammung »schwerer Irrtümer des Modernismus«. »Verworfen und öffentlich geächtet« wurden in diesen Schreiben fünfundsechzig Thesen, die im Wesentlichen besagten: die Kirche sei Menschenwerk, nicht Gründung Gottes; die Evangelien seien keine historischen Texte und berichteten keine Tatsachen, sondern theologische Interpretationen und mystische Betrachtungen; Jesus habe sich nicht als Sohn Gottes und Gott verstanden; die Sakramente seien späterer Brauch und nicht von Jesus eingesetzt; die Wahrheit sei veränderlich wie der Mensch selbst, da sie im Menschen zur Entfaltung gelange – die letzte verdammte These lautete: »Der heutige Katholizismus läßt sich mit der wahren Wissenschaft nicht in Einklang bringen, wenn er nicht umgewandelt wird in ein undogmatisches Christentum, das heißt, einen weitherzigen und freisinnigen Protestantismus.« Der Heilige Pius der Zehnte nahm mit dieser

Lehrverurteilung den gleichfalls heftig umstrittenen »Syllabus« seines Vorgängers, des Papstes Pius des Neunten auf, der gleichfalls »Irrtümer der Neuzeit« als mit dem christlichen Glauben unvereinbar erklärt hatte. Ein von den europäischen Revolutionen und Säkularisationen schwer bedrängter Pontifex hatte es 1864 gewagt, einer überwältigenden politischen Übermacht die Stirn zu bieten und die allgemeine Forderung zurückzuweisen, »der Römische Papst könne und müsse sich mit dem Fortschritt, mit dem Liberalismus und mit der modernen Zivilisation versöhnen und vereinigen«. Als Chesterton im Jahre 1874 geboren wurde, regierte Pius der Neunte noch. Kein Zweifel ist möglich – der Katholik G.K. Chesterton betrachtete sich als gehorsamer Sohn von Pius dem Neunten und Pius dem Zehnten; was er Orthodoxie nannte, war, was diese Päpste verkündeten, um die katholische Kirche in einer der gefährlichsten Umbruchphasen ihrer Geschichte heil zu bewahren.

Es kann in einer Betrachtung Chestertons und seines leidenschaftlichsten Werkes nicht darum gehen, die katholische Orthodoxie und das Bild, das dieser Künstler von ihr besaß, theologisch zu diskutieren. Zu der Spannung, die sein Buch belebt, gehört die radikale Subjektivität, mit der er die radikale Antisubjektivität seines Gegenstandes preist. Orthodoxe Theologen hätten vor der Leichtigkeit, mit der Chesterton dem Skeptizismus David Humes folgte, gewiß verwundert die Augenbrauen gehoben: auch Chesterton fand es ebenso wahrscheinlich, daß die Sonne am nächsten Morgen aufging, wie daß sie nicht aufging; die Kausalitätenkette nannte er eine Kette, die die göttliche Willensfreiheit zu fesseln versuche. Denn anders als Hume vermeinte er in jedem »natürlich« genannten Vorgang, im Wachsen des Grases und im Feuerspeien der Vulkane, eine unmittelbare und persönliche Willensäußerung wahrnehmen zu können, die sich an schier endloser Wiederholung erfreute, aber zu überraschenden Abweichungen fähig war.

Zu Chestertons Zeit versuchte die offizielle katholische Theologie, die man »neuscholastisch« nannte, die Philosophie des Heiligen Thomas von Aquin gleichsam wasserdicht zu machen und zu einem vollständig geschlossenen, alle Phänomene der Schöpfung in einen harmonischen Zusammenhang überführenden System zu entwickeln. Chestertons Vorstellung von der Orthodoxie war von einem solchen System weit entfernt. Für ihn bestand der einzigartige Vorzug der Orthodoxie gerade darin, daß sie es vermied, ein geschlossenes System zu schaffen. Ihre Fähigkeit, die unversöhnlichsten Gegensätze zu ertragen, war für ihn ein Beweis ihrer Lebendigkeit, ja, ihrer tiefen Verwandtschaft mit dem Leben selbst. Gnade und Gerechtigkeit, die Liebe der Sündenvergebung und die ewige Verdammnis, Erbsünde und Heiligkeit standen in seiner Orthodoxie unaufgelöst nebeneinander. Der Versuch, diese Begriffe in eine logische Ordnung zu bringen, die den Gegensatz beseitigte, enthielt die Versuchung zur Häresie – Häresie war vielleicht nichts anderes, als einen theologischen Begriff logisch bis zu seiner letzten Konsequenz zu Ende zu denken.

Das menschliche Leben entfaltete sich nur im Kraftfeld der unaufgelösten Gegensätze. Der Mensch, der von sich wußte, daß er von der Erbsünde geschwächt und dennoch zur Heiligkeit berufen sei, verband in sich eine einzigartige Mischung von Realismus und

Idealismus, von Desillusionierung und Hoffnung, von Bescheidenheit und Kämpfermut. In dieser Mischung lag die Kraft Europas und seiner unablässigen Entwicklung, die in Chestertons Augen keineswegs an ihr Ende gelangt war. Diese Mischung entfesselte das Potential, das im Menschen lag; die Lehre von Schuld, Sühne und Erlösung verlieh ihm übermenschliche Energie.

Bei einem Künstler und Ästheten, wie Chesterton es war, ist es gewiß erlaubt, auch genuin künstlerische Gründe für seine religiöse Entscheidung heranzuziehen. Chesterton votierte für die Orthodoxie, weil sie die klassische Form der Religion war. Wenn man das Klassische vom Klassizistischen und Romantischen unterscheiden möchte, könnte man sagen, daß der klassische Künstler in einer Zeit lebt, die ihm erlaubt, die Natur unbefangen und rein zu betrachten: ohne das Gesetz zu suchen, leuchtet es dem klassischen Künstler aus der Natur entgegen wie ein allen Farben unterlegter Goldgrund. Der klassizistische und romantische Künstler schwört das Gesetz zu kennen, ohne es in der Natur verwirklicht gesehen zu haben, und legt es als Ordnungsrahmen über seine Beobachtung, indem er wegschneiden muß, was nicht in diesen Rahmen paßt. Wenn Chesterton den Menschen betrachtete, leuchtete ihm aus dessen unauflöslicher Widersprüchlichkeit ein Phänomen entgegen, das nur mit den Theologemen der Orthodoxie zu fassen war. Nur auf der Waage der Orthodoxie konnte das spezifische Gewicht des Menschen in seiner Bleischwere und seiner nichtigen Leichtigkeit benannt werden. Die im Verhältnis zur Orthodoxie häretischen Erklärungsmuster mußten vom Menschen immer etwas wegschneiden. Sie faszinierten in ihrer Klarheit und Einprägsamkeit, gegenüber der Dunkelheit und Kompliziertheit der Orthodoxie, aber sie besaßen keine Wirklichkeit.

Selten hat ein Autor für seine Gedanken eine derart sprechende Form gefunden wie Chesterton für sein Bild von der widersprüchlichen Wahrheit der Orthodoxie. Sein Umgang mit dem Paradoxon, der in seiner jonglierenden Virtuosität nur im spanischen Barock seinesgleichen findet, erreicht in *Orthodoxie* sein Ziel. Es ist, als wolle Chesterton seine »orthodoxe« Überzeugung von der paradoxalen Natur der Wahrheit in jedem Satz auf die Probe stellen. Seine Argumente läßt er sich gleichsam von selbst aus Paradoxa entwickeln. Etwas Mechanisch-Physikalisches liegt in seinem Zutrauen zu dieser Methode: häufig genug baut er besonders dreiste Paradoxa und scheint dann wie ein Unbeteiligter neben seiner Versuchsanordnung zu stehen, während die Wahrheit wie von selbst aus den Gegensätzen herausgerollt kommt. Wie bei Gracián sind Gedanke und Form von *Orthodoxie* als gefaltete Hände ineinander verschränkt. Das gibt dem Buch etwas Spielerisches, allerdings nicht im Sinn einer Entkräftung seiner Substanz und seines Ernstes, sondern als sei es das sprachliche Äquivalent einer Musik, die einige intelligente, jugendliche Engel zu Füßen einer Sacra Conversazione aufführen.

»Nie ging die orthodoxe Kirche den einfachen Weg oder beugte sich den Konventionen; nie war sie wohlanständig … Es ist leicht, ein Verrückter, und leicht, ein Häretiker zu sein. Es ist immer leicht, der Epoche ihren Kopf zu lassen; schwer ist es, den eigenen zu bewahren. Es ist immer leicht, ein Modernist zu sein – genauso wie ein Snob. In die eine oder andere dieser offenen Fallgruben des Irrtums und der Übertreibung zu geraten, mit denen alle Moden und alle Sekten den historischen Weg der Christenheit gesäumt haben – das wäre doch einfach gewesen ... aber sie alle umgangen zu haben, das war ein einziges wirbelndes Abenteuer ... Während die trägen Ketzereien am Boden hingestreckt liegen, steht die ungestüme Wahrheit schwankend, aber aufrecht.« Mit Siegesposaunen feierte Chesterton die Orthodoxie seiner Zeit, die sich anschickte, die Totalitarismen der Moderne zu bekämpfen. Was hätte er fünfzig Jahre später zu der Kirche gesagt, die in ihrem Zweiten Vatikanischen Konzil die wichtigsten Lehren von Pius dem Neunten, Pius dem Zehnten, Pius dem Elften und Pius dem Zwölften in Frage stellte oder unterhöhlte? Der übernatürliche Charakter der Kirche, die heiligen Mysterien, Opfer und Erlösung, Wunder und Heiligkeit sind seitdem zwar nicht im Katechismus, dafür aber um so nachdrücklicher in der ganzen Öffentlichkeit der Kirche angezweifelt oder aufgegeben. Um das historische Argument Chestertons, die Orthodoxie sei in der Geschichte niemals schwach geworden und gestrauchelt, sieht es seitdem nicht so gut aus. Die unerhörte Anspannung, deren bewundernder Zeuge er war, ließ im Innern der katholischen Kirche etwas zerreißen; nun bot sie den Anblick eines Giganten, der urplötzlich in sich zusammensackt, zerschmilzt und zu Brei zerläuft. »Alles fließt, lehrt Heraklit. / Der Felsen Petri, der fließt mit«, reimte der katholische Staatsrechtler Carl Schmitt nach dem Zweiten Vaticanum. Orthodoxie im Sinne Chestertons lebt heute vor allem in der von Rom getrennten byzantinischen Kirche, die ihre Bezeichnung als »Orthodoxe Kirche« nun gleich doppelt verdient, weil sie auch unter dem Druck der bolschewistischen Diktatur ihre Liturgie und ihre Theologie unangetastet bewahrt hat; die Winkel und Nischen, in die sich die lateinische Orthodoxie geflüchtet hat, sind zu bescheiden, als daß sich ein Bischof oder ein Kardinal noch zu ihnen hinabneigen könnte.

Hat Chesterton sich also an einer Erfahrung orthodoxer Ewigkeit berauscht, die mit ihm dahingesunken ist? Der Leser von *Orthodoxie* wird vermutlich zu einem anderen Schluß gelangen. »Solange die Engel und Erzengel, die Throne, Mächte und Gewalten orthodox sind, solange die Chöre der Märtyrer, der Bekenner, der Patriarchen, Propheten, der Jungfrauen und Witwen orthodox sind, solange der Schöpfer seiner vornehmsten Schöpfung, dem Menschen, eine orthodoxe Seele verleiht, so lange wird sich im Begriff der Orthodoxie das vollständigste Bild der Wirklichkeit sammeln«, so könnte Chesterton dem triumphierenden Hinweis auf die letzten dreißig Jahre Kirchengeschichte begegnen. Als er am 14. Juni 1936 starb, verlieh Papst Pius der Elfte dem Toten den Titel »Fidei Defensor« – »Verteidiger des Glaubens«; vor Chesterton war in England nur König Heinrich der Achte vom Papst mit diesem Titel ausgezeichnet worden – zu Lebzeiten und verfrüht, wie sich dann zeigte.

ORTHODOXIE

VORWORT

Dieses Buch ist als Gegenstück zu *Ketzer* gedacht und soll den negativen Aspekt um den positiven ergänzen. Viele Kritiker haben an *Ketzer* beklagt, daß es zeitgenössische Denkweisen bloß kritisiere, ohne irgendeine alternative Sicht anzubieten. Dieses Buch stellt einen Versuch dar, dem Einwand Rechnung zu tragen. Wie gar nicht anders möglich, ist seine bejahende Haltung autobiographisch fundiert. Der Autor sah sich auf so ziemlich das gleiche Problem zurückgeworfen, das Newman zu schaffen machte, als er seine *Apologia* schrieb; er sah sich gezwungen, Selbstbespiegelung zu treiben, um nicht unaufrichtig zu sein. So verschieden unsere Unternehmen in aller sonstigen Hinsicht sein mögen, das Motiv ist in beiden Fällen das gleiche. Auch ich bemühe mich nicht um eine Antwort auf die Frage, ob der christliche Glaube annehmbar ist, sondern, wie ich selbst dazu gekommen bin, ihn anzunehmen. Das vorliegende Buch baut deshalb auf dem positiven

Prinzip auf, von einem Rätsel auszugehen und die Lösung für es zu finden. Zuerst ist von all den ebenso persönlichen wie aufrichtigen Überlegungen die Rede, die ich im stillen Kämmerlein anstellte, und dann wird berichtet, in welch großartiger Manier all mein Grübeln plötzlich von der christlichen Theologie befriedigt wurde. Meiner Ansicht nach läuft das auf einen überzeugenden Glauben hinaus. Aber selbst wenn das nicht der Fall sein sollte, bleibt die Übereinstimmung zwischen persönlicher Reflexion und Theologie ein wiederkehrendes, erstaunliches Phänomen.

Gilbert K. Chesterton

I

ZUR VERTEIDIGUNG ALLES WEITEREN

Entschuldigen läßt sich dieses Buch nur damit, daß es auf eine Herausforderung antwortet. Selbst ein schlechter Schütze ist würdig, eine Forderung zum Duell anzunehmen. Als ich vor einiger Zeit unter der Überschrift *Ketzer* eine Reihe rasch hingeworfener, aber von Herzen kommender Artikel veröffentlichte, erklärten mir etliche Kritiker, deren Verstand ich hoch achte (ich darf vor allem Mr. G. S. Street nennen), das sei ja schön und gut, daß ich jedermann auffordere, sich um sein Bild vom Ganzen zu kümmern, aber weniger schön sei, daß ich gleichzeitig vermeide, meinen Ratschlägen mit gutem Beispiel voranzugehen. »Über meine Sicht der Welt werde ich erst dann anfangen, mir Gedanken zu machen«, verkündete Mr. Street, »wenn Mr. Chesterton seine eigene zum besten gegeben hat.« Bei einem Menschen, dem die kleinste Herausforderung als Vorwand genügt, ein Buch zu schreiben, war das vielleicht keine sehr kluge Anregung. Aber mag auch Mr. Street zu dem vorliegenden Buch die Anregung geliefert und es ins Leben gerufen haben – niemand kann ihn zwingen, es zu lesen. Sollte er es aber lesen, wird er feststellen, daß ich auf diesen Seiten in wenig bestimmter und sehr persönlicher Form versucht habe, nicht so sehr durch eine Folge von logischen Argumenten, als vielmehr durch eine Reihe von Bildern im Geiste die Grundüberzeugung darzulegen, zu der ich gelangt bin und die ich mir zu eigen gemacht habe. Von einer Philosophie möchte ich dabei nicht sprechen, denn sie verdankt sich nicht mir. Sie verdankt sich Gott und der Menschheit, und ich verdanke mich ihr.

Ich habe oft daran gedacht, einen Abenteuerroman über einen englischen Seefahrer zu schreiben, in dessen Kursberechnung sich ein kleiner Fehler einschleicht, weshalb er England entdeckt, während er meint, es handele sich um eine unbekannte Insel in der Südsee. Leider muß ich jedes Mal wieder feststellen, daß ich entweder gerade zu beschäftigt oder aber zu träge bin, um dieses herrliche Werk zu Papier zu bringen; also kann ich es ebensogut für Zwecke weltanschaulicher Illustration drangeben. Die vorherrschende Ansicht dürfte wohl sein, daß sich der Mann, der (bis an die Zähne bewaffnet und wild gestikulierend) an Land ging, um die britische Flagge auf jenem heidnischen Tempel zu hissen, der doch nichts weiter war als der *Royal Pavilion* in Brighton, ziemlich närrisch vorgekommen sein muß. In Abrede zu stellen, daß er seiner Umgebung als Narr erschien, betrachte ich nicht als meine Aufgabe. Wer indes meint, daß er sich selber närrisch vorkam oder daß jedenfalls der Eindruck, närrisch gehandelt zu haben, seine einzige oder hauptsächliche Empfindung war, der hat das zutiefst romantische Wesen des Helden dieser Geschichte nicht mit der nötigen Einfühlsamkeit erfaßt.

In seinem Irrtum war er tatsächlich höchst beneidenswert, und wenn er dem Bild, das ich von ihm habe, entspricht, wußte er das auch. Was konnte erquicklicher sein, als in ein und demselben Augenblick all die faszinierenden Schrecken des Daseins in der Fremde mit dem Geborgenheitsgefühl der Heimkehr ins Vertraute verknüpft zu finden? Was konnte besser sein als das volle Vergnügen, Südafrika zu entdecken, ohne den abscheulichen Zwang, dort an Land gehen zu müssen? Was konnte grandioser sein, als seine ganze Kraft auf die Entdeckung von Neusüdwales zu richten und dann mit Tränen freudiger Erleichterung herauszufinden, daß es sich in Wirklichkeit um das gute alte Südwales handelte. Darin scheint jedenfalls mir die wichtigste Frage für Philosophen zu liegen, und in gewissem Sinne ist es die wichtigste Frage des vorliegenden Buches. Wie können wir es fertigbringen, gleichzeitig voll Staunen über die Welt zu sein und uns in ihr zu Hause zu fühlen? Wie kann uns diese seltsame kosmische Ortschaft mit ihren vielbeinigen Bewohnern und ihren unförmigen, altertümlichen Lampen gleichzeitig den faszinierenden Eindruck einer ganz fremden Stadt vermitteln und das behagliche, stolze Gefühl geben, daheim zu sein?

Zu zeigen, daß eine Überzeugung oder eine Weltanschauung unter jedem Gesichtspunkt wahr ist, wäre ein Unternehmen, das selbst den Rahmen eines viel dickeren Buches als des vorliegenden sprengte; es bleibt uns nichts anderes übrig, als uns für eine bestimmte Beweisführung zu entscheiden, und das Thema dieser Beweisführung habe ich soeben angeschlagen. Ich möchte zeigen, daß mein Glaube in ganz besonderem Maße dieses doppelte spirituelle Bedürfnis befriedigt, das Bedürfnis nach jener Mischung aus Vertrautem und Unvertrautem, die von der Christenheit zu Recht den Namen »Romanze« erhalten hat. Denn schon im bloßen Wort »Romanze« steckt das Mysterium und die uralte Bedeutung Roms. Wer sich anschickt, irgend etwas zu erörtern, sollte stets als erstes klarstellen, was er nicht zu erörtern gedenkt. Außer festzustellen, was er zu beweisen vorhat, sollte er gleich eingangs auch erklären, was er nicht nachzuweisen beabsichtigt. Was ich nicht nachzuweisen beabsichtige, was ich vielmehr als von mir und jedem normalen Leser geteiltes Fundament voraussetze, ist die Überzeugung vom Wert eines tätigen und phantasievollen Lebens, eines bunten Lebens voll poetischer Wißbegier, eines Lebens, wie es jedenfalls die Menschen im Westen sich immer gewünscht zu haben scheinen. Behauptet jemand, Nichtsein sei besser als Dasein, oder die schiere Existenz sei besser als Abwechslungsreichtum und Abenteuer, dann gehört er nicht zu den normalen Menschen, an die ich mich wende. Verlangt jemand nach nichts, kann ich ihm auch nichts geben. Fast alle Menschen aber, denen ich in dieser westlichen Gesellschaft, in der ich lebe, begegnet bin, dürften in dem Grundsatz übereinstimmen, daß uns dieses von praktischer Romantik erfüllte Leben nottut, diese Kombination aus Unvertrautem und Vertrautem. Wir müssen also die Welt als einen Ort ansehen, der staunenerregende Fremdheit und freundliches Entgegenkommen miteinander verknüpft. Wir müssen in diesem Land des Staunens glücklich sein, ohne je in bloßer Bequemlichkeit zu versinken. Es ist *diese* Leistung meines Glaubens, mit der ich mich auf den folgenden Seiten hauptsächlich beschäftigen werde.

Mein Beispiel von dem Seefahrer, der England entdeckt, hat seinen guten Grund. Denn der Seefahrer bin ich. Ich habe England entdeckt. Ich glaube, kein Weg führt daran vorbei, daß ich in diesem Buch Selbstbespiegelung treibe; und ich sehe auch nicht recht (um ehrlich zu sein), wie dieses Buch vermeiden kann, Langeweile zu verbreiten. Langweilig zu sein schützt mich allerdings vor dem Vorwurf, den ich am meisten fürchte: dem Vorwurf der Leichtfertigkeit. Seichte Spitzfindigkeit zählt tatsächlich zu den Dingen, die ich am meisten verabscheue, und es mag ein heilsamer Umstand sein, daß ich im allgemeinen genau dessen beschuldigt werde. Ich kenne nichts Verächtlicheres als das bloße Paradox, die bloße, spitzfindige Verteidigung von Unhaltbarem. Wenn es stimmt (was behauptet worden ist), daß Mr. Bernard Shaw vom Paradox lebt, dann müßte er eigentlich Millionär sein, denn ein geistig so reger Mann wie er dürfte imstande sein, alle sechs Minuten einen Sophismus zu erfinden. Das ist ebenso leicht wie lügen, weil es nichts anderes ist als lügen. Tatsache ist natürlich, daß Mr. Shaw aufs schrecklichste durch seine Unfähigkeit behindert wird, eine Lüge aufzutischen, wenn er sie nicht für die

Wahrheit hält. Ich finde mich der gleichen unerträglichen Einschränkung unterworfen. Ich habe niemals in meinem Leben nur deshalb etwas geäußert, weil ich es für witzig hielt; auch wenn mich natürlich die angeborene menschliche Eitelkeit dazu gebracht haben mag, etwas nur deshalb für witzig zu halten, weil es aus meinem Mund kam. Es ist das eine, die Unterhaltung mit einer Gorgo oder einem Greif zu schildern, mit Geschöpfen also, die es nicht gibt. Etwas anderes ist es, zu entdecken, daß es das Nashorn gibt, und dann mit Erheiterung festzustellen, daß es im wahrsten Sinne des Wortes unmöglich aussieht. Man sucht nach Wahrheit, aber vielleicht ist man instinktiv hinter den ausgefalleneren Wahrheiten her. Und ich widme dieses Buch von ganzem Herzen all den munteren Leuten, die hassen, was ich schreibe, und darin (nach meinem Dafürhalten mit Recht) nichts weiter als eine armselige Clownerie oder einen abgeschmackten Ulk sehen.

Denn wenn dieses Buch ein Ulk ist, dann geht er auf meine Kosten. Ich bin der Mann, der mit dem größten Wagemut entdeckte, was längst entdeckt war. Wenn im Folgenden etwas Possenhaftes steckt, dann bin ich das Opfer der Posse; denn das vorliegende Buch stellt dar, wie ich wähnte, als erster in Brighton Einzug zu halten, und herausfand, daß ich als letzter dort eingetroffen war. Es schildert meine unbeholfene Suche nach dem, was offen zutage liegt. Niemand kann meinen Fall lachhafter finden als ich selbst; kein Leser kann mir hier vorwerfen, ich wollte ihn zum Narren halten; ich bin der Narr in dieser Geschichte, und kein Widersacher wird mich von meinem Narrenthron vertreiben. Ich bekenne offen, daß ich mich all der törichten Prätentionen des ausgehenden 19. Jahrhunderts schuldig gemacht habe. Wie all die anderen todernsten kleinen Buben habe auch ich versucht, meinem Zeitalter voraus zu sein. Wie sie bemühte ich mich, der Wahrheit ein paar Minuten voraus zu sein. Und dabei mußte ich feststellen, daß ich achtzehnhundert Jahre hinterherhinkte. Auch ich erhob meine Stimme in jugendlichem Pathos, wenn ich meine Wahrheiten verkündete. Und ich wurde auf die angemessenste und komischste Art dafür bestraft: Ich durfte meine Wahrheiten behalten, mußte aber die Entdeckung machen, nicht etwa, daß sie keine Wahrheiten waren, sondern nur, daß sie nicht mir gehörten. Während ich mir einbildete, ganz allein dazustehen, stärkte mir tatsächlich die gesamte Christenheit den Rücken. Mag sein, daß ich – der Himmel möge mir vergeben! – darauf aus war, originell zu sein; dabei gelang mir nichts weiter, als aus eigener Kraft eine schlechte Kopie der traditionellen Religiosität zu ersinnen. Der Seefahrer in seinem Schiffchen hielt sich für den Entdecker Englands; ich hielt mich für den Entdecker Europas. Ich strebte danach, eine Ketzerei zu finden, die mir paßt, und kaum hatte ich ihr den letzten Schliff gegeben, mußte ich feststellen, daß es die Orthodoxie war.

Vielleicht findet jemand die Schilderung dieses glücklichen Fiaskos amüsant. Vielleicht erheitert es einen meiner Freunde oder Feinde, zu hören, wie ich allmählich Kenntnis von der Wahrheit irgendeiner zufällig aufgelesenen Legende oder von der Falschheit irgendeiner maßgeblichen philosophischen Lehre erlangte – wie ich mühsam in Erfahrung brachte, was ich aus meinem Katechismus hätte lernen können, wenn ich ihn denn gelernt hätte. Nachzulesen, wie ich endlich in einem Anarchistenklub oder einem babylonischen Tempel fand, was ich in der benachbarten Pfarrkirche hätte finden können, mag einen Unterhaltungswert haben oder auch nicht. Wenn es jemand interessant findet zu erfahren, wie sich die Blumen auf dem Felde oder die Sprüche in einem Omnibus oder die Wechselfälle der Politik oder die Nöte der Jugend zu einem bestimmten Muster zusammenfügten, dem eine bestimmte Überzeugung von der Wahrheit des rechten christlichen Glaubens entsprang, dann wird er dieses Buch möglicherweise lesen. Eine vernünftige Arbeitsteilung aber braucht es überall: Ich habe das Buch geschrieben, und keine zehn Pferde werden mich dazu bringen, es auch zu lesen.

Ich füge nur noch eine eigentlich überflüssige Bemerkung an und schicke sie, wie es sich für solche Bemerkungen gehört, dem Buch voraus. In den folgenden Kapiteln geht es ausschließlich um die Tatsache, daß die christliche Lehre in ihrem Kern (den die Schriften der Apostel hinlänglich umschreiben) die beste Kraftquelle und Basis gesunder Moral darstellt. Dagegen dienen sie nicht dazu, die sehr spannende, aber ganz andere Frage zu behandeln, wo sich heute der maßgebende Ort für die Verkündigung dieses Glaubens befindet. Aus schierem Platzmangel war ich gezwungen, mich auf das zu beschränken, was mir der christliche Glaube gegeben hat; die unter heutigen Christen vieldiskutierte Frage, woher wir ihn empfangen, lasse ich unberührt. Das vorliegende Buch ist kein theologischer Traktat, sondern eine Art nachlässig hingeworfene Autobiographie. Falls indes jemand an meiner Ansicht über die derzeitige

Beschaffenheit der kirchlichen Autorität interessiert sein sollte, braucht Mr. G. S. Street mir nur einen neuen Handschuh hinzuwerfen, und schon schreibe ich ihm ein neues Buch.

II

DER BESESSENE

Durch und durch weltliche Menschen bringen es nicht einmal zum Verständnis der Welt selbst; sie bescheiden sich mit ein paar zynischen Grundsätzen, die keine Wahrheit haben. Ich erinnere mich, daß ich einmal mit einem wohlhabenden Verleger spazierenging und der eine Bemerkung machte, die ich schon oft zu hören bekommen hatte; fast kann man sie als Motto der heutigen Welt ansehen. Jetzt hatte ich sie aber einmal zu oft gehört, und plötzlich ging mir auf, wie nichtssagend sie war. Der Verleger äußerte über jemanden: »Dieser Mann wird es weit bringen; er glaubt an sich.« Und ich erinnere mich, daß, als ich lauschend den Kopf hob, mein Blick auf einen Omnibus fiel, auf dem der Name »Hanwell«* stand. Ich sagte zu ihm: »Wollen Sie

* Eine psychiatrische Anstalt in London, die zu Chestertons Zeit den Ruf einer »fortschrittlichen« Einrichtung genoß.

wissen, wo sich die Leute befinden, die am meisten an sich glauben? Ich kann es Ihnen sagen. Ich kenne Leute, deren Glaube an sich selbst unerschütterlicher ist als der eines Napoleon oder Cäsar. Ich weiß, wo der Fixstern des Selbstvertrauens und der Erfolgsgewißheit am hellsten glüht. Ich kann Sie zu den Thronen der Übermenschen bringen. Die Menschen, die wahrhaft an sich glauben, stecken alle in Irrenanstalten.« Er entgegnete nachsichtig, es gebe schließlich eine erkleckliche Zahl Menschen, die an sich glaubten und nicht in Irrenanstalten seien. »Ja, die gibt es«, erwiderte ich, »und Sie dürften sie am besten kennen. Der versoffene Dichter, dessen dröge Tragödie Sie nicht herausbringen wollten – er glaubte an sich. Der ältliche Pastor mit seiner Monumentaldichtung, vor dem Sie sich in einem Hinterzimmer versteckten – er glaubte an sich. Wenn Sie sich an ihre Berufserfahrung hielten statt an Ihr scheußliches Credo ›Selbst ist der Mann‹, dann wüßten Sie, daß der Glaube an sich selbst zu den gängigsten Merkmalen eines maroden Menschen gehört. Schauspieler, die nicht spielen können, glauben an sich und Schuldner, die nicht zahlen. Es läge weitaus mehr Wahrheit darin zu sagen, daß ein Mann scheitern muß, weil er an sich glaubt. Absolutes Selbstvertrauen ist nicht nur eine Sünde, es ist auch eine Schwäche. Voll und ganz an die eigene Person zu glauben ist so hysterisch und abergläubisch wie der Glaube an Joanna Southcott*; der Mensch, der diesem Glauben frönt, trägt ›Hanwell‹ ebenso deutlich auf seiner Stirn, wie das

---

* Prophetin und Sektengründerin, die zu Anfang des 19. Jahrhunderts wirkte.

Wort da auf dem Omnibus steht.« Und auf all das reagierte mein Freund, der Verleger, mit der tiefsinnigen und wirkungsvollen Replik: »Also, wenn ein Mensch nicht an sich glauben darf, woran soll er dann glauben?« Nach einer langen Pause antwortete ich: »Ich werde heimgehen und ein Buch schreiben, das auf diese Frage Antwort geben soll.« Dies hier ist das Buch, das ich zur Antwort geschrieben habe.

Ich meine aber, das Buch kann gut und gern da anfangen, wo unser Disput begann – in der Nachbarschaft des Irrenhauses. Die wissenschaftlichen Kapazitäten der Moderne stehen stark unter dem Eindruck der Notwendigkeit, alles Forschen mit einem Faktum zu beginnen. Die religiösen Kapazitäten der alten Zeit standen nicht weniger unter dem Eindruck dieser Notwendigkeit. Sie machten den Anfang mit dem Faktum der Sünde – einem Faktum, das so handgreiflich ist wie eine Kartoffel. Egal, ob es ein Wunderwasser gab, in dem der Mensch sich reinwaschen konnte, waschen mußte er sich auf jeden Fall. Gewisse religiöse Wortführer in London, weit entfernt von allem Materialismus, sind indes neuerdings dabei, nicht das hochgradig zweifelhafte Wasser anzufechten, sondern den unbestreitbaren Schmutz in Abrede zu stellen. Gewisse Theologen von heute bestreiten die Erbsünde, das einzige Stück der christlichen Theologie, das wirklich beweisbar ist. Einige Anhänger des Reverend R. J. Campbell*, die einer geradezu überkandidelten Spiritualität huldigen, bekennen sich zur

* Reginald John Campbell (1867 bis 1956), kongregationalistischer Geistlicher und berühmter Prediger, der christliche Glaubensvorstellungen mit modernen kritischen Ansichten und Überzeugungen in Einklang zu bringen suchte.

göttlichen Sündlosigkeit, deren sie nicht einmal im Traum ansichtig werden können. Dagegen leugnen sie im Kern die menschliche Sündhaftigkeit, die sie an jeder Straßenecke antreffen können. Die bedeutendsten Heiligen wie auch die entschiedensten Skeptiker nahmen die Gegebenheit des Bösen zum Ausgangspunkt ihrer Überlegungen. Falls es stimmt (und das tut es), daß ein Mensch mit innigem Vergnügen einer Katze bei lebendigem Leib das Fell über die Ohren zu ziehen vermag, dann zwingt das den religiösen Philosophen zu einem von zwei Schlüssen. Entweder er muß die Existenz Gottes leugnen, wie es die Atheisten machen, oder er muß bestreiten, daß sich der Mensch gegenwärtig im Einklang mit Gott befindet, wie es die Christen machen. Die neuen Theologen dagegen scheinen es für eine äußerst kluge Lösung zu halten, die Katze zu leugnen.

Unter den merkwürdigen Umständen, die heute herrschen, ist es offenbar nicht möglich, nach Vätersitte mit dem Faktum der Sünde den Anfang zu machen und dabei auf generellen Beifall zu hoffen. Genau dieses Faktum, das für die Väter sonnenklar war (und es für mich nach wie vor ist), wird vorzugsweise verwässert oder geleugnet. Aber wenn die Modernisten* schon die Existenz der Sünde leugnen, daß es Irrenanstalten gibt, haben sie meines Wissens bislang noch nicht bestritten. Wir alle stimmen noch darin überein, daß der Geist ebenso zusammenbrechen kann wie ein Haus. Die Menschen leugnen die

---

* Der Modernismus ist eine um 1900 entstandene Richtung in der katholischen Theologie, die danach strebt, die Religion ans moderne Bewußtsein anzupassen, und die den übernatürlichen Charakter von Glaube, Dogma und Kirche bestreitet.

Hölle, Hanwell hingegen bis jetzt noch nicht. Im Rahmen unseres Hauptarguments kann Hanwell durchaus für die Hölle einstehen. Damit will ich sagen, daß so, wie einst alle Gedanken und Theorien danach beurteilt wurden, ob sie einen Menschen sein Seelenheil kosteten oder nicht, wir im vorliegenden Zusammenhang alle heutigen Gedanken und Theorien danach beurteilen können, ob sie einen Menschen um seinen Verstand bringen.

Tatsache ist, daß manche die Nonchalance besitzen, den Wahnsinn für etwas Reizvolles zu erklären. Aber man braucht sich nur einen Augenblick zu besinnen, um zu erkennen, daß schöne Krankheiten gewöhnlich die Krankheiten anderer sind. Ein blinder Mann mag einen malerischen Anblick bieten; aber um ihn zu genießen, braucht es zwei Augen. Und ganz ähnlich können sich auch an der poetischsten Verherrlichung des Wahnsinns nur geistig Gesunde erfreuen. Für den Geisteskranken selbst ist seine Krankheit etwas ganz Unpoetisches, weil sie etwas ganz Wirkliches ist. Wer sich für ein Huhn hält, sieht nichts weiter in sich als ein gewöhnliches Huhn. Wer sich für eine Glasscherbe hält, sieht nichts weiter in sich als eine langweilige Glasscherbe. Nur weil wir das Komische dieser fixen Idee gewahren, können wir den Betreffenden amüsant finden; nur weil er das Komische seiner fixen Idee nicht wahrnimmt, kommt er überhaupt nach Hanwell. Kurz, Abweichungen von der Norm fallen nur normalen Leuten auf. Verrückten Menschen fällt Abnormes nicht auf. Deshalb führen normale Menschen ein viel aufregenderes Leben als die Verrückten, die ständig darüber klagen, wie öde das Leben ist. Das ist auch der Grund, warum neue

Romane so schnell das Zeitliche segnen, während die alten Märchen ewig leben. Das Märchen zeigt den Helden als gewöhnlichen Jungen; außergewöhnlich sind seine Abenteuer, und eben weil er ein normaler Mensch ist, erfährt er sie als außergewöhnlich. Im modernen psychologischen Roman ist der Held kein normaler Mensch; deshalb machen die wüstesten Abenteuer keinen entsprechenden Eindruck auf ihn, und das Buch ödet uns an. Aus einem Helden unter Drachen kann man eine Geschichte machen, nicht hingegen aus einem Drachen unter Drachen. Das Märchen handelt von den Taten eines normalen Menschen in einer verrückten Welt.

Der kalte, realistische Roman unserer Tage handelt von dem, was ein im Grunde Verrückter in einer öden Welt anstellt.

Fangen wir also beim Irrenhaus an; von dieser üblen, grotesken Herberge aus brechen wir zu unserer intellektuellen Fahrt auf. Wenn wir nun einen Blick auf die Lehre von der geistigen Gesundheit werfen, so müssen wir als erstes einen großen und gängigen Irrtum ausräumen. Allenthalben geistert die Vorstellung herum, die Einbildungskraft, insbesondere die mystische Einbildungskraft, sei gefährlich für das seelische Gleichgewicht des Menschen. Dichter gelten vielfach als seelisch labil, und allgemein neigt man dazu, zwischen dem Lorbeerkranz, der das Haupt des Dichters schmückt, und den Strohhalmen, die sich ein Irrer ins Haar steckt, einen Zusammenhang zu gewahren.

Empirie und Geschichte stehen absolut im Widerspruch zu dieser Ansicht. Die meisten wirklich großen Dichter waren nicht nur seelisch gesund, sondern auch extrem geschäftstüchtig; sollte Shakespeare tatsächlich mit Pferden gehandelt haben, dann gab es mit Sicherheit keinen, der hierzu tauglicher gewesen wäre als er. Einbildungskraft ist kein Nährboden für Wahnsinn. Wahnsinn ist im genauen Gegenteil eine Ausgeburt der Vernunft. Dichter werden nicht verrückt, wohl aber Schachspieler. Mathematiker werden verrückt, und Kassierer drehen durch, kreative Künstler dagegen nur höchst selten. Wie man sehen wird, will ich nicht etwa dem logischen Denken ans Leder: Ich sage nur, daß die Gefahr, wahnsinnig zu werden, im logischen Denken und nicht in der Einbildungskraft steckt. Künstlerische Vaterschaft ist etwas ebenso Gesundes wie leibliche Vaterschaft. Es verlohnt im übrigen festzuhalten, daß echte Krankhaftigkeit bei Künstlern normalerweise einer Anfälligkeit für rationales Denken entspringt. Poe zum Beispiel war tatsächlich krank, aber nicht, weil er dichtete, sondern weil er außergewöhnlich analytisch veranlagt war. Selbst das Schachspiel war zu poetisch für ihn; er lehnte Schach ab, weil sich in diesem Spiel wie in einem Gedicht Ritter und Türme tummelten. Er zog erklärtermaßen die schwarzen Steine des Damespiels vor, weil sie eher einfachen schwarzen Punkten in einem Diagramm ähnelten. Vielleicht am beweiskräftigsten ist, daß nur ein einziger großer englischer Dichter wahnsinnig wurde, nämlich Cowper. Und ihn trieb eindeutig die Logik in den Wahnsinn, die häßliche und fremdartige Logik der Prädestinationslehre. Die Dichtung war nicht die Krankheit, sondern das Heilmittel; sie war es, die ihm einen Teil seelischer Gesundheit erhielt. Sie ließ ihn manchmal die rote, gierige Hölle vergessen, auf die ihn inmitten der weiten Wasserflächen und der weißen Wasserlilien der Ouse* sein abscheulicher Determinismus zutrieb. Verdammt hatte ihn Johannes Calvin; John Gilpin hätte ihn fast gerettet.** Überall läßt sich beobachten, daß Menschen nicht durch Träume in den Wahnsinn getrieben werden. Kritiker neigen weit mehr zum Wahnsinn als Dichter. Homer ist aus einem Guß und die Ruhe selbst; seine Kritiker sind es, die aus ihm ein ungereimtes Stückwerk machen. Shakespeare ist ganz er selbst; nur ein paar seiner Kritiker haben entdeckt, daß er ein anderer war. Und obwohl der Evangelist Johannes in seinen Visionen viele seltsame Ungeheuer erblickte, sah er doch kein Geschöpf, das so irrsinnig war wie manch einer seiner Kommentatoren. Die Sache ist ganz einfach. Die Dichtung ist seelisch gesund, weil sie mühelos in einem unendlichen Meer treibt; der Verstand sucht das unendliche Meer zu durchmessen und es auf diese Weise endlich zu machen. Das Ergebnis ist geistige Erschöpfung, vergleichbar der körperlichen Erschöpfung des jüngeren Hans Holbein. Alles gelten zu lassen ist schwere Arbeit, alles verstehen ist eine Qual. Der Dichter verlangt nur nach Erhebung und Entfaltung, nach einer Welt, in der er sich ausdehnen kann. Der Dichter will nichts weiter, als den Kopf in den Himmel zu stecken. Der Logiker sucht den Himmel in seinen Kopf zu stecken. Und dabei platzt ihm sein Kopf.

Daß dieser markante Irrtum durch ein regelmäßig verfälschtes Zitat belegt wird, mag eine Bagatelle

---

* Ein Fluß in der englischen Grafschaft Norfolk, nahe dem Wohnsitz Cowpers.

** *The Journey of John Gilpin*, eine Ballade William Cowpers, der eine Geschichte zugrunde liegt, die ihm ein Freund erzählte.

scheinen, ist aber doch aufschlußreich. Wir haben alle schon erlebt, daß die berühmte Zeile von Dryden mit den Worten »Genie ist dem Wahnsinn nah verwandt« wiedergegeben wurde. Aber Dryden hat gar nicht gesagt, Genie sei dem Wahnsinn nah verwandt. Dryden war selbst ein Genie und wußte es besser. Schwerlich hätte man einen romantischeren oder feinfühligeren Menschen als ihn finden können. Dryden hat vielmehr gesagt »Klugheit ist oft dem Wahnsinn nah verwandt«* – und damit hat er recht. Es ist die schiere Einsatzbereitschaft des Intellekts, in der die Gefahr des Zusammenbruchs lauert. Man braucht sich nur in Erinnerung zu rufen, auf welchen Menschen er mit seinem Diktum zielte. Er sprach nicht von irgendwelchen weltenthobenen Visionären wie Vaughan oder George Herbert. Er sprach von dem zynischen Weltgewandten, dem Skeptiker, dem Diplomaten, dem großen politischen Pragmatiker. Der Verstand solcher Menschen ist in der Tat dem Wahnsinn nah verwandt. Die Art, wie sie ihren eigenen Grips und den anderer Menschen zum Gegenstand unablässigen Kalküls machen, ist hochgradig gefährlich. Es birgt Gefahren, wenn der Verstand mit dem Verstand rechnet. Ein Spaßvogel könnte fragen, warum es im Englischen das Idiom »so verrückt wie ein Hutmacher« gibt. Noch spaßhafter ließe sich darauf antworten, ein Hutmacher ist verrückt, weil er Maß beim menschlichen Kopf nehmen muß.

Und wenn große Argumentierer oft manisch sind, dann gilt auch das Umgekehrte, daß manische Men-

* Aus John Drydens *Absalom and Achitophel*: »Great wits are sure to madness near allied, / And thin partitions do their bounds divide.«

schen oft große Argumentierer sind. Als ich mit dem *Clarion* in eine Auseinandersetzung verwickelt war, bei der es um die Frage der Willensfreiheit ging, erklärte der begabte Schriftsteller R. B. Suthers, der freie Wille sei Irrsinn, weil er soviel bedeute wie grundloses Handeln und Grundlosigkeit typisch für das Handeln von Irrsinnigen sei. Ich will mich hier nicht lange mit dem verhängnisvollen Denkfehler in der deterministischen Logik aufhalten. Falls es grundlose Handlungen gibt, und seien es auch die eines Irrsinnigen, ist es aus mit dem Determinismus – soviel steht fest. Reißt beim Verrückten die Kausalkette, kann das auch bei jedem anderen Menschen geschehen. Aber ich möchte hier auf etwas Praktischeres hinaus. Daß ein moderner marxistischer Sozialist über den freien Willen nichts weiß, mag vielleicht noch verständlich sein. Daß sich ein moderner marxistischer Sozialist aber auch mit Geistesgestörten nicht auskennt, ist zweifellos bemerkenswert. Mr. Suthers hatte keine Ahnung von Wahnsinnigen – soviel war klar. Daß seine Handlungen grundlos seien ist sicher das letzte, was sich einem Geisteskranken vorwerfen läßt. Wenn sich menschliche Aktionen überhaupt in einem vagen Sinne als grundlos bezeichnen lassen, dann sind das die beiläufigen Handlungen eines gesunden Menschen, etwa wenn er beim Gehen pfeift oder mit einem Stock Disteln köpft oder Däumchen dreht oder sich die Hände reibt. Der Glückliche besitzt die Gemütsruhe, Unnützes zu tun; der Kranke ist nicht kräftig genug, um müßiggehen zu können. Solche sorglosen und grundlosen Handlungen kann der Verrückte nie und nimmer verstehen; denn der Verrückte (wie der Determinist) sieht im

Gegenteil zuviel Grund in allem. Der Verrückte würde in solche nichtssagenden Aktivitäten ein ganzes Komplott hineininterpretieren. Das Distelköpfen wäre für ihn ein Angriff auf das Privateigentum. Das Däumchendrehen wäre für ihn ein Zeichen, das einem Komplizen gilt. Könnte der Verrückte auch nur einen Augenblick sorglos sein, er würde gesunden. Jeder, dem einmal das Unglück widerfahren ist, sich mit Menschen verständigen zu müssen, die sich in geistiger Umnachtung oder am Rande geistiger Verwirrung befanden, weiß, daß ihre unheimlichste Eigentümlichkeit eine entsetzliche Detailschärfe ist; in einer Topographie, die komplizierter ist als ein Irrgarten, sind alle Dinge miteinander verknüpft. Streitet man mit einem Verrückten, hat man mit größter Sicherheit das Nachsehen; denn in vielerlei Hinsicht funktioniert sein Verstand schneller, weil er unbehindert ist durch all die Rücksichten, die Voraussetzung eines gesunden Urteils sind. Ihn hemmen kein Sinn für Humor und keine Nächstenliebe, keine dummen Erfahrungstatsachen. Die Einbuße gesunder Gefühlsregungen hat seine Logik geschärft. So gesehen, ist die gängige Beschreibung für den Geisteskranken irreführend. Der Verrückte ist nicht der Mann, der seinen Verstand verloren hat. Der Verrückte ist derjenige, der alles verloren hat, nur nicht seinen Verstand.

Die Erklärungen eines Verrückten sind immer vollständig und stellen in einem rein verstandesmäßigen Sinne oft zufrieden. Genauer gesagt ist die Erklärung des Geisteskranken zwar vielleicht nicht schlüssig, aber jedenfalls unwiderlegbar; das läßt sich zumal bei den zwei oder drei geläufigsten Formen der Verrücktheit beobachten. Wenn jemand (zum Beispiel) behauptet, man schmiede ein Komplott gegen ihn, läßt sich das nicht bestreiten, außer man setzt dagegen, alle Betroffenen leugneten, sich gegen ihn verschworen zu haben; aber genau so würden Verschwörer sich ja verhalten. Die Erklärung des Verrückten paßt ebensogut zu den Fakten, wie das, was man dagegen vorbringt. Wenn jemand behauptet, er sei der rechtmäßige König von England, reicht es nicht aus, ihm zu entgegnen, die Behörden erklärten ihn für verrückt; denn wenn er tatsächlich der König von England wäre, wäre dies vielleicht das Klügste, was die Regierenden tun könnten. Wenn jemand behauptet, er sei Jesus Christus, hilft es nichts, wenn man ihm entgegenhält, die Welt bestreite seine Göttlichkeit; denn das hat die Welt auch bei Christus getan.

Dennoch irrt er. Versuchen wir indes seinen Irrtum auf den Begriff zu bringen, stellen wir fest, daß dies nicht ganz so einfach ist, wie wir gedacht haben. Vielleicht kommen wir der Sache am nächsten, wenn wir sagen, sein Geist bewege sich in einem perfekt geschlossenen, aber engen Kreis. Ein kleiner Kreis ist genauso unendlich wie ein großer Kreis; aber wenn er auch genauso unendlich ist, ist er doch nicht genauso groß. In vergleichbarer Weise ist die Erklärung des Geisteskranken genauso vollständig wie die des Gesunden, nur ist sie nicht so umfänglich. Eine Gewehrkugel ist genauso rund wie die Welt, aber sie ist nicht die Welt. Es gibt so etwas wie eine enge Universalität, eine kleine, verkrampfte Ewigkeit; man kann das in vielen heutigen Religionen beobachten. Um aber die Sache ganz äußerlich und empirisch zu fassen, können wir sagen, das stärkste und unmißverständlichste *Symptom* für Verrücktheit besteht in dieser Kombination aus logischer Vollständigkeit und spiritueller Enge. Die Theorie des Geisteskranken hat umfänglichen Erklärungswert, aber sie erklärt nicht auf umfängliche Weise. Das heißt, wenn der Leser oder ich es mit einem Geiste zu tun hätten, der dabei ist, zu erkranken, dann dürften wir nicht so sehr darauf aus sein, ihm mit Argumenten zu begegnen, sondern wir müßten uns hauptsächlich darum bemühen, ihm Luft zu schaffen, ihn davon zu überzeugen, daß es außerhalb der erstickenden Enge einer bornierten Argumentation eine reinere und kühlere Atmosphäre gibt. Nehmen wir zum Beispiel an, wir haben es mit dem ersten der von mir als typisch angeführten Fälle zu tun; nehmen wir den Fall des Mannes, der alle Welt beschuldigt, sich gegen ihn zu verschwören. Um all unseren Widerstand und Einspruch gegen diese fixe Idee zum Ausdruck zu bringen, würden wir vielleicht etwas wie das Folgende äußern: »Also, ich gebe zu, daß an dem, was du da sagst, etwas dran ist und daß es dir ernst damit ist und daß vieles so zusammenpaßt, wie du behauptest. Ich gebe zu, daß deine Erklärung vieles erklärt; aber wieviel anderes klammert sie aus! Gibt es in der Welt keine anderen Geschichten außer deiner? Hat die ganze Menschheit nichts weiter zu tun, als sich mit dir zu beschäftigen? Räumen wir die Möglichkeit ein, daß der Mann auf der Straße, der dich nicht zu bemerken schien, nur so tat, als ob, oder daß der Polizist, der deinen Namen wissen wollte, ihn in Wahrheit bereits kannte. Aber wieviel glücklicher wärst du, wenn du wissen dürftest, daß du diesen Menschen ganz egal bist? Wieviel großartiger wäre dein Leben, wenn du dich selber ein bißchen kleiner in ihm machen könntest, wenn du die Leute mit normaler Neugier und Amüsiertheit beobachten, wenn du ihnen zusehen könntest, wie sie in ihrer wonnigen Selbstsucht und kraftvollen Indifferenz herumlaufen! Du würdest anfangen, dich für sie zu interessieren, weil sie an dir kein Interesse zeigen. Du würdest aus diesem winzigen, aufgeputzten Theater, in dem ständig nur dein eigenes kleines Stück gespielt wird, ausbrechen und dich unter einem freieren Himmel, in einer Straße voller himmlischer Fremder wiederfinden.« Oder nehmen wir an, es handelt sich um den zweiten Fall von Verrücktheit, den Fall des Mannes, der Anspruch auf die Krone erhebt; dann würden Sie vielleicht den Drang verspüren, ihm zu entgegnen: »Also gut! Vielleicht weißt du, daß du der König von England bist; aber warum ist dir das so wichtig? Gib dir einen großen Ruck, und schon bist du ein Mensch und blickst auf alle Könige der Erde herab.« Oder wir haben es mit dem dritten Fall zu tun, dem Verrückten, der sich für Christus hält. Um unserem Herzen Luft zu machen, müßten wir sagen: »Du bist also der Schöpfer und Erlöser der Welt; aber was muß das für eine Miniaturwelt sein! Was für einen winzigen Himmel mußt du bewohnen, in dem die Engel nicht größer als Schmetterlinge sind! Wie trist mußt du es finden, Gott, ein höchst unzulänglicher Gott, zu sein! Gibt es wirklich kein erfüllteres Leben als deines und keine fabelhaftere Liebe als deine, und ist es tatsächlich deine kleine, verquälte Barmherzigkeit, in die alles Fleisch seine Zuversicht setzen muß? Wieviel glücklicher wärst du, wieviel mehr von dir wäre da, wenn der Hammer eines höheren Gottes deinen kleinen

Kosmos zertrümmern könnte, so daß die Sterne wie Pailletten auseinanderspritzten und du wie andere Menschen im Offenen, Freien stündest und zum Himmel aufsehen oder zur Erde niederblicken könntest!«

Und man darf nicht vergessen, daß die unverfälschteste praktische Wissenschaft genau diesen Standpunkt gegenüber geistigem Übel einnimmt; sie sucht nicht mit ihm wie mit einem Irrglauben zu rechten, sondern ist einfach bestrebt, es wie einen Bann zu brechen. Weder die moderne Wissenschaft noch die antike Religion glaubt an ein vollkommen freies Denken. Die Theologie verwirft bestimmte Gedanken und nennt sie lästerlich. Die Wissenschaft verwirft bestimmte Gedanken und nennt sie krankhaft. Zum Beispiel bemühten sich einige religiöse Gemeinschaften mehr oder minder entschieden, die Menschen von sexuellen Gedanken abzuhalten. Die wissenschaftliche Welt von heute ist eindeutig bemüht, die Menschen vom Nachdenken über den Tod abzuhalten; er gilt als Tatsache, aber als eine buchstäblich morbide Tatsache. Und bei der Behandlung von Menschen, deren Morbidität einen manischen Zug hat, hält sich die moderne Wissenschaft ebensowenig mit reiner Logik auf wie ein tanzender Derwisch. In diesen Fällen reicht es nicht aus, daß der Unglückliche nach Wahrheit verlangt; er muß gesund werden wollen. Nichts kann ihn retten außer einem blinden Verlangen nach Normalität, nach animalischer Normalität. Kein Mensch kann sich aus geistigem Übel herausdenken; denn es ist gerade das Organ des Denkens, das von Krankheit befallen, zügellos geworden ist, das sich quasi verselbständigt hat. Gerettet werden kann der Betreffende nur durch Willenskraft oder durch den

Glauben. Sobald sich der bloße Verstand in Bewegung setzt, bewegt er sich im alten Teufelskreis; er treibt sich in seinem logischen Zirkel um wie ein Mann in einer Mietdroschke in einem Verkehrskreisel, den er nur kraft einer Willenshandlung, eines beherzten Entschlusses, eines mystischen Akts zu verlassen vermag. Alles steht und fällt hier mit dem Entschluß; eine Tür muß ein für allemal zugeschlagen werden. Jedes Heilmittel ist die letzte Chance. Jede Heilung ist eine Wunderheilung. Einen Verrückten zu heilen ist keine philosophische Angelegenheit, es ist eine Teufelsaustreibung. Und wie verschwiegen Ärzte und Psychologen in diesen Fällen auch zu Werke gehen mögen, sie agieren zutiefst unnachsichtig – so unnachsichtig wie ein Fallbeil. Ihre Haltung läuft darauf hinaus, daß der Betreffende aufhören müsse zu denken, wenn er leben wolle. Sie plädieren für eine intellektuelle Amputation. Wenn dein *Kopf* dich ärgert, schneid ihn ab; denn besser, du kommst als Kind oder vielmehr als Schwachsinniger ins Himmelreich, als daß du mit deinem ganzen Verstand in der Hölle – oder in Hanwell – landest.

Das ist der Verrückte, wie wir ihn kennen: er ist durchweg ein Argumentierer, häufig ein erfolgreicher Argumentierer. Sicher ließe er sich durch Argumente niederringen, ließe sich ihm mit Logik begegnen. Aber viel treffender kann man ihn in allgemeineren und geradezu ästhetischen Begriffen fassen. Er steckt im hygienischen und gut ausgeleuchteten Kerker seiner fixen Idee, ist auf *einen* qualvollen Punkt fixiert. Ihm fehlt jede gesunde Zögerlichkeit und Vielschichtigkeit. Nun beabsichtige ich, wie bereits einleitend erläutert, in diesen Anfangskapiteln nicht, den Abriß einer Doktrin zu liefern, sondern will durch ein paar Bilder einen Standort illustrieren. Und meine Sicht vom Besessenen habe ich deshalb so ausführlich dargestellt, weil mir die meisten modernen Denker wie dieser Besessene vorkommen. Diese unverwechselbare Stimmung, die ich aus Hanwell kenne, sie schlägt mir auch von der Hälfte der heutigen Wissenschaftskatheder und Stätten der Gelehrsamkeit entgegen; und die meisten der verrückten Doktoren sind in mehrfacher Hinsicht verrückt. Sie alle weisen genau jene Mischung auf, die wir registriert haben: die Kombination aus umfassender und erschöpfender Verstandeskraft und stark eingeschränktem gesundem Empfinden. Sie sind universal nur in dem Sinne, daß sie eine einzige dünne Erklärung auf alles anwenden. Sie sehen ein Schachbrett weiß auf schwarz, und mag selbst das ganze Universum damit gepflastert sein, es bleibt für sie weiß auf schwarz. Wie der Geisteskranke können sie ihren Standpunkt nicht verändern; sie können nicht kraft einer geistigen Anstrengung das Muster plötzlich schwarz auf weiß gewahren.

Nehmen wir als erstes den ziemlich vielsagenden Fall des Materialismus. Als Welterklärung ist der Materialismus von einer irrsinnigen Schlichtheit. Er ist von haargenau derselben Art wie die Argumentation eines Verrückten; er vermittelt gleichzeitig den Eindruck, alles einzubegreifen und nichts zu erfassen. Schauen wir uns einen kompetenten und ehrlichen Materialisten wie Mr. McCabe* an, so läßt er

---

* Joseph M. McCabe (1867–1955), ein Franziskanermönch, der seinem Glauben abschwor und sein Leben der Aufgabe widmete, im Namen der Vernunft die christliche Religion zu bekämpfen. Chestertons Auseinandersetzung mit McCabe findet sich in *Ketzer* (Die Andere Bibliothek,

uns genau mit diesem eigentümlichen Gefühl zurück. Er begreift alles, und was er begreift, scheint das Begreifen gar nicht zu lohnen. Sein Kosmos mag bis zum letzten Nietnagel und Zahnrädchen vollständig sein, und doch ist er kleiner als unsere Welt. Wie der luzide Aufriß des Verrückten scheint auch sein Entwurf von den fremdartigen Kräften und der großen Unbekümmertheit unseres Planeten nichts zu wissen; er weiß nichts von den wirklichen Dingen auf Erden, den kämpfenden Völkern oder stolzen Müttern, der ersten Liebe oder der Todesangst auf dem offenen Meer. Die Erde ist so ungeheuer groß und der Kosmos so außerordentlich klein. Der Kosmos ist so ziemlich das kleinste Loch, in dem ein Mensch seinen Kopf verstecken kann.

Man halte sich vor Augen, daß ich im Augenblick nicht vom Verhältnis dieser Überzeugungen zur Wahrheit handele, daß es mir jetzt vielmehr nur um ihr Verhältnis zur Gesundheit geht. Später hoffe ich noch auf die Frage der objektiven Geltung kommen zu können; vorerst beschäftige ich mich nur mit einem psychologischen Phänomen. Fürs erste bin ich ebensowenig darauf aus, Haeckel nachzuweisen, daß der Materialismus unwahr ist, wie es mir darum ging, dem Mann, der sich für Christus hält, nachzuweisen, daß er Opfer eines Irrtums ist.* Ich beschäftige mich an dieser Stelle nur mit dem Umstand, daß beide Fälle den gleichen Eindruck von Vollständigkeit und

---

Nr. 165, Frankfurt a. M. 1998, S. 207–221) das, wie er einleitend berichtet, durch die Kritik, die es hervorrief, zum Anlaß für das vorliegende Buch wurde.

* *Die Welträtsel* von Ernst Haeckel hat McCabe ins Englische übersetzt.

Unvollständigkeit machen. Daß ein Mensch in Hanwell festgehalten wird, läßt sich mit der Gleichgültigkeit der Öffentlichkeit und also damit erklären, daß man sagt, hier werde ein Gott gekreuzigt, in einer Welt, die seiner nicht wert sei. Das ist durchaus eine Erklärung. Ganz ähnlich kann man die Ordnung des Universums damit erklären, daß man sagt, alle Dinge, einschließlich der Seelen der Menschen, seien Blätter, die sich an einem Baum ohne jedes Bewußtsein naturgesetzlich entfalten – dem blinden Schicksal der Materie gehorchend. Die Erklärung hat durchaus Erklärungswert, wenn auch natürlich keinen so vollständigen wie die des Verrückten. Worum es hier aber geht, ist die Tatsache, daß der normale menschliche Verstand nicht nur beide Erklärungen ablehnt, sondern sie auch aus dem gleichen Grund ablehnt. Das Argument läuft in etwa darauf hinaus, daß der Mann in Hanwell, wenn er denn wirklich Gott ist, als Gott arg zu wünschen übrig läßt. Und entsprechend läßt auch der Kosmos des Materialisten, falls er der wirkliche Kosmos ist, arg zu wünschen übrig. Er ist geschrumpft. Die Gottheit ist weniger göttlich als viele Menschen; und folgt man Haeckel, so ist das Leben als Ganzes grauer, enger und nichtssagender als viele seiner einzelnen Aspekte. Die Teile wirken großartiger als das Ganze.

Denn wir dürfen nicht aus dem Auge verlieren, daß die materialistische Philosophie (mag sie nun wahr sein oder nicht) mit Sicherheit weit einengender ist als jede Religion. In gewissem Sinne engen natürlich alle Ideen ein. Sie können nicht umfassender sein, als sie sind. Die Beschränkung eines Christen ist die gleiche, der auch ein Atheist unterliegt. Ein Christ kann nicht das Christentum für falsch halten und weiter Christ sein; und der Atheist kann nicht den Atheismus für falsch halten und weiter Atheist sein. Aber darüber hinaus unterliegt der Atheismus in einem ganz eigentümlichen Sinne stärkeren Beschränkungen als der Spiritualismus. Mr. McCabe hält mich für einen Sklaven, weil ich nicht an den Determinismus glauben darf. Ich halte Mr. McCabe für einen Sklaven, weil er nicht an Feen glauben darf. Schauen wir uns aber die beiden Glaubensverbote näher an, so werden wir feststellen, daß seines viel rigider ist als meines. Dem Christen steht es ohne weiteres frei, daran zu glauben, daß im Universum ein beträchtliches Maß an fester Ordnung und naturnotwendiger Entwicklung herrscht. Der Materialist hingegen darf in seiner makellosen Apparatur nicht das kleinste Fleckchen Spiritualismus oder Übernatürlichkeit dulden. Der arme Mr. McCabe darf nicht den kleinsten Kobold zurückbehalten, selbst wenn der sich in einem hohlen Bibernellenstengel versteckt. Der Christ gibt zu, daß die Welt vielfältig und sogar bunt gewürfelt ist, geradeso wie ein gesunder Mensch weiß, daß er vielschichtig ist. Der Gesunde weiß, daß er etwas von einem wilden Tier, etwas von einem Teufel, etwas von einem Heiligen, etwas von einem Bürger hat. Ja, der wirklich Gesunde weiß sogar, daß etwas von einem Verrückten in ihm steckt. Die Welt des Materialisten dagegen ist ganz einfach und gediegen, im Stile des Verrückten, der sich seiner Gesundheit absolut sicher ist. Der Materialist weiß ganz genau, daß die Geschichte schlicht und einfach eine Kausalkette darstellt, geradeso wie die zuvor erwähnte Person todsicher weiß, daß sie schlicht und einfach ein Huhn ist. Materialisten und Verrückte sind gegen jeden Zweifel gefeit.

Glaubenslehren engen den Geist nicht mit solcher Entschiedenheit ein, wie das die materialistischen Verleugnungen tun. Selbst wenn ich an die Unsterblichkeit glaube, muß ich den Gedanken an sie nicht ständig im Herzen tragen. Glaube ich hingegen nicht an die Unsterblichkeit, darf ich keinen Gedanken an sie verschwenden. Im ersten Fall ist der Weg frei, und ich kann gehen, soweit ich eben mag; im zweiten Fall ist der Weg blockiert. Aber die Parallele zur Geisteskrankheit reicht sogar noch tiefer und ist noch merkwürdiger. Gegen die erschöpfend logische Theorie des Irren haben wir geltend gemacht, daß sie unabhängig von ihrer Wahrheit oder Falschheit nach und nach das Menschsein des Betreffenden zerstört. Unser Vorwurf gegen die Hauptsätze des Materialisten lautet nun, daß auch sie nach und nach sein Menschsein zerstören – womit ich nicht nur die Menschlichkeit, sondern auch Hoffnung, Mut, Poesie, Initiative meine, kurz, alles, was menschlich ist. Wenn zum Beispiel der Materialismus die Menschen zum vollständigen Fatalismus führt (was er gemeinhin tut), so ist es ganz müßig, ihn als eine befreiende Kraft auszugeben. Es ist absurd zu behaupten, man leiste vor allem der Freiheit Vorschub, wenn man die Freiheit des Denkens nur nutzt, um den freien Willen zu zerstören. Die Deterministen machen nicht frei, sondern legen in Ketten. Sie haben allen Grund, ihr Gesetz als kausale »Kette« zu bezeichnen. Es ist die ärgste Fessel, die je ein menschliches Wesen umschlossen hat. Man mag im Zusammenhang mit der materialistischen Lehre noch so sehr die Sprache der

Freiheit bemühen – es liegt auf der Hand, daß sie insgesamt ebensowenig dazu paßt wie zu einem im Irrenhaus eingesperrten Menschen. Man mag die Ansicht vertreten, es stehe dem Menschen frei, sich für ein Rührei zu halten. Aber mit Sicherheit wiegt die Tatsache schwerer, daß er als Rührei nicht die Freiheit hat, zu essen, zu trinken, zu schlafen, spazierenzugehen und eine Zigarette zu rauchen. Ebenso mag man auch die Ansicht vertreten, der kühne materialistische Denker sei frei, die Wirklichkeit des Willens in Abrede zu stellen. Aber viel schwerer wiegt die Tatsache, daß er dann nicht mehr frei ist, aufzustehen, zu fluchen, zu danken, zu rechtfertigen, zu drängen, zu bestrafen, Versuchungen zu widerstehen, Menschenmengen aufzustacheln, gute Vorsätze an Neujahr zu fassen, Sündern zu vergeben, Tyrannen zu tadeln oder auch nur zu sagen: »Würden Sie mir bitte mal den Senf reichen.«

Abschließend möchte ich zu diesem Punkt noch bemerken, daß es ein komischer Irrtum ist zu glauben, der materialistische Fatalismus befördere in irgendeiner Weise die Barmherzigkeit und die Abschaffung grausamer Strafen beziehungsweise den Verzicht auf Bestrafung ganz allgemein. Das ist schreiend unwahr. Einiges spricht dafür, daß die Lehre von der Naturnotwendigkeit allen Geschehens keinerlei Unterschied macht, daß sie weder die Auspeitscher daran hindert, weiter auszupeitschen, noch den anteilnehmenden Freund, sich weiter zu engagieren. Falls sie aber einen von beiden hindert, sich wie gewohnt zu betätigen, dann mit Sicherheit den anteilnehmenden Freund. Daß Sündigen unvermeidlich ist, verhindert nicht die Bestrafung; wenn es etwas verhindert, dann das gute Zureden des engagierten Freundes. Der Determinismus führt mit ebenso großer Wahrscheinlichkeit zur Unbarmherzigkeit, wie er mit Sicherheit zur Feigheit führt. Der Determinismus verträgt sich ohne weiteres mit der grausamen Bestrafung von Missetätern. Womit er sich (vielleicht) nicht verträgt, ist eine großmütige Behandlung von Missetätern, die Bereitschaft, an ihr besseres Ich zu appellieren oder ihnen in ihrem moralischen Kampf beizustehen. Von einem Appell an die Willenskraft hält der Determinismus nichts, hingegen glaubt er an die Wirkung von Milieuveränderungen. Zum Sünder darf er nicht sagen: »Gehe hin und sündige fortan nicht mehr«, weil der Sünder nicht anders kann als sündigen. Hingegen darf er ihn in siedendes Öl stecken, denn siedendes Öl ist ein Milieu. Daher bietet der Materialist den gleichen exotischen Anblick wie der Irre. Beide nehmen eine Haltung ein, die zugleich unwiderlegbar und unerträglich ist.

Natürlich gilt dies alles nicht nur vom Materialisten, sondern trifft auch auf andere Auswüchse logischer Spekulation zu. Es gibt eine Form der Skepsis, die weit fürchterlicher ist als die Überzeugung, daß die Materie der Anfang von allem ist. Ich denke an den Skeptiker, der die Überzeugung hegt, daß er selbst der Anfang von allem ist. Er zweifelt nicht an der Existenz von Engeln oder Teufeln, sondern daran, daß es Menschen und Kühe gibt. Für ihn sind seine eigenen Freunde Märchengestalten, die er selbst erdichtet hat. Vater und Mutter sind seine eigenen Geschöpfe. Diese schreckliche Phantasterei übt auf den geradezu mystischen Ichkult unserer Tage einen unverkennbaren Reiz aus. Den erwähnten Verleger, der meinte, Menschen brächten es zu etwas, wenn sie an sich glaubten, die Fahnder nach dem Übermenschen, die ständig im Spiegel Ausschau nach ihm halten, die Schriftsteller, die von der Entwicklung der eigenen Persönlichkeit reden, statt für die Welt Leben zu schaffen – all diese Menschen trennt von jener schrecklichen Leere nur ein Wimpernschlag. Wenn dann die ganze freundliche Welt, die diesen Skeptiker umgibt, als Lüge entlarvt ist, wenn die Freunde zu Gespenstern verblaßt sind und die Welt bodenlos geworden ist und er, der an nichts und niemanden glaubt, allein in seinem Alptraum zurückbleibt, dann wird in rächender Ironie das große Motto seines Individualismus über seinem Haupt geschrieben stehen. Die Sterne werden zu bloßen Leuchtpunkten in der Finsternis seines Gehirns; seine Mutter wird nichts als eine flüchtige, seinem Wahn entsprungene Erscheinung an der Wand seines Kerkers sein. Über seinem Kerker aber wird die grauenvolle Wahrheit geschrieben stehen: »Er glaubt an sich.«

Uns interessiert hier allerdings nur die Feststellung, daß dieses solipsistische Extrem des Denkens die gleiche Paradoxie aufweist wie das materialistische. Es ist der Theorie nach ebenso umfassend wie in der Praxis verkrüppelnd. Der Einfachheit halber läßt sich die Sache so formulieren, daß ein Mensch immer wähnen kann, in einem Traum zu sein. Daß er sich in keinem Traum befindet, läßt sich ihm nicht positiv nachweisen, und zwar einfach deshalb, weil es keinen positiven Beweis gibt, der ihm nicht auch im Traum geliefert werden könnte. Wenn aber der Betreffende nun anfinge, London in Brand zu stecken und zu erklären, er warte darauf, von seiner Haushälterin zum Frühstück gerufen zu werden, dann würden wir ihn uns greifen und ihn zusammen mit anderen Logikern an dem Ort unterbringen, von dem schon mehrfach in diesem Kapitel die Rede war. Wer seinen Sinnen keinen Glauben schenken und wer an nichts außer an die Materie glauben kann ist gleichermaßen wahnsinnig; aber in beiden Fällen findet der Wahnsinn seinen Ausdruck nicht in einer fehlerhaften Argumentation, sondern in der offenkundigen Fehlorientierung des ganzen Lebens. Beide haben sie sich in Kästen eingeschlossen, die innen mit Sonne und Sternen bemalt sind; beide finden sie nicht ins Freie, der eine nicht in die Gesundheit und die Wonne des Himmelreichs, der andere nicht einmal in die Gesundheit und die Wonne des irdischen Daseins. Ihre Haltung ist ganz vernünftig, ja, in gewissem Sinne ist sie unendlich vernünftig, wie ein Zehnpfennigstück unendlich kreisförmig ist. Aber es gibt so etwas wie eine schlechte Unendlichkeit, eine niedrige, erbärmliche Ewigkeit. Es ist interessant zu sehen, daß viele der Modernen, Skeptiker ebenso wie Mystiker, ein bestimmtes östliches Symbol zu ihrem Wahrzeichen erkoren haben, ein Symbol, das diese äußerste Nichtigkeit verkörpert. Die Ewigkeit versinnbildlichen sie durch eine Schlange, die sich selbst in den Schwanz beißt. In diesem Bild vom unbefriedigenden Selbstverzehr steckt ein überraschender bitterer Sarkasmus. Die Ewigkeit der materialistischen Fatalisten, die Ewigkeit der fernöstlichen Pessimisten, die Ewigkeit der hochnäsigen Theosophie* und der höheren

* Monistische Religionsphilosophie, die den Geist und das Spirituelle zur einzigen Realität erklärt.

Wissenschaft unserer Tage läßt sich in der Tat kaum besser wiedergeben als durch das Bild der Schlange, die sich selber auffrißt, das Bild eines degenerierten Tieres, das nicht einmal vor der Selbstzerstörung haltmacht.

Das vorliegende Kapitel ist rein pragmatisch orientiert und mit der Frage nach dem entscheidenden Charakteristikum des Wahnsinns beschäftigt. Zusammenfassend können wir feststellen, daß dieses Hauptmoment die entwurzelte Vernunft ist, die Vernunft, die im luftleeren Raum agiert. Verrückt wird der Mensch, der ohne angemessene Grundlage zu denken anfängt; er beginnt am falschen Punkt. Bis zum Schluß des Buches werden wir bemüht sein, den richtigen Ausgangspunkt zu entdecken. Wenn wir aber wissen, was den Menschen verrückt werden läßt, dann können wir natürlich auch fragen, was ihm die Gesundheit erhält. Am Ende dieses Buches hoffe ich, eine eindeutige Antwort hierauf liefern zu können – manch einem wird die Antwort allzu eindeutig erscheinen. Für den Augenblick indes läßt sich in der gleichen, rein pragmatischen Manier eine generelle Antwort auf die Frage formulieren: Das mystische Moment ist es, was den Menschen im Laufe ihrer Geschichte die Gesundheit erhalten hat. Solange es das Mysterium gibt, bleiben die Menschen gesund; zerstört man es, liefert man sie dem Verfall aus. Der einfache Mensch ist gesund, weil er ein Mystiker ist. Er gestattet sich, im Zwielicht zu leben. Seit jeher steht er mit einem Fuß auf der Erde und mit dem anderen im Feenland. Er hat sich stets die Freiheit genommen, an seinen Göttern zu zweifeln; anders als der heutige Agnostiker aber hat er sich auch stets die

Freiheit vorbehalten, an sie zu glauben. Wahrheit war ihm immer wichtiger als logische Konsequenz. Stand er vor zwei Wahrheiten, die sich zu widersprechen schienen, so akzeptierte er beide und nahm den Widerspruch in Kauf. Seine spirituelle Sichtweise ist so stereoskopisch wie seine körperliche: er sieht zwei verschiedene Bilder gleichzeitig, was seiner Scharfsicht aber nur zum Vorteil gereicht. So hat er immer an so etwas wie Schicksal, aber auch immer an so etwas wie den freien Willen geglaubt. So hat er geglaubt, daß den Kindern das Himmelreich gehört, aber auch, daß sie dennoch den irdischen Mächten zu gehorchen haben. Er hat die Jungen wegen ihrer Jugend bewundert und die Alten, weil sie die Jugend hinter sich hatten. Genau in diesem Ausbalancieren scheinbarer Widersprüche bestand die Spannkraft des gesunden Menschen. Das ganze Mysterium der Mystik besteht darin: daß der Mensch alles kraft dessen verstehen kann, was er nicht versteht. Der kranke Logiker bemüht sich überall um Klarheit und schafft es, alles ins Geheimnis zu hüllen. Der Mystiker findet sich damit ab, daß es ein einziges Mysterium gibt – und schon wird alles andere klar. Der Determinist arbeitet die Theorie der Kausalität bis ins letzte Tüpfelchen aus, nur um festzustellen, daß er nicht einmal mehr zum Dienstmädchen »dürfte ich Sie bitten« sagen kann. Der Christ akzeptiert, daß die Willensfreiheit ein göttliches Geheimnis bleibt; eben deshalb aber ist sein Verhältnis zum Dienstmädchen so klar und durchsichtig wie Kristall. Er pflanzt den Samen des Dogmas ins Herz der Finsternis; aber der Same keimt und entfaltet sich voller Lebenskraft in alle Richtungen. Wie wir den Kreis zum Sinnbild der Vernunft und des Irreseins erklärt haben, so erscheint uns das Kreuz bestens geeignet, zugleich das Mysterium und die geistige Gesundheit zu symbolisieren. Der Buddhismus ist zentripetal, das Christentum hingegen zentrifugal: es bricht aus. Denn der Kreis ist seiner Natur nach vollkommen und unendlich, sein Umfang allerdings steht ein für allemal fest: er kann weder größer noch kleiner werden. Das Kreuz dagegen mag zwar im Kern einen Konflikt und Widerspruch enthalten; es kann aber seine vier Arme beliebig ausdehnen, ohne jemals die Form zu verändern. Weil in seinem Zentrum ein Paradox steht, kann das Kreuz wachsen, ohne sich zu verändern. Der Kreis kehrt in sich zurück und ist gebunden. Das Kreuz streckt seine Arme in alle vier Himmelsrichtungen; es ist ein Wegweiser für Menschen, die sich frei bewegen wollen.

Wenn man über diese grundlegenden Dinge spricht, sind allein Symbole von – wenn auch begrenztem – Wert; ein weiteres Sinnbild aus der natürlichen Welt kann den Platz, den das Mysterium im Blick auf die Menschheit einnimmt, hinlänglich verdeutlichen. Das einzige gottgeschaffene Ding, das wir nicht anschauen können, ist eben dasjenige, in dessen Licht wir alles andere sehen. Wie die Mittagssonne erklärt das Mysterium alles übrige – dank der Strahlkraft seiner eigenen triumphalen Unsichtbarkeit. Die abgehobene Intellektualität ist nichts als bleichsüchtiger Mondschein, denn sie ist Licht ohne Wärme, Abglanz, den eine tote Welt widerstrahlt. Die Griechen hatten recht, als sie Apollon zum Gott sowohl der Einbildungskraft als auch der Gesundheit erklärten; er war der Schirmherr der Musen und der Heilkunst.

Über unverzichtbare Glaubenssätze und einen ganz bestimmten Glauben werde ich an späterer Stelle reden. Jene Transzendenz aber, die allen Menschen die Kraft zum Leben schenkt, nimmt im wesentlichen die Stellung der Sonne am Himmel ein. Wir sind uns ihrer als einer Art von blendender Wirrnis bewußt; sie ist etwas ebenso Strahlendes wie Gestaltloses, ist ebensosehr Gleißen wie blinder Fleck. Die runde Scheibe des Mondes dagegen ist so klar und eindeutig, so wiederkehrend und unfehlbar wie der euklidische Kreis auf einer Schultafel. Luna ist absolut vernünftig und die Mutter der *lunatics*, wie man im Englischen die Verrückten nennt.

III

DER SELBSTMORD DES DENKENS

Umgangssprachliche Ausdrücke sind nicht nur einprägsam, sondern auch subtil: eine Redewendung dringt häufig in Tiefen, die keine Definition erreicht. Wendungen wie »auslöschen« oder »neben sich stehen« könnten von Mr. Henry James geprägt und die Frucht seines verzweifelten Bemühens um sprachliche Präzision sein. Und es läßt sich keine feinsinnigere Wahrheit denken als die in dem Allerweltsidiom, jemand habe »das Herz auf dem rechten Fleck«. Das Idiom setzt eine Vorstellung von Normalverhältnis voraus; eine bestimmte Funktion ist nicht nur vorhanden, sondern sie steht auch, wenn es mit rechten Dingen zugeht, in einem bestimmten Verhältnis zu den anderen Funktionen. Tatsächlich ist die negative Fassung dieses Idioms wie kaum etwas geeignet, die morbide Mitmenschlichkeit und widernatürliche Sanftmut der meisten maßgebenden Modernen auf den Begriff zu bringen. Müßte ich zum Beispiel von Mr. Bernard Shaw ein Bild entwerfen, das seinem Charakter möglichst gerecht wird, so könnte ich nichts Zutreffenderes äußern als dies, er habe ein überwältigend großes und großmütiges Herz, nur eben nicht auf dem rechten Fleck. Und das läßt sich für die heutige Gesellschaft durchweg geltend machen.

Die moderne Welt ist nicht böse; in mancher Hinsicht ist sie entschieden zu gut. Sie ist voll wüster und vergeudeter Tugenden. Wenn ein religiöses System zertrümmert wird (wie das mit dem Christentum in der Reformation geschah), dann führt das nicht nur zu einer Entfesselung der Laster. Keine Frage, daß die Laster entfesselt werden; sie streifen umher und stiften Schaden. Aber auch die Tugenden werden entfesselt, und sie streifen noch haltloser umher und richten noch schrecklicheren Schaden an. Die heutige Welt steckt voll von alten christlichen Tugenden, die durchgedreht sind. Sie sind durchgedreht, weil sie auseinandergerissen wurden und allein umherstreifen. So kümmert sich etwa die Wissenschaft um die Wahrheit; und ihre Wahrheit ist erbarmungslos. Und so interessiert sich die Philanthropie nur fürs Erbarmen, und ihrem Erbarmen fehlt (so leid es mir tut, das sagen zu müssen) oft die Wahrheit. Mr. Blatchford* zum Beispiel greift das Christentum

---

* Robert Peel Glanville Blatchford (1851–1943), englischer Sozialreformer, Begründer der Manchester Fabian Society und Herausgeber des *Clarion*. Zu Chesterton und Blatchford vgl. das Nachwort von Philip Yancey.

an, weil er verrückt nach einer einzigen christlichen Tugend ist: der für sich genommen mystischen und fast irrationalen Tugend der Barmherzigkeit. Er hegt die merkwürdige Vorstellung, daß es leichter sei, Sünden zu vergeben, wenn man davon ausgeht, daß es gar keine Sünden gibt, die vergeben werden müßten. Mr. Blatchford ist nicht nur ein Vertreter des Frühchristentums, er ist auch der einzige frühchristliche Mensch, der es wirklich verdient hätte, von den Löwen gefressen zu werden. Denn auf ihn trifft die heidnische Beschuldigung tatsächlich zu: seine Barmherzigkeit liefe auf schiere Anarchie hinaus. Er ist wirklich ein Feind der Menschheit – weil er so menschenfreundlich ist. Auf der anderen Seite haben wir den unerbittlichen Realisten, der zielstrebig all seine menschliche Lust an frohen Geschichten oder einem heilen Herzen abtötet. Torquemada* folterte Menschen physisch um der moralischen Wahrheit willen. Zola folterte Menschen moralisch um der physischen Wahrheit willen. Aber zu Torquemadas Zeiten existierte wenigstens ein System, das in einem gewissen Maße Rechtschaffenheit und Friedfertigkeit dazu bewegen konnte, sich miteinander zu versöhnen. Jetzt verneigen sie sich nicht einmal mehr voreinander. Aber noch viel auffälliger als Wahrheit und Erbarmen zeigt sich die Demut vom »rechten Fleck« vertrieben.

Hier geht es uns nur um einen bestimmten Aspekt der Demut. Sie diente im großen und ganzen dazu, den Hochmut und die unersättliche Begierde des

---

* Der spanische Großinquisitor aus dem 15. Jahrhundert, der Juden und Muslime foltern ließ, um sie zum Christentum zu bekehren.

Menschen zu zügeln. Ständig verdarb sich der Mensch mit neuerfundenen Bedürfnissen die Befriedigung. Mit seiner Vergnügungssucht zerstörte er sich die Hälfte seiner Vergnügungen. Seine Lustsuche bezahlte er mit dem Verlust der höchsten Lust, nämlich des Überraschungsmoments. So wurde denn deutlich, daß der Mensch nur dann eine große Welt sein eigen nennen konnte, wenn er sich selbst klein machte. Selbst die hochfahrendsten Visionen, ragende Städte und stürzende Zinnen, sind Schöpfungen der Demut. Riesen, die ganze Wälder wie Gras niedertrampeln, sind Schöpfungen der Demut. Denn Türme sind nur dann hoch, wenn wir zu ihnen emporschauen; und Riesen sind nur dann Riesen, wenn sie größer sind als wir. Diese ganze, ins Gigantische ausgreifende Phantasie des Menschen, die vielleicht seine gewaltigste Lust bildet, ist im Grunde ein Geschenk der Demut. Ohne Demut können wir nichts genießen – können wir nicht einmal Stolz empfinden.

Woran wir aber heute kranken, das ist Demut am falschen Fleck. Die Bescheidenheit hat das Selbstbewußtsein freigegeben und sich statt dessen der Glaubenskraft bemächtigt, wo sie doch nie etwas zu suchen hatte. Der Mensch sollte an sich selbst zweifeln, aber doch nicht an der Wahrheit; das hat sich genau ins Gegenteil verkehrt. Heute ist das, worauf der Mensch beharrt, genau der Teil, auf dem er nicht beharren sollte – er selbst. Und das, woran er zweifelt, ist genau der Teil, an dem er nicht zweifeln dürfte – die Vernunft Gottes. Huxley predigte eine Demut, die sich damit bescheidet, von der Natur zu lernen. Würden wir also vorschnell behaupten, es gebe keine für unsere Zeit charakteristische Demut, wir wären im Irrtum. Es gibt sie in der Tat, aber wie sich herausstellt, ist dies eine Demut, die in der Praxis vergiftender wirkt als die wildesten Selbsterniedrigungen des Asketen. Die alte Demut war ein Sporn, der den Menschen vorantrieb, kein Nagel im Schuh, der ihn daran hindert, weiterzugehen. Denn die alte Demut ließ den Menschen an seinen Bemühungen zweifeln und brachte ihn so dazu, sich noch mehr anzustrengen. Die neue Demut hingegen läßt ihn an seinen Zielsetzungen zweifeln und veranlaßt ihn damit, seine Bemühungen überhaupt einzustellen.

An jeder Straßenecke trifft man auf Menschen, die so verrückt und blasphemisch sind, zu erklären, sie seien vielleicht im Irrtum. Tag für Tag stößt man auf Leute, die einräumen, sie hätten mit ihrer Ansicht möglicherweise unrecht. Dabei muß ihre Ansicht selbstverständlich die richtige sein, sonst wäre es nicht ihre Ansicht. Wir sind auf dem besten Weg, ein Geschlecht hervorzubringen, das so bescheiden ist, daß es nicht einmal mehr an das Einmaleins glaubt. Uns drohen Philosophen, die am Gravitationsgesetz zweifeln und den Verdacht hegen, es handele sich dabei um ein bloßes Hirngespinst ihrer selbst. Früher waren die Spötter zu stolz, um sich überzeugen zu lassen; heute hingegen sind sie zu bescheiden, um sich eine Überzeugung zuzutrauen. Den Sanftmütigen und Schwachen gehört die Erde, aber die modernen Skeptiker sind sogar zu schwach, um das, was ihnen gehört, in Anspruch zu nehmen. Genau diese intellektuelle Ohnmacht ist unser zweites Problem.

Das letzte Kapitel drehte sich ausschließlich um eine empirische Beobachtung: darum, daß dem Menschen Krankheit eher von seinem Verstand als von seiner Einbildungskraft droht. Dabei ging es nicht darum, die Herrschaft des Verstandes anzugreifen; das Ziel war im Gegenteil, sie zu verteidigen. Denn sie hat Verteidigung nötig. Die ganze moderne Welt führt Krieg gegen den Verstand; schon wankt er in seinen Grundfesten.

Den Weisen, sagt man oft, bleibt die Religion ein Rätsel. Das Problem aber ist, daß unsere Weisen nicht einmal das Rätselhafte an der Religion wahrzunehmen vermögen. Sie sind wie Kinder, die in ihrer Dummheit das Paradoxe an der scherzhaften Aussage »Eine Tür ist keine Tür« nicht zu sehen vermögen. Die heutigen Freigeister reden zum Beispiel über die Amtsgewalt in der Religion, als gäbe es dafür nicht nur keinen guten Grund, sondern als hätte es auch nie einen gegeben. Ihnen bleibt nicht nur die philosophische Grundlage kirchlicher Autorität verschlossen, ihnen entgeht sogar deren historische Begründung. Kirchliche Autorität war zweifellos oft repressiv oder unvernünftig, geradeso wie jedes Rechtssystem (und zumal unser heutiges) fühllos und erfüllt von grausamer Gleichgültigkeit ist. Gegen die Polizei zu Felde zu ziehen ist vernünftig, ja, ruhmwürdig. Die modernen Kritiker der kirchlichen Autorität aber gleichen Menschen, die gegen die Polizei zu Felde ziehen, ohne je etwas von Dieben gehört zu haben. Denn dem menschlichen Geist droht eine große Gefahr, die von nicht geringerer praktischer Bedeutung ist als die Dieberei. Dagegen wurde, zu Recht oder zu Unrecht, der Damm der kirchlichen Autorität errichtet. Und dagegen mußte ohne Frage ein Damm errichtet werden, sollte das Menschengeschlecht nicht ins Verderben stürzen.

Die Gefahr, von der ich spreche, besteht in der Freiheit des menschlichen Intellekts, sich selbst zu zerstören. Wie eine biologische Generation die Existenz der nächsten dadurch verhindern könnte, daß alle ins Kloster oder ins Wasser gingen, kann auch eine Generation von Denkern in einem gewissen Maße künftiges Denken verhindern, indem sie der nächsten Generation die Überzeugung von der Wertlosigkeit menschlichen Denkens vermittelt. Es ist müßig, ständig von dem Gegensatz zwischen Vernunft und Glauben zu reden. Die Vernunft selbst ist eine Sache des Glaubens. Davon auszugehen, daß unsere Gedanken überhaupt in einer Beziehung zur Wirklichkeit stehen, ist ein Glaubensakt. Ist man bloß Skeptiker, so drängt sich einem früher oder später die Frage auf: »Warum sollte *irgend etwas* zutreffen, empirische Beobachtung und logisches Denken eingeschlossen? Warum sollte logische Stringenz weniger irreführend sein als logische Ungereimtheit? Spielt sich doch beides im Gehirn eines verwirrten Großaffen ab.« Der junge Skeptiker erklärt: »Ich habe ein Recht darauf, selbständig zu denken.« Der alte Skeptiker, der vollkommene Skeptiker, aber sagt: »Ich habe kein Recht auf selbständiges Denken. Ich habe überhaupt kein Recht auf Denken.«

Es gibt ein Denken, das dem Denken den Garaus macht. Dies ist das einzige Denken, dem man einen Riegel vorschieben sollte. Dies ist das Böse schlechthin, gegen das alle kirchliche Autorität aufgeboten wurde. Es tritt nur am Ende dekadenter Zeitalter wie des unseren in Erscheinung: Und Mr. H. G. Wells hat bereits sein verderbliches Banner aufgerichtet; er hat nämlich ein kleines skeptisches Meisterwerk mit dem Titel *Doubts of the Instrument** geschrieben. Darin stellt er nichts Geringeres als unser Gehirn in Frage und unternimmt es, alle seine eigenen – vergangenen, gegenwärtigen und künftigen – Aussagen um ihren Realitätsgehalt zu bringen. Dieser von ferne drohende Zusammenbruch aber war es, wogegen alle kriegerischen Rüstungen der Religion ursprünglich ins Werk gesetzt und aufgeboten wurden. Die Glaubenskämpfe und Kreuzzüge, die hierarchischen Ordnungen und schrecklichen Verfolgungen dienten nicht, wie aus Ahnungslosigkeit oft behauptet wird, der Unterdrückung der Vernunft. Sie dienten der schwierigen Verteidigung der Vernunft. Rein instinktiv wußten die Menschen, daß, wenn alles blindwütig in Frage gestellt wurde, die Vernunft als erste an der Reihe war. Die Gewalt von Priestern, Absolution zu erteilen, die Gewalt von Päpsten, in Fragen des Dogmas zu entscheiden, ja, selbst die Gewalt der Inquisition, Furcht und Schrecken zu verbreiten – das alles waren nur unbewußte Verteidigungsanstrengungen, die sich um eine zentrale Macht drehten, die unnachweislicher und übernatürlicher war als alle menschliche Macht zu denken. Daß sich das so verhält, wissen wir heute; so zu tun, als wüßten wir es nicht, läßt sich nicht länger rechtfertigen. Wir können hören, wie die Skepsis den alten Verteidigungsring aus Autoritäten durchbricht, und wir sehen die Vernunft auf ihrem Throne wanken. In eben dem Maß, wie die Religion geschwunden ist, schwindet auch die Vernunft. Denn sie sind beide von der gleichen ursprüng-

---

* Spiel mit dem Doppelsinn: der Titel kann sowohl »Zweifel am Werkzeug« als auch »Zweifel des Werkzeugs« bedeuten.

lichen und maßgebenden Beschaffenheit. Sie sind beide Beweismittel, die sich ihrerseits der Beweisbarkeit entziehen. Und indem wir die Idee der Macht Gottes zerstört haben, haben wir auch weitgehend die Idee jener Macht des Menschen zerstört, mit der unser intellektuelles Durchhaltevermögen steht und fällt. Wir haben lange und mit aller Kraft gezerrt, um dem pontifikalen Menschen die Mitra herunterzureißen, und dabei haben wir den Kopf gleich mit abgerissen.

Damit wir uns nicht dem Vorwurf leerer Behauptungen aussetzen, sollten wir wohl, so öde das auch sein mag, rasch die wichtigsten modernen Denkströmungen durchgehen, die diese das Denken blokkierende Wirkung haben. Der Materialismus und die Vorstellung, daß alles nur der eigenen Einbildung entspringt, haben beide etwas von dieser Wirkung; denn wenn der Geist mechanisch ist, kann das Denken nicht sonderlich aufregend sein, und wenn der Kosmos eine Einbildung ist, dann entfällt der Gegenstand, über den man nachdenken könnte. Allerdings bleibt in diesen Fällen die Wirkung indirekt und zweifelhaft. In anderen Fällen ist sie direkter und deutlicher, insbesondere im Falle der Denkrichtung, die gemeinhin als Evolutionismus bezeichnet wird.

Der Evolutionismus ist ein gutes Beispiel für jene moderne Intelligenz, die primär sich selbst zerstört. Die Rede von Evolution stellt entweder eine unschuldige wissenschaftliche Beschreibung dar, wie gewisse irdische Dinge zustande kamen, oder aber sie bildet, falls sie mehr ist als eine solche Beschreibung, einen zentralen Angriff auf das Denken als solches. Wenn der Evolutionismus etwas zerstört, dann nicht die

Religion, sondern den Rationalismus. Bedeutet Evolution einfach nur, daß sich eine Gegebenheit namens Affe ganz allmählich in eine Gegebenheit namens Mensch verwandelte, dann kann sie nicht einmal bei den Rechtgläubigsten Anstoß erregen; denn ein persönlicher Gott vermag die Dinge genausogut allmählich wie jäh zu vollbringen, zumal, wenn er wie der christliche Gott außerhalb der Zeit existiert. Soll Evolution aber mehr als das bedeuten, dann läuft sie darauf hinaus, daß es weder einen Affen gibt, der sich wandelt, noch einen Menschen, in den sich der Affe verwandeln könnte. Sie läuft darauf hinaus, daß es überhaupt keine Dinge gibt. Oder im besten Fall gibt es nur eines: die Veränderung, den Wandel von allem und jedem. Das ist ein Angriff, der sich nicht gegen den Glauben, sondern gegen den Verstand richtet; man kann nicht denken, wenn es keinen Gegenstand des Denkens gibt. Man kann nicht denken, wenn man nicht ein Objekt des Denkens von sich unterscheiden kann.

Descartes hat gesagt: »Ich denke, also bin ich.« Der philosophische Evolutionist dreht den Ausspruch um und verkehrt ihn ins Negative. Er sagt: »Ich bin nicht; deshalb kann ich denken.«

Weiterhin gibt es den entgegengesetzten Angriff auf das Denken, den Mr. H. G. Wells vorträgt, wenn er behauptet, jedes Ding sei »einzigartig« und Allgemeinbegriffe gebe es nicht. Auch das ist schiere Destruktion. Denken bedeutet, daß man zwischen den Dingen Zusammenhänge herstellt, und hört auf, wenn das nicht mehr möglich ist. Es bedarf kaum einer Erwähnung, daß diese Skepsis, die das Denken verbietet, zwangsläufig auch das Sprechen unterbindet;

niemand kann den Mund aufmachen, ohne jener Behauptung zu widersprechen. Wenn also Mr. Wells erklärt (was er irgendwo getan hat): »Jeder Stuhl ist völlig anders«, äußert er nicht nur etwas Falsches, sondern eine *contradictio in adjectum*. Wenn jeder Stuhl völlig anders ist, verliert der Begriff Stuhl seinen Sinn.

Eng verwandt mit diesen Irrtümern ist die falsche Theorie vom Fortschritt, die der Ansicht huldigt, wir entschieden über die Prüfungsbedingungen, statt uns zu bemühen, die Prüfung zu bestehen. Oft hört man zum Beispiel sagen: »Was im einen Zeitalter recht ist, gilt in einem anderen als unrecht.« Das ist ganz vernünftig, sofern es bedeuten soll, daß ein feststehendes Ziel existiert und daß die Methoden, es zu erreichen, von einer Zeit zur anderen wechseln. So kann es etwa geschehen, daß Frauen ihrem Streben nach Eleganz in einem bestimmten Zeitalter dadurch frönen, daß sie dicker werden, und in einem anderen dadurch, daß sie dünner werden. Hingegen läßt sich nicht von Fortschritt reden, wenn sie aufhören, elegant sein zu wollen, und statt dessen anfangen, sich um Körpergröße zu bemühen. Wenn der Maßstab sich wandelt, wie kann es da einen Fortschritt geben, der doch einen solchen Maßstab voraussetzt?

Nietzsche hat die unsinnige Idee in die Welt gesetzt, die Menschen hätten einst als gut erstrebt, was wir heute böse nennen; wenn das so wäre, gäbe es keine Möglichkeit, sie zu übertreffen oder auch hinter ihnen zurückzubleiben. Wie kann ich jemanden überholen, wenn ich in die entgegengesetzte Richtung gehe? Es läßt sich nicht sinnvoll diskutieren, ob ein Volk erfolgreicher im Leiden als ein anderes im Glücklichsein gewesen ist. Das wäre so, als wollte man diskutieren, ob Milton puritanischer als ein Schwein fett ist.

Zugegeben, ein Mensch (ein dummer Mensch) kann unter Umständen seine Zielvorstellung, sein Ideal ändern. Aber wenn ich die Veränderlichkeit selbst zum Ideal erhebe, wird sie unveränderlich. Will der Anbeter der Veränderlichkeit seine eigenen Fortschritte ermessen, muß er seinem Ideal der Veränderlichkeit strikt die Treue halten; er darf nicht anfangen, frohgemut mit dem Ideal der Beständigkeit zu liebäugeln. Der Fortschritt als solcher kennt keinen Fortschritt. Nebenbei darf ich wohl darauf hinweisen, daß Tennyson*, als er in ziemlich romantischer und wenig überzeugender Manier die Idee unaufhörlichen gesellschaftlichen Wandels pries, unwillkürlich zu einer Metapher griff, die an kerkerhafte Monotonie denken läßt. Er schrieb: »Möge die große Welt ewig hinabwirbeln auf den widerhallenden Gleisen des Wandels.« Die Veränderung selbst stellte er sich als eintöniges Gleis vor; und so verhält es sich auch. Veränderung ist so ziemlich die engste und schiefste Bahn, auf die ein Mensch geraten kann.

Das entscheidende ist hier aber, daß diese Idee von einem grundlegenden Wandel des Maßstabes das Nachdenken über die Vergangenheit oder die Zukunft praktisch verunmöglicht. Die Theorie von einem vollständigen Wechsel der Maßstäbe in der menschlichen Geschichte beraubt uns nicht nur des Vergnügens, unsere Väter in Ehren zu halten; sie beraubt

---

* Alfred Tennyson (1809–1892), spätromantischer Dichter, der in der viktorianischen Zeit hohes Ansehen genoß.

uns sogar des moderneren und aristokratischeren Vergnügens, sie zu verachten.

Diese karge Zusammenfassung der das Denken zerstörenden Kräfte unserer Zeit bliebe unvollständig, wenn wir nicht auch kurz auf den Pragmatismus zu sprechen kämen; denn wiewohl ich hier von der Methode des Pragmatismus als einem ersten Wegweiser zur Wahrheit Gebrauch mache und sie als solche immer verteidigen würde, gibt es doch eine extreme Verwendungsform, die sich dadurch auszeichnet, daß ihr jegliche Wahrheit abgeht. Was ich meine, ist in aller Kürze folgendes: Ich stimme mit den Pragmatisten darin überein, daß die zutage liegende, gegenständliche Wahrheit nicht schon alles ist, daß es vielmehr ein gebieterisches Bedürfnis gibt, an die für den menschlichen Geist unverzichtbaren Dinge zu glauben. Nun behaupte ich aber, daß zu diesen unverzichtbaren Dingen eben der Glaube an objektive Wahrheit gehört. Der Pragmatist rät den Menschen, zu denken, was gedacht werden muß, und sich ums Absolute keine Gedanken zu machen. Aber eines der Dinge, über die sich der Mensch Gedanken machen muß, ist eben das Absolute. Die pragmatische Philosophie stellt tatsächlich ein Paradox im Wortsinne dar. Der Pragmatismus dreht sich um die menschlichen Bedürfnisse, und eines der vorrangigsten Bedürfnisse des Menschen besteht darin, kein bloßer Pragmatiker zu sein. Der ins Extrem getriebene Pragmatismus ist ebenso unmenschlich wie der Determinismus, den er so nachdrücklich attackiert. Der Determinist (der, um ihm Gerechtigkeit widerfahren zu lassen, keinen Anspruch darauf erhebt, ein menschliches Wesen zu sein) erklärt die menschliche Wahlfreiheit für eine Illusion.

Der Pragmatist, der sich für besonders menschlich hält, erklärt den menschlichen Wirklichkeitssinn für illusionär.

Unsere bisherige Argumentation zusammenfassend, können wir sagen, daß den typischsten zeitgenössischen Philosophien nicht nur ein Zug von Besessenheit, sondern ein Hauch von selbstmörderischer Besessenheit eignet. Schon wer bloß fragt, donnert mit dem Kopf gegen die Wand menschlichen Denkens und schlägt ihn sich ein. Das macht die Warnungen der Traditionalisten und der abgeklärten Geister, die von einer gefährlichen Pubertät des freien Denkens schwafeln, so lächerlich. Was wir vor uns haben, ist nicht die Pubertät, es ist die Vergreisung und der äußerste Verfall des freien Denkens. Es ist lächerlich, wenn sich Bischöfe und fromme Geistesgrößen den Kopf über die Schrecklichkeiten zerbrechen, die ein entfesselter Skeptizismus anrichten wird, wenn man ihm freien Lauf läßt. Er hat seinen Amoklauf bereits hinter sich. Es ist albern, wenn wortgewaltige Atheisten von den großen Wahrheiten reden, die das freie Denken enthüllen wird, wenn es erst in Gang kommt. Wir haben es bereits an sein Ende kommen sehen. Fragen, die es stellen könnte, gibt es nicht mehr; es hat sich selbst in Frage gestellt. Man kann sich nichts Wüsteres ausdenken als ein Gemeinwesen, in dem die Menschen sich selbst fragen, ob sie überhaupt ein Selbst haben. Es läßt sich keine skeptischere Welt vorstellen als jene, in der die Menschen an der Existenz der Welt zweifeln. Das skeptische Denken hätte sich gewiß rascher und säuberlicher in den Konkurs treiben können, wenn es nicht durch den schwachen Widerstand unhaltbarer

Gesetze gegen Gotteslästerung oder durch die absurde Behauptung, das moderne England sei ein christliches Land, daran gehindert worden wäre. Bankerott aber macht es so oder so. Militante Atheisten werden nach wie vor und zu Unrecht verfolgt, aber eher, weil sie eine versprengte Minderheit sind, die überlebt hat, als weil sie eine neue Bewegung darstellten. Das freie Denken hat sich in seiner Freiheit verausgabt. Es ist seines eigenen Erfolges überdrüssig. Wenn heute ein eifernder Freidenker die Gedankenfreiheit als Morgendämmerung bejubelt, dann ist er wie der Mann bei Mark Twain, der, ins Bettlaken gehüllt, herauskam, um die Sonne aufgehen zu sehen, und sie gerade noch untergehen sah. Wenn schreckerfüllte Hilfspfarrer noch immer erklären, Heulen und Zähneklappern werde sein, falls die freidenkerische Finsternis sich weiter ausbreite, können wir ihnen nur die hochgemuten, kraftvollen Worte Mr. Bellocs* entgegenhalten: »Seid, ich bitte euch, nicht besorgt wegen der Zunahme von Kräften, die doch bereits in Auflösung begriffen sind. Ihr irrt euch in der nächtlichen Stunde: der Morgen ist bereits angebrochen.« Fragen, die man stellen könnte, gibt es keine mehr. Wir haben in den dunkelsten Ecken und auf den höchsten Gipfeln nach Fragen gesucht. Wir haben sämtliche Fragen gefunden, die sich finden lassen. Es ist an der Zeit, die Suche nach Fragen aufzugeben und sich nach Antworten umzusehen.

Aber eines muß ich noch hinzufügen. Zu Beginn dieser einleitenden Schwarzmalerei habe ich gesagt,

---

* Hilaire Belloc (1870 bis 1953): Englischer Schriftsteller, Verfasser lebensfroher Lyrik und scharfsinniger Essays.

daß nicht die losgelassene Phantasie, sondern der entfesselte Verstand schuld an unserem geistigen Verfall ist. Ein Mensch dreht nicht durch, weil er eine Statue fertigt, die einen Kilometer hoch ist, sondern höchstens, weil er sie sich in Quadratzentimetern vorstellt. Das hat nun eine bestimmte Denkschule erkannt und als Chance aufgegriffen, die einstige heidnische Gesundheit der Welt wiederherzustellen. Die Vertreter dieser Schule sehen, daß Vernunft zerstört; der Wille hingegen, sagen sie, erschafft. Die höchste Macht, sagen sie, liegt beim Willen, nicht bei der Vernunft. Entscheidend ist nicht, warum ein Mensch etwas begehrt, sondern daß er es begehrt. Hier ist nicht der Raum, die Philosophie des Willens nachzuvollziehen oder zu entfalten. Sie stammt, wie mir scheint, von Nietzsche, der etwas verkündete, was man Egoismus nennt. Das war naiv genug; denn einfach dadurch, daß er den Egoismus verkündete, negierte er ihn. Etwas zu verkünden heißt, es zu verraten. Zuerst bezeichnet der Egoist das Leben als erbarmungslosen Kampf und dann unternimmt er alle denkbaren Anstrengungen, seine Feinde in diesem Kampf zu schulen. Wer Egoismus predigt, praktiziert Altruismus. Aber egal, wie es zu jener Sicht kam, sie ist jedenfalls in der heutigen Literatur gang und gäbe. Die Hauptrechtfertigung dieser Denker besteht darin, daß sie keine Denker seien; sie verstehen sich als Macher. Ihrer Ansicht nach ist das Entscheidende, daß man sich entscheidet. So greift Mr. Bernard Shaw die alte Vorstellung an, die Handlungen der Menschen müßten unter dem Gesichtspunkt des Strebens nach Glück beurteilt werden. Ihm zufolge handelt ein Mensch nicht, weil er nach Glück strebt, sondern weil er einen Willen hat. Er sagt nicht »Marmelade macht mich glücklich«, sondern »ich will Marmelade«. Und viele andere leisten ihm mit noch größerer Begeisterung hierin Gefolgschaft. Mr. John Davidson*, ein beachtlicher Dichter, ist darüber so begeistert, daß er sich sogar bemüßigt fühlt, Prosa zu schreiben. Er veröffentlicht ein kurzes Bühnenstück mit mehreren langen Vorreden. Bei Mr. Shaw ist das etwas ganz Natürliches, denn all seine Bühnenstücke sind Vorreden: Mr. Shaw (so will mir scheinen) ist der einzige Mensch auf Erden, der nie eine Zeile Dichtung geschrieben hat. Daß aber Mr. Davidson, der zu hervorragender Dichtung imstande ist, statt dessen aufwendige metaphysische Überlegungen zur Verteidigung der Lehre vom Willen fabriziert, beweist in der Tat, daß die Lehre vom Willen die Menschen gepackt hat. Sogar Mr. H. G. Wells bedient sich halbwegs der Sprache dieser Lehre, wenn er erklärt, man solle Handlungen nicht wie ein Denker, sondern wie ein Künstler beurteilen und sagen »ich *spüre*, daß diese Kurve stimmt« oder »die Linie hier *muß* folgendermaßen verlaufen«. Alle sind sie aufgerührt, und das ist auch kein Wunder. Denn die Lehre von der göttlichen Macht des Willens scheint ihnen die Möglichkeit zum Ausbruch aus der verhängnisvollen Zwingburg des Rationalismus zu eröffnen. Sie halten ein Entrinnen für möglich.

Sie können aber nicht entrinnen. Dieses Hohelied auf die Kraft des Willens endet im gleichen Fiasko und im gleichen Niemandsland wie die Verabsolutierung

* Schottischer Dichter und Dramatiker (1857–1909), Vertreter der literarischen Moderne, der u. a. T. S. Eliot stark beeinflußte.

der Logik. Geradeso, wie das vollständig freie Denken den Zweifel an sich selbst einschließt, führt auch das reine »Wollen« in Wahrheit zu einer Lähmung des Willens. Mr. Bernard Shaw hat den eigentlichen Unterschied zwischen dem alten, utilitaristischen Glücksmaßstab (so unbeholfen der auch sein und so falsch er formuliert sein mag) und dem Kriterium, das er selber vorschlägt, nicht verstanden. Der eigentliche Unterschied zwischen den Kriterien des Glücks und des Willens besteht einfach darin, daß ersteres ein Entscheidungskriterium ist und letzteres nicht. Ob der Todessprung eines Menschen vom Streben nach Glück bestimmt war oder nicht, darüber läßt sich streiten, nicht hingegen darüber, ob die Tat dem Willen entsprang. Natürlich tat sie das. Man kann an einer Handlung lobend hervorheben, daß sie darauf gerichtet war, Glück oder Schmerz zu bereiten, die Wahrheit ans Licht zu bringen oder die Seele zu retten. Aber man kann eine Handlung nicht dafür preisen, daß sie einem Willensakt entsprang; denn damit bescheinigt man ihr nichts weiter, als daß sie eine Handlung ist. Dieses Lob des Willens trägt nicht das Geringste zum Problem der Entscheidung zwischen Handlungsmöglichkeiten bei; genau aber diese Entscheidung darüber, welche Handlung die bessere und welche die schlechtere ist, macht den so sehr gepriesenen Willen aus.

Der Kult um den Willen ist die Verneinung des Willens. Die Verklärung der reinen Freiheit, zu entscheiden, ist Absage an alle Entscheidung. Wenn Mr. Bernard Shaw zu mir kommt und sagt: »Du mußt einfach nur wollen!«, dann sagt er soviel wie: »Was du willst, ist mir egal«, und damit wiederum sagt er:

»Ich selbst will nichts«. Man kann nicht den Willen im allgemeinen bewundern, weil der Wille wesentlich etwas Besonderes ist. Ein brillanter Anarchist wie Mr. John Davidson ist von einem Affekt gegen die normale Moral erfaßt und beschwört deshalb den Willen – den Willen als solchen. Er möchte einfach nur, daß die Menschheit irgend etwas will. Aber die Menschheit will ja etwas. Sie will die normale Moral. Er lehnt sich gegen das Gesetz auf und heißt uns, etwas, irgend etwas, zu wollen. Aber wir haben ja bewiesen, daß wir etwas wollen – nämlich das Gesetz, gegen das er aufbegehrt.

All die Anbeter des Willens, von Nietzsche bis zu Mr. Davidson, sind in Wahrheit bar jeder Willenskraft. Wollen können sie nicht, schon das Wünschen fällt ihnen schwer. Und falls ein Beweis dafür gebraucht wird, läßt er sich leicht geben. Er ist darin zu finden, daß die Betreffenden den Willen immer als etwas darstellen, das Raum gewinnt und ausbricht. Das genaue Gegenteil ist der Fall. Jeder Willensakt ist ein Akt der Selbstbeschränkung. Wer auf Betätigung aus ist, der ist auf Beschränkung aus. In diesem Sinne ist jede Handlung ein Akt der Selbstaufgabe. Wählt man etwas, so weist man etwas anderes zurück. Dieser Einwand, den Männer traditionellerweise gegen die Ehe vorzubringen pflegten, richtet sich in Wahrheit gegen jegliches Handeln. Jede Handlung ist unwiderruflich ein Akt der Entscheidung und Ausschließung. So, wie man alle anderen Frauen aufgibt, wenn man eine heiratet, so gibt man alle anderen Handlungsmöglichkeiten auf, wenn man sich für eine entscheidet. Wird man König von England, gibt man den Posten des Gemeindedieners von Brompton auf. Geht man nach Rom, opfert man ein reiches verheißungsvolles Leben in Wimbledon. Diese negative oder einschränkende Seite des Willens ist schuld daran, daß die anarchischen Willensanbeter größtenteils leeres Stroh dreschen. Mr. John Davidson zum Beispiel fordert uns auf, das »Du sollst nicht« aus unserem Sprachschatz zu streichen; dabei ist doch unschwer erkennbar, daß »Du sollst nicht« nur eine Konsequenz ist, die sich logischerweise aus »Ich will« ergibt. »Ich will zur Kirmes gehen, und du sollst mich nicht daran hindern.« Der Anarchismus beschwört uns, kühne, schöpferische Künstler zu sein und uns um Gesetze oder Schranken nicht zu scheren. Aber es ist unmöglich, ein Künstler zu sein und Gesetzen und Schranken keine Beachtung zu schenken. Kunst ist Beschränkung; das Wesen jedes Bildes ist der Rahmen. Zeichnet man eine Giraffe, muß man sie mit langem Hals zeichnen. Nimmt man sich als kühner, schöpferischer Künstler die Freiheit, eine Giraffe mit kurzem Hals zu zeichnen, stellt sich heraus, daß man die Freiheit, eine Giraffe zu malen, tatsächlich gar nicht hat. Sobald man in die Welt der Fakten eintritt, tritt man in eine Welt der Beschränkungen. Man kann die Dinge von fremdbürtigen oder zufälligen Gesetzen befreien, nicht aber von den Gesetzen ihrer eigenen Natur. Wenn man will, kann man einen Tiger von seinen Gitterstäben befreien, nicht aber von seinen Streifen. Versuche nicht, ein Kamel von der Last seines Höckers zu befreien, wenn du nicht riskieren willst, ihm die Bürde seiner Existenz abzunehmen! Spiel nicht den Demagogen, der herumläuft und Dreiecke dazu aufreizt, aus dem Kerker ihrer drei Seiten auszubrechen! Brechen sie aus ihren drei Seiten aus, findet ihr Leben ein jammervolles Ende. Jemand hat ein Buch geschrieben, das den Titel *Liebe unter Dreiecken* trägt; ich habe das Buch nie gelesen, bin aber sicher, daß Dreiecke, wenn sie denn geliebt werden, um ihres Dreieckseins willen geliebt werden. So verhält es sich ohne Frage auch bei allen künstlerischen Schöpfungen, die in mancher Hinsicht das maßgebende Beispiel reiner Willensäußerungen sind. Der Künstler liebt seine Schranken: sie sind *Gegenstand* seines Wirkens. Der Maler ist froh, daß die Leinwand flach ist. Der Bildhauer ist froh, daß der Ton keine Farbe hat.

Falls noch nicht klar ist, was ich meine, mag ein historisches Beispiel die Sache veranschaulichen. Die Französische Revolution war nur deshalb ein wahrhaft heroisches und entscheidendes Ereignis, weil die Jakobiner etwas Eindeutiges und Begrenztes wollten. Sie forderten demokratische Freiheiten, aber auch all die Einschränkungen, die mit der Demokratie verknüpft waren. Sie wollten das Wahlrecht einführen und die erblichen Titel abschaffen. Die republikanische Partei hatte in Franklin oder Robespierre eine asketische Seite und in Danton oder Wilkes eine ausschweifende. Deshalb haben die Jakobiner auch etwas geschaffen, das Bestand und feste Form hat, echte soziale Gleichheit und bäuerlicher Wohlstand in Frankreich. Seit damals indes hat der revolutionäre oder spekulative Geist Europas eine Schwächung erfahren und schreckt vor jedem Ansinnen wegen der damit verknüpften Beschränkungen zurück. Die Freiheitlichkeit ist zur Freisinnigkeit verkommen. Die Menschen haben sich bemüht, »revolutionieren« aus einem transitiven in ein intransitives Verb zu verwandeln. Der Jakobiner konnte nicht nur das System benennen, gegen das er sich erhob, sondern auch (und das ist noch wichtiger) das System, gegen das er *nicht* aufstand, auf das er vielmehr baute. Der neue Rebell aber ist ein Skeptiker, der nichts und niemandem völlig vertraut. Er kennt keine Loyalität; deshalb kann er auch nie ein echter Revolutionär sein. Und die Tatsache, daß er an allem zweifelt, kommt ihm in die Quere, wenn er etwas anprangern will. Denn anprangern kann man nur auf der Basis irgendeines moralischen Prinzips; der moderne Revolutionär aber zweifelt nicht nur an den Verhältnissen, die er anprangert, er zweifelt auch an dem Prinzip, kraft dessen er die Verhältnisse anprangert. So schreibt er etwa ein Buch, in dem er die Herabwürdigung der Frauen durch den asiatischen Despotismus beklagt, und anschließend schreibt er eines (über das Problem der Sexualität), in dem er seinerseits den Frauen zu nahe tritt. Er verdammt den Sultan, weil christliche Mädchen ihre Unschuld verlieren, und verdammt dann die viktorianische Moral, die den Mädchen nicht erlaube, ihre Unschuld zu verlieren. Als Politiker verkündet er lauthals, der Krieg verschwende Leben, um dann als Philosoph zu erklären, das Leben sei Zeitverschwendung. Ein russischer Pessimist wird einem Polizisten den Mord an einem Bauern ankreiden und dann erhabenste philosophische Prinzipien bemühen, um zu beweisen, daß der Bauer sich selbst den Tod hätte geben müssen. Jemand prangert die Ehe als verlogen an und schilt dann die lasterhaften Aristokraten, weil sie die Ehe verächtlich machen. Er bezeichnet Nationalflaggen als Firlefanz und kreidet dann den Unterdrückern Polens oder Irlands an, daß sie die polnische oder irische Flagge als Firlefanz behandeln. Vertreter dieser Denkrichtung gehen zuerst zu einer politischen Versammlung, um dort zu beklagen, daß man mit Wilden wie mit Tieren umspringt, nehmen dann Hut und Schirm, gehen zu einem wissenschaftlichen Kongreß und weisen dort nach, daß Wilde praktisch Tiere sind. Kurz, der moderne Revolutionär ist als der unendliche Skeptiker, der er ist, ständig damit beschäftigt, seine eigenen Minengänge zu unterminieren. In seinem Buch über Politik geißelt er die Menschheit, weil sie die Moral mit Füßen tritt; in seinem Buch über Ethik geißelt er die Moral, weil sie die Menschheit knechtet. Revolution läßt sich demnach mit dem modernen Menschen praktisch nicht mehr machen. Gegen alles und nichts aufbegehrend, hat er das Recht verloren, sich gegen irgend etwas zu erheben.

Wir können hinzufügen, daß sich die gleiche Bankerotterklärung auch in allen Formen aggressiver, giftiger Literatur, zumal in der Satire, antreffen läßt. Die Satire mag noch so verrückt und anarchisch sein, sie setzt voraus, daß man in bestimmten Dingen über das bessere Wissen verfügt, daß man ein Normbewußtsein mitbringt. Wenn kleine Buben auf der Straße einen renommierten Journalisten wegen seiner Dickleibigkeit auslachen, dann stützen sie sich unbewußt auf das Schönheitsideal der klassischen Antike. Sie berufen sich auf den marmornen Apoll. Und daß die Satire auf so eigenartige Weise aus unserer Literatur verschwunden ist, beweist, daß Aggression hinfällig wird, weil es kein Prinzip mehr gibt, um dessentwillen man aggressiv sein könnte. Nietzsche hatte eine gewisse natürliche Begabung für Sarkasmus: er konnte höhnisch sein, auch wenn ihm nicht gegeben war, zu lachen. Aber seiner Satire haftet immer ein Moment von Substanz- und Bodenlosigkeit an, und zwar einfach deshalb, weil er kein allgemein anerkanntes Moralsystem hinter sich hat. Er selbst ist grotesker als alles, was er anprangert. Aber Nietzsche exemplifiziert ausgezeichnet dieses Scheitern abstrakter Gewalttätigkeit. Die Hirnerweichung, der er schließlich zum Opfer fiel, war kein physiologischer Zufall. Auch wenn Nietzsche nicht im Schwachsinn geendet hätte, der Nietzscheanismus mußte so oder so darin enden. In stolzer Einsamkeit denken führt zur Idiotie. Wer nicht zuläßt, daß sein Herz weich wird, bezahlt das mit Hirnerweichung.

Dieser letzte Versuch, dem Intellektualismus zu entgehen, endet in Intellektualismus, sprich, im Tod. Der Ausweg war keiner. Der wilde Kult der Gesetzlosigkeit und der materialistische Kult des Gesetzes führen in ein und dieselbe Leere. Nietzsche erklimmt atemberaubende Höhen und endet in Tibet. Er nimmt im Niemandsland des Nirwana Platz neben Tolstoi. Beide sind sie ohnmächtig – der eine, weil er nichts festhalten, und der andere, weil er nichts loslassen darf. Der Tolstoische Wille ist gelähmt durch das buddhistische Gefühl, daß jedes beschränkte Handeln böse ist. Aber der Nietzscheaner ist ebenso gelähmt durch seine Ansicht, daß jedes beschränkte Handeln gut ist; denn wenn jedes beschränkte Handeln gut ist, gibt es kein beschränktes Handeln. Tolstoi und Nietzsche stehen am Scheideweg, der eine haßt alle Wege, während der andere sie alle liebt. Das Ergebnis ist nicht schwer vorherzusehen. Sie stehen und stehen am Scheideweg.

Hiermit beschließe ich (Gott sei gedankt) das erste und langweiligste Geschäft dieses Buches – den groben Überblick über das Denken unserer Zeit. Und anschließend beginne ich damit, eine Sicht vom Leben zu umreißen, die vielleicht nicht den Leser, jedenfalls aber mich interessiert. Während ich diesen Abschnitt beende, liegt vor mir ein Stapel moderner Bücher, in denen ich zwecks Abfassung des Vorangegangenen gestöbert habe – ein Stapel des Sinnreichtums, ein Stapel der Sinnlosigkeit. Dank der distanzierten Haltung, die ich gerade einnehme, sehe ich die unausweichliche Karambolage der Philosophien Schopenhauers und Tolstois, Nietzsches und Shaws so deutlich vor mir, als beobachtete ich aus dem Ballon den Zusammenstoß zweier aufeinander zurasender Eisenbahnzüge. Sie alle sind auf dem Weg zur Irrenanstalt, unterwegs zur inneren Leere. Denn Irresein könnte man als den Versuch beschreiben, sich mittels geistiger Tätigkeit in einen Zustand geistiger Ohnmacht zu versetzen; und diesen Zustand zu erreichen ist ihnen fast schon gelungen. Wer denkt, er sei aus Glas, denkt auf die Zerstörung des Denkens hin; denn Glas kann nicht denken. So will auch, wer nichts verwerfen will, die Zerstörung des Willens; denn Wille ist nicht nur die Entscheidung für etwas, sondern die Verwerfung von fast allem. Und während ich mich umsehe und den Blick über die klugen, wunderbaren, langweiligen modernen Bücher schweifen lasse, sticht mir der Titel eines dieser Bücher ins Auge. Er lautet *Jeanne d'Arc*, und das Buch ist von Anatole France. Ich habe einmal kurz hineingesehen, aber das reichte, um mich an Renans *Vie de Jésus* denken zu lassen. Das Buch macht Gebrauch von der gleichen Methode ehrerbietiger Skepsis. Es bringt halbwegs fundierte, übernatürliche Geschichten einfach dadurch um ihre Glaubwürdigkeit, daß es natürliche Geschichten ohne jede Fundierung erzählt. Weil wir an die Wundertaten eines Heiligen nicht glauben können, sollen wir so tun, als wüßten wir haargenau, was in dem Heiligen vorging. Ich erwähne aber die Bücher nicht, um sie zu kritisieren, sondern weil das Zusammentreffen der beiden Namen zwei Bilder von Heiligkeit in mir wachrief, die den ganzen Bücherstapel zerstieben ließ. Johanna von Orléans blieb nicht am Scheideweg stehen, weil sie weder wie Tolstoi alle Wege verwarf, noch wie Nietzsche alle guthieß. Sie entschied sich für einen Weg und durcheilte ihn wie ein Brandpfeil. Und dabei wies Johanna, wenn ich es recht bedachte, all das auf, was sich auch einem Tolstoi oder Nietzsche an Gutem nachsagen ließ, alles, was sogar gegenüber den beiden versöhnlich stimmen konnte. Ich dachte an das, was Tolstoi auszeichnet, die Freude an schlichten Dingen, insbesondere am schlichten Mitleiden, die Anteilnahme an den Gegebenheiten des Lebens, die Achtung vor den Armen, vor der Würde des gebeugten Rückens. All das besaß auch Johanna von Orléans, mit dem großen Unterschied, daß sie Armut nicht nur bewunderte, sondern auch Armut litt; wohingegen Tolstoi bloß ein Aristokrat ist, der dem Geheimnis der Armut nachspürt. Und dann dachte ich an alles, was tapfer und stolz und rührend am armen Nietzsche und an seinem Aufbegehren gegen die Leere und Feigheit unserer Zeit ist. Ich dachte an sein heftiges Verlangen nach dem ekstatischen Schwebezustand der Gefahr, an seine Lust auf waghalsige Attacken zu Pferde, an seinen Ruf zu den Waffen. Johanna von Orléans kannte dies alles auch, und erneut mit dem Unterschied, daß sie nicht nur ein Loblied auf den Kampf sang, sondern selber kämpfte. Wir wissen, daß sie sich vor einem ganzen Heer nicht fürchtete, während sich Nietzsche, soweit uns bekannt, schon durch eine Kuh in Angst und Schrecken versetzen ließ. Tolstoi pries den Bauern nur, Johanna war der Bauer. Nietzsche pries den Krieger nur, sie war die Kriegerin. Sie lief beiden mit ihren einander entgegengesetzten Idealen den Rang ab; sie war sanfter als der eine und aggressiver als der andere. Und dabei war sie eine vollkommen praktisch denkende Person, die etwas tat, während die anderen beiden sich in wilden Spekulationen verlieren und untätig bleiben. Mußte mir da nicht der Gedanke durch den Kopf schießen, daß sie und ihr Glaube möglicherweise über ein verlorengegangenes Geheimnis moralischer Ganzheit und Wirksamkeit verfügten. Und dieser Gedanke zog einen größeren nach sich, und schon war auch die kolossale Gestalt ihres Herrn und Meisters über die Bühne meiner Gedanken geschritten. Das gleiche moderne Problem, das bei Anatole France die Darstellung verdunkelte, überschattete sie auch bei Ernest Renan. Auch Renan löste die Barmherzigkeit seines Helden von dessen Angriffslust ab. Dabei ging er so weit, den Ausbruch gerechten Zorns in Jerusalem zum bloßen Nervenzusammenbruch zu erklären, den Jesus erlitten habe, weil die frohen Erwartungen, mit denen er aus Galiläa kam, sich zerschlugen. Als ob Liebe zur Menschheit und Haß auf Unmenschlichkeit nicht miteinander vereinbar wären! Altruisten mit dünnen, schwachen Stimmchen schimpfen Christus einen Egoisten. Egoisten (mit noch dünneren, schwächeren Stimmchen) schimpfen ihn einen Altruisten. Im Klima unserer Zeit sind solche Kritteleien verständlich genug. Die Liebe eines Heiligen ist furchtbarer als der Haß eines Tyrannen. Der Haß eines Heiligen ist großherziger als die Liebe eines Philanthropen. Es gibt eine ungeheure, heroische Heiligkeit, von der die Heutigen nur mehr Splitter zusammenlesen können. Es gibt einen Riesen, dessen abgehackte Arme und Beine wir umherwandeln sehen. Sie haben die Seele Christi in alberne Streifen zerrissen und ihnen das Etikett Egoismus und Altruismus angeheftet; seine wahnwitzige Gewalt stellt sie ebensosehr vor Rätsel wie Seine wahnwitzige Sanftmut. Da sie ihn aber gekreuzigt hatten, teilten sie seine Kleider und warfen das Los darum; der Rock aber war ungenäht, von oben an gewebt durch und durch.

IV

DIE ETHIK DES ELFENLANDES

Wenn der Bürovorsteher seinem Laufburschen dessen idealistischen Überschwang verweist, dann tut er das gewöhnlich mit folgenden Worten: »Ja, ja, solange man jung ist, hat man diese Ideale und baut sich seine Luftschlösser; aber ist man erst im gesetzteren Alter, zerplatzen sie wie Seifenblasen, und man steigt herunter in die Niederungen praktischer Rücksichten und bequemt sich dazu, mit dem zu arbeiten, was man hat, und die Dinge so zu nehmen, wie sie sind.« So jedenfalls unterwiesen mich in meiner Kindheit ehrwürdige, menschenfreundliche alte Männer, die schon lange in Frieden unter der Erde ruhen. Mittlerweile aber bin ich ein erwachsener Mensch und habe herausgefunden, daß sie die Unwahrheit sagten. Passiert ist nämlich das genaue

Gegenteil von dem, was sie vorausgesagt hatten. Sie behaupteten, ich würde meine Ideale verlieren und mich dem Pragmatismus ergeben. Meine Ideale habe ich indes ganz und gar nicht verloren; meine Grundüberzeugungen sind mir unverändert erhalten geblieben. Eingebüßt habe ich vielmehr meinen kindlichen Glauben an den Pragmatismus. Über die Schlacht von Armaggedon mache ich mir noch ebenso viele Gedanken wie früher; die Parlamentswahlen hingegen kümmern mich weniger. Als kleines Kind sprang ich meiner Mutter auf den Schoß, sobald sie nur ein Wort von der großen Schlacht erwähnte. Nein, Visionen sind immer etwas Solides und Zuverlässiges. Visionen sind stets Tatsachen. Die Wirklichkeit ist es, daß deren Sein sich häufig als Schein entpuppt. An den Liberalismus glaube ich so fest wie eh und je, fester denn je. Aber einst, in den Tagen süßer Unschuld, glaubte ich gar an die Liberalen.

Meine Teilhabe an einer der Grundüberzeugungen unserer Zeit führe ich an, weil ich sie jetzt, da ich den Wurzeln meiner persönlichen Weltsicht nachspüre, wohl als die einzige positive Einstellung gelten lassen muß, die ich mitbringe. Ich wurde im liberalen Geist aufgezogen und habe stets an die Demokratie geglaubt, an die grundlegende Lehre des Liberalismus von einer Menschheit, die ihre eigenen Geschicke lenkt. Wem das zu vage oder zu abgedroschen klingt, dem darf ich – einen Augenblick innehaltend – sagen, daß sich die Grundmaxime der Demokratie in zwei Sätzen zusammenfassen läßt. Der erste Satz lautet, daß die Dinge, die allen Menschen gemeinsam sind, größeres Gewicht haben als die Dinge, die nur einigen Menschen zu eigen sind. Gewöhnliches ist wertvoller als Außergewöhnliches; besser gesagt, es ist außergewöhnlicher. Der Mensch als solcher ist ehrfurchtgebietender als diese oder jene Menschen, ist etwas Merkwürdigeres. Für das Wunder der Menschheit selbst sollten wir immer mehr Sinn haben als für irgendwelche Wunder an Macht, Verstand, Kunstfertigkeit oder Zivilisation. Der einfache Mensch auf seinen zwei Beinen muß uns tiefer erschüttern als jede Musik und muß uns mehr verblüffen als jede Karikatur. Der Tod als solcher übertrifft sogar den Hungertod an Tragik. Überhaupt eine Nase zu haben ist komischer als jede Himmelfahrtsnase, die ein Mensch haben kann.

Dies ist das erste Prinzip der Demokratie: daß wesentlich an den Menschen das ist, was sie verbindet, nicht, was sie trennt. Und das zweite Prinzip lautet einfach nur, daß der politische Sinn oder Trieb zu dem gehört, was die Menschen verbindet. Sich zu verlieben ist poetischer als auf Poesie zu verfallen. Demokratisch ist die Maxime, daß Regieren (Mitwirken an der Aufrechterhaltung der Gemeinschaft) eher dem Sich-Verlieben als dem Auf-Dichtung-Verfallen gleicht. Regieren ist nicht so etwas wie auf der Orgel spielen, auf Velinpapier malen, den Nordpol entdecken (eine abscheuliche Angewohnheit), Loopings fliegen, Astronomie treiben und so fort. All das soll nur tun, wer sich darauf versteht. Regieren ist vielmehr so etwas wie einen Liebesbrief schreiben oder sich die Nase schneuzen. Bei diesen Dingen erwarten wir von jedem, daß er sie selber tut, und mag er sich auch noch so schlecht darauf verstehen. Es geht mir hier nicht darum, die Richtigkeit meiner These für jeden der genannten Fälle nachzuweisen:

Ich weiß, daß heute schon manch einer dafür ist, sich seine künftige Frau durch die Wissenschaft aussuchen zu lassen; und ich kann mir vorstellen, daß bald die Zeit kommt, wo Leute zum Naseschneuzen nach einer Pflegerin rufen. Ich behaupte nur, daß die Menschheit die Existenz allgemeinmenschlicher Funktionen anerkennt und daß die Demokratie das Regieren zu diesen allgemeinmenschlichen Funktionen zählt. Kurz, der demokratische Glaube läuft darauf hinaus, daß die allerwichtigsten Dinge den gewöhnlichen Menschen überlassen bleiben müssen – die Vereinigung der Geschlechter, das Großziehen von Kindern, die Gesetze des Staates. Das ist Demokratie, und daran habe ich stets geglaubt.

Etwas aber gibt es, das ich von Jugend an nie habe verstehen können. Ich habe nie verstehen können, wie Menschen zu der Ansicht gelangen, Demokratie und Tradition stünden irgendwie im Gegensatz zueinander. Es liegt doch auf der Hand, daß Tradition nichts weiter ist als Demokratie in zeitlicher Erstreckung. Tradition baut auf den Einklang gewöhnlicher menschlicher Stimmen statt auf irgendeine vereinzelte oder willkürliche Quelle. Wer zum Beispiel irgendeinen deutschen Historiker gegen die Überlieferung der katholischen Kirche ins Feld führt, der beruft sich auf ein rein aristokratisches Prinzip. Er gibt einem einzelnen Fachmann den Vorrang vor der furchtbaren Überzeugungsmacht einer Masse. Es läßt sich unschwer einsehen, warum eine Volksüberlieferung mit mehr Ehrfurcht behandelt wird und auch behandelt werden muß als ein Geschichtsbuch. Die Volksüberlieferung ist normalerweise von der Mehrzahl geistig gesunder Menschen im Dorf geschaffen, während das Buch im Zweifelsfall von dem einzigen Menschen im Dorf geschrieben wird, der verrückt ist. Wer gegen die Tradition geltend macht, daß die Menschen in der Vergangenheit unwissend waren, der gehört in den Cariton Club*, wo er seine Ansichten zum besten geben kann, nebst der Feststellung, daß die Wähler in den Slums Ignoranten sind. Wir können damit nichts anfangen. Wenn wir bei den Alltagsgeschäften der einhelligen Meinung gewöhnlicher Menschen große Bedeutung beimessen, dann ist nicht einzusehen, warum wir diese Meinung geringschätzen sollten, wenn es sich um Geschichte oder Volksüberlieferung handelt. Tradition läßt sich als erweitertes Stimmrecht fassen. Tradition bedeutet, daß man der am meisten im Schatten stehenden Klasse, unseren Vorfahren, Stimmrecht verleiht. Tradition ist Demokratie für die Toten. Sie ist die Weigerung, der kleinen, anmaßenden Oligarchie derer, die zufällig gerade auf der Erde wandeln, das Feld zu überlassen. Jeder Demokrat ist dagegen, daß die Menschen durch den Zufall ihrer Geburt Nachteile erleiden; die Tradition verwahrt sich dagegen, daß sie durch den Zufall ihres Todes benachteiligt werden. Die Demokratie heißt uns, die Meinung keines ehrlichen Mannes zu mißachten, selbst wenn es unser Stallknecht ist; die Tradition heißt uns, die Meinung keines ehrlichen Mannes zu mißachten, selbst wenn es unser Vater ist. Ich jedenfalls vermag die beiden Ideen Demokratie und Tradition nicht voneinander zu

* Ein streng konservativer politischer Klub, der im Jahre 1832 vom Herzog von Wellington in London gegründet wurde und der heute seine Mitglieder auf strikte Treue gegenüber den Prinzipien der Konservativen Partei vereidigt.

trennen; mir scheint klar, daß es sich um ein und dieselbe Idee handelt. Bei unseren Beratungen sind die Toten zugegen. Die alten Griechen stimmten mit Steinen ab; jene stimmen mit Grabsteinen ab. All das ist ganz in Ordnung und vorschriftsgemäß, da die meisten Grabsteine wie die meisten Wahlzettel mit einem Kreuz markiert sind.

So muß ich also vorausschicken, daß mein Herz, wenn es denn für etwas schlägt, für die Demokratie schlägt und ergo für die Tradition. Bevor wir mit irgendwelchen theoretischen oder logischen Ausführungen beginnen, möchte ich diese persönliche Gleichung zur Geltung bringen; ich war seit jeher eher geneigt, dem Gros der hart arbeitenden Leute Glauben zu schenken als der preziösen, schwierigen Bildungsschicht, der ich angehöre. Selbst die Einbildungen und Vorurteile von Menschen, die das Leben von innen wahrnehmen, sind mir lieber als die klarsten Beweisführungen von Menschen, die es von außen betrachten. Den Märchen der alten Weiber gebe ich unbedingt den Vorzug vor den Fakten der alten Jungfern. Solange der Witz Mutterwitz ist, kann er Kapriolen schlagen, so viele er will.

Nun stehe ich also vor der Aufgabe, meine Grundposition anzugeben, und ich kann mich keiner Übung in dergleichen Dingen rühmen. Ich werde deshalb so verfahren, daß ich nacheinander die drei oder vier tragenden Ideen niederschreibe, die ich aus eigener Kraft gefunden habe, wobei ich sie nach Möglichkeit so wiedergebe, wie ich sie gefunden habe. Dann werde ich sie mehr schlecht als recht zusammenführen und als meine persönliche Überzeugung oder natürliche Religion vorstellen; schließlich werde ich dann meine verblüffende Entdeckung schildern, daß alles, was ich entdeckt zu haben glaubte, längst entdeckt ist. Entdeckt hat es das Christentum. Von diesen grundlegenden Überzeugungen aber, die ich eine nach der anderen darstellen muß, drehte sich die erste um das Moment der Volksüberlieferung. Und ohne die vorangegangenen Erläuterungen, das Verhältnis von Demokratie und Tradition betreffend, hätte ich schwerlich vermitteln können, welche geistige Erfahrung ich gemacht habe. Auch so bin ich nicht sicher, ob ich das kann, aber ich denke, ich versuche es einfach.

Meine erste und letzte Philosophie, der ich unverbrüchlich anhänge, empfing ich in der Kinderstube. In ihren Grundzügen erhielt ich sie von einer Kinderfrau, besser gesagt, von der erhabenen, gottgesandten Priesterin gleichermaßen der Demokratie und der Tradition. Woran ich damals felsenfest glaubte und bis heute unbeirrt glaube, das sind die sogenannten Märchen. Mir erscheinen sie als der Inbegriff des Vernünftigen. Sie sind keine Phantastereien; verglichen mit ihnen ist alles andere Phantasterei. Verglichen mit ihnen sind Religion und Rationalismus abnorme Erscheinungen, wobei allerdings die Religion durch ihre Wahrheit, der Rationalismus durch seine Unwahrheit von der Norm abweicht. Das Märchenreich ist nichts weiter als das sonnige Land des gesunden Menschenverstandes. Nicht die Erde richtet über den Himmel, sondern der Himmel richtet über die Erde; für mich jedenfalls war es nicht die Erde, die den Stab über das Elfenland brach, sondern das Elfenland, das der Erde den Prozeß machte. Ich kannte die magische Bohnenranke, noch ehe ich jemals Bohnen gekostet hatte; ich glaubte schon an den Mann im Mond, ehe ich mir des Mondes gewiß war. Damit bewegte ich mich im Rahmen jeglicher Volksüberlieferung. Moderne zweitklassige Dichter sind Naturalisten und reden vom Busch und vom Bach; die Sänger der alten Epen und Sagen hingegen waren Supranaturalisten und kündeten von den Gottheiten in Busch und Bach. Das meinen die Heutigen, wenn sie den Alten vorwerfen, sie hätten »keinen Sinn für die Natur« gehabt, weil sie die Natur vergötterten. Alte Ammen erzählen den Kindern nicht vom Gras, sondern von den Elfen, die auf dem Gras tanzen; und die alten Griechen sahen vor lauter Dryaden den Wald nicht.

Hier geht es mir aber um den Nutzen, den Ethik und Philosophie daraus ziehen, wenn man mit Märchen aufwächst. Wollte ich in die Einzelheiten gehen, so könnte ich viele edle und gesunde Prinzipien nennen, die davon herrühren. Da gibt es die ritterliche Lehre aus *Hans der Riesentöter*; die Lehre, daß Riesen umgebracht werden müssen, weil sie Riesen sind. Hier haben wir ein mannhaftes Aufbegehren gegen den Stolz als solchen. Denn der Empörer ist älter als alle Königreiche; und der Jakobiner blickt auf eine längere Tradition zurück als der Jakobit.* Sodann gibt es die Lehre aus *Aschenputtel*, die identisch mit der des Magnificat ist – *exaltavit humiles*. Es gibt die große Lehre aus *Das singende springende Löweneckerchen*, daß man schon lieben muß, bevor das

* Die Jakobiner benannten sich nach dem Kloster Saint-Jacques, dem ersten Versammlungsort ihrer Anhänger. Die Jakobiten, eine politische Gruppierung in England, traten nach der Abdankung von Jakob II. für die Rückkehr der Stuarts auf den Thron ein.

Geliebte liebenswert ist. Es gibt die schreckliche Allegorie von *Dornröschen*, die uns schildert, wie das menschliche Wesen mit allen geburtstäglichen Gaben versehen und doch zum Tode verdammt war und wie dennoch selbst der Tod sich vielleicht zu einem bloßen Schlaf sänftigen läßt. Es geht mir hier indes nicht um einzelne, im Elfenland geltende Gesetze, sondern um deren Geist, den ich einsog, noch ehe ich sprechen konnte, und den ich bewahren werde, auch wenn ich nicht mehr schreiben kann. Es geht mir um eine bestimmte Sicht vom Leben, die mir durch die Märchen vermittelt wurde und die mir seitdem die Empirie treu und brav bestätigt hat.

Sie läßt sich folgendermaßen formulieren: Es gibt bestimmte Abfolgen oder Entwicklungen (Fälle, in denen eins aus dem anderen folgt), die im Sinne des Wortes rational sind. Sie sind im Sinne des Wortes notwendig. Dazu gehören mathematische und rein logische Abfolgen. Wir im Feenland (die wir die vernünftigsten aller Geschöpfe sind) räumen diese Rationalität und Notwendigkeit ein. Wenn zum Beispiel die häßlichen beiden Schwestern älter sind als Aschenputtel, dann ist (in einem ironischen, schrecklichen Sinne) Aschenputtel notwendig jünger als die häßlichen beiden Schwestern. Da gibt es kein Entrinnen. Haeckel mag fatalistisch daherreden, soviel er will; hier ist ein hartes Muß. Wenn Hans der Sohn eines Müllers ist, dann ist ein Müller der Vater von Hans. Die kalte Vernunft verfügt das von ihrem schrecklichen Throne herab; und wir im Feenland beugen uns ihr. Wenn die drei Brüder alle auf Pferden reiten, dann sind sechs Tiere und achtzehn Beine im Spiel; dies ist wahrer Rationalismus, und das Feenland ist voll davon. Als ich indes über den Zaun des Elfenlandes hinaussah und von der natürlichen Welt Notiz zu nehmen begann, fiel mir etwas Merkwürdiges auf. Ich stellte fest, daß gebildete, brillentragende Männer von empirischen Ereignissen – der Morgendämmerung, dem Tod und so weiter – wie von logischen, unausweichlichen Vorgängen sprachen. Sie taten so, als wäre der Umstand, daß Bäume Frucht tragen, genauso *notwendig* wie das Faktum, daß zwei Bäume und ein Baum drei ergeben. Aber dem ist nicht so! Nach Maßgabe des Feenlandes, und das bedeutet, nach Maßgabe der Vorstellungskraft, besteht zwischen beidem ein gewaltiger Unterschied. Niemand kann sich *vorstellen*, daß zwei Bäume und einer nicht drei ergeben. Hingegen läßt sich leicht vorstellen, daß Bäume keine Früchte tragen; es läßt sich ohne weiteres vorstellen, daß goldene Kerzenleuchter oder mit dem Schwanz an den Ästen hängende Tiger auf ihnen wachsen. Die bebrillten Männer redeten ständig von einem Mann namens Newton, dem ein Apfel auf den Kopf gefallen war und der ein Gesetz entdeckt hatte. Aber den Unterschied zwischen einem echten Gesetz, einem Gesetz der Vernunft, und dem bloßen Faktum eines fallenden Apfels vermochten sie nicht zu gewahren. Wenn der Apfel Newtons Nase traf, dann traf Newtons Nase den Apfel. So sieht wahre Notwendigkeit aus: wir können uns das eine Ereignis nicht vorstellen, ohne uns auch das andere vorzustellen. Dagegen können wir uns sehr wohl vorstellen, daß der Apfel Newton nicht auf die Nase fiel; wir können uns vorstellen, daß er eifrig durch die Luft segelte, um die Nase eines anderen zu treffen, die eindeutiger seinen Anstoß erregte. In unseren

Märchen treffen wir stets diese strikte Unterscheidung zwischen der Wissenschaft geistiger Beziehungen, die wirkliche Gesetze kennt, und der Wissenschaft physikalischer Tatsachen, die keine Gesetze kennt, sondern nur eigenartige Wiederholungen. Wir glauben an leibhaftige Wunder, nicht aber an geistige Unmöglichkeiten. Wir glauben, daß eine Bohnenranke zum Himmel hinaufwachsen kann; aber das erschüttert nicht im geringsten unsere Ansichten in der philosophischen Frage, wie viele Bohnen die Zahl fünf ergeben.

Schauen wir uns die eigentümliche Vollkommenheit von Ammenmärchen an, was ihre Klangfarbe und ihren Wahrheitsgehalt betrifft. Der Mann der Wissenschaft sagt: »Schneide den Zweig ab, und der Apfel fällt«; er sagt das mit aller Gemütsruhe, so als folge die eine Vorstellung wirklich und wahrhaftig aus der anderen. Die Hexe im Märchen sagt: »Blas ins Horn, und die Burg des Menschenfressers wird fallen«; aber sie sagt das nicht so, als handele es sich um einen Vorgang, bei dem die Wirkung offenkundig aus der Ursache hervorgeht. Zweifellos hat sie den Rat schon vielen Helden gegeben und hat viele Burgen fallen sehen; dennoch verliert sie weder ihr Vermögen, zu staunen, noch ihre Denkfähigkeit. Sie bringt nicht in ihrem Kopf alles durcheinander, bis sie die Vorstellung eines notwendigen geistigen Zusammenhangs zwischen einem Horn und einem stürzenden Turm entwickelt. Die Wissenschaftler hingegen schaffen in ihrem Kopf ein solches Durcheinander, daß sie sich schließlich vorstellen, es existiere eine notwendige geistige Verbindung zwischen einem Apfel, der sich vom Baum löst, und einem Apfel, der auf dem Erdboden anlangt. Sie reden tatsächlich so, als seien sie nicht nur auf eine Reihe wundersamer Tatsachen, sondern auf eine diese Tatsachen verbindende Wahrheit gestoßen. Sie tun so, als schaffe der physikalische Zusammenhang zweier merkwürdiger Phänomene eine logische Verbindung zwischen ihnen. Ihrem Eindruck nach resultiert die ständige Aufeinanderfolge zweier unbegreiflicher Phänomene irgendwie in einem einzigen begreiflichen Phänomen. Zwei dunkle Rätsel führen zu einer klaren Lösung.

Im Feenreich vermeiden wir das Wort »Gesetz«; im Reich der Wissenschaft dagegen sind sie ungeheuer stolz auf das Wort. So bezeichnen sie etwa irgendeine interessante Mutmaßung darüber, wie längst verblichene Volksgruppen Buchstaben aussprachen, als Grimms Gesetz. Aber Grimms Gesetz steht an Intellektualität weit zurück hinter Grimms Märchen. Die Märchen sind jedenfalls richtige Märchen; das Gesetz hingegen ist gar keines. Zu einem Gesetz gehört, daß wir das Wesen seiner Verallgemeinerbarkeit und seines Wirkmechanismus kennen; es genügt nicht, daß wir ein paar Wirkungen beobachtet haben. Wenn es ein Gesetz gibt, daß Taschendiebe ins Gefängnis wandern, dann deshalb, weil es eine nachvollziehbare geistige Verbindung zwischen der Vorstellung von Gefängnis und der Vorstellung von Taschendieben gibt. Und wir kennen diese Verbindung. Wir können erklären, warum wir einem Menschen, der sich Freiheiten nimmt, die Freiheit nehmen. Zu erklären, warum aus einem Ei ein Küken werden kann, vermögen wir indes ebensowenig, wie wir sagen können, warum aus einem Bären ein Märchenprinz wird. Als *Vorstellungen* sind Ei und Küken einander fremder als Bär und Prinz; denn kein Ei deutet, für sich genommen, auf ein Küken hin, während manche Prinzen durchaus an einen Bären denken lassen. Wenn wir also einräumen, daß bestimmte Transformationsprozesse tatsächlich stattfinden, so ist von entscheidender Wichtigkeit, daß wir ihnen mit derselben philosophischen Einstellung begegnen wie den Märchen, statt sie in der unphilosophischen Manier der Wissenschaft und ihrer »Naturgesetze« zu behandeln. Fragt man uns, warum aus Eiern Vögel werden oder warum die Früchte im Herbst vom Baum fallen, so müssen wir genauso antworten, wie das die gute Fee tun würde, wenn Aschenputtel sie fragte, warum Mäuse sich in Pferde verwandeln oder warum kostbare Kleider vom Baum fallen. Wir müßten antworten, es handele sich um *Zauberei.* Ein »Gesetz« liegt nicht vor, denn wir begreifen nicht den allgemeinen Wirkmechanismus. Von Notwendigkeit kann keine Rede sein, denn auch wenn wir in der Praxis auf das Eintreten bestimmter Ereignisse bauen können, haben wir doch kein Recht, davon auszugehen, daß sie immer eintreten müssen. Daß wir uns auf den normalen Gang der Dinge verlassen, ist kein Beweis für eine unwandelbare Gesetzmäßigkeit (wie Huxley meinte). Wir bauen nicht, wir setzen nur darauf, daß das Erwartete eintritt. Wir nehmen die vage Möglichkeit eines Wunders in Kauf, so wie wir mit dem minimalen Risiko leben, daß wir uns an einem Pfannkuchen vergiften oder daß ein Komet die Erde zerstört. Wenn wir nicht mit dem Wunder rechnen, so nicht, weil es ein Ding der Unmöglichkeit ist, sondern weil es die Ausnahme bildet. All die Begriffe, die in naturwissenschaftlichen Büchern Verwendung finden,

»Gesetz«, »Notwendigkeit«, »Ordnung«, »Tendenz« und so weiter, sind in Wahrheit unintellektuell, weil sie einen inneren Zusammenhang behaupten, über den wir gar nicht verfügen. Als einzig angemessene Kategorien zur Beschreibung der Natur erscheinen mir seit jeher die Ausdrücke, die in Märchenbüchern gebraucht werden: »Zauber«, »Bann«, »Verhexung«. Sie drücken das Willkürmoment des Faktischen und seine Unergründlichkeit aus. Ein Baum trägt Früchte, weil er ein *Zauberbaum* ist. Wasser fließt abwärts, weil es verhext ist. Die Sonne scheint, weil sie verhext ist.

Ich bestreite entschieden, daß dies Phantasterei oder gar Mystizismus ist. Zu Mystischem kommen wir vielleicht später noch; wie die Märchen über die Welt reden, ist dagegen schlicht und einfach rational und aufgeklärt. Nur so kann ich in Worte fassen, was ich klar und deutlich gewahre: daß eins vom anderen völlig getrennt ist, daß es zwischen Fliegen und Eierlegen keinen logischen Zusammenhang gibt. Wer von einem »Gesetz« redet, das er nie gesehen hat – *der* ist der Mystiker. Besser gesagt, der normale Wissenschaftler ist nichts weiter als ein Gefühlsmensch. Er ist Gefühlsmensch in dem entscheidenden Sinne, daß er sich von gefühlsmäßigen Assoziationen übermannen und mitreißen läßt. Er hat so oft Vögel fliegen und Eier legen sehen, daß er das Gefühl hat, es müsse irgendeine träumerische, zarte Verbindung zwischen den beiden Phänomenen geben, obwohl es die gar nicht gibt. Ein verlassener Liebender ist vielleicht außerstande, den Mond von seiner verlorenen Liebe zu trennen; ganz ebenso ist der Materialist außerstande, Mond und Gezeiten voneinander zu trennen.

Ein Gefühlsmensch vergießt vielleicht Tränen beim Duft der Apfelblüte, weil er sich durch irgendeine dunkle Assoziation an seine Kindheit erinnert fühlt. Ganz ebenso ist auch der materialistische Professor (mag er seine Tränen noch so gut verbergen) nichts weiter als ein Gefühlsmensch, weil ihn dank einer dunklen, persönlichen Assoziation Apfelblüten an Äpfel erinnern. Der kühle Rationalist aus dem Feenreich dagegen sieht nicht ein, warum auf dem Apfelbaum im Prinzip nicht auch karmesinrote Tulpen sollen blühen können; bei ihm zu Hause ist das manchmal der Fall.

Dieses elementare Staunen über das Wunder der Welt ist, wohlgemerkt, keine bloße Marotte, die ich mir durch die Märchen zugelegt habe; alle Faszination, die von den Märchen ausstrahlt, entspringt im Gegenteil diesem Staunen. Wie wir allesamt Liebesgeschichten mögen, weil wir einen Geschlechtstrieb haben, so mögen wir auch allesamt erstaunliche Geschichten, weil sie an den Nerv unserer uralten Bereitschaft zum Staunen rühren. Beweis dafür ist, daß wir in ganz jungen Jahren keine Märchen brauchen: wir brauchen einfach nur Geschichten. Das Leben als solches ist interessant genug. Ein siebenjähriges Kind ist begeistert, wenn man ihm erzählt, daß Fritzchen eine Tür aufmachte und einen Drachen erblickte. Ein dreijähriges Kind dagegen ist schon begeistert, wenn man ihm erzählt, Fritzchen habe eine Tür aufgemacht. Kinder mögen romantische Geschichten; Kleinkinder aber mögen realistische Geschichten – weil sie ihnen romantisch erscheinen. Tatsächlich dürfte, wie ich vermute, einzig und allein ein Baby aufgelegt sein, sich einen modernen realistischen Roman anzuhören, ohne vor Langeweile zu sterben. Das beweist, daß selbst Märchen nur einen Nachklang des überschwenglichen Interesses und Staunens bilden, das uns an der Schwelle unserer pränatalen Existenz erfaßte. Diese Märchen reden von goldenen Äpfeln nur, um den vergessenen Augenblick heraufzurufen, in dem wir sie als grün erlebten. Sie füllen Flüsse mit Wein nur, um uns einen phantastischen Moment lang daran zu erinnern, daß Wasser in ihnen strömt. Ich habe das als völlig vernünftig und aufgeklärt bezeichnet. Und an dieser Stelle möchte ich mich nun nachdrücklich für die höhere Form von Aufgeklärtheit stark machen, die wir besser Unwissenheit nennen sollten. In wissenschaftlichen Büchern und natürlich in romantischen Erzählungen jeder Art haben wir alle schon von dem Menschen gelesen, der seinen Namen vergaß. Dieser Mensch geht durch die Straßen und kann alles sehen und wahrnehmen; nur kann er sich nicht daran erinnern, wer er ist. Jeder von uns ist der Mensch in dieser Geschichte. Jeder von uns hat vergessen, wer er ist. Man kann das Weltall verstehen, aber niemals das Ich; man selbst ist sich ferner als der fernste Stern. Den Herrn, deinen Gott, sollst du lieben; dich selbst aber sollst du nicht kennen. Wir sind alle von ein und demselben geistigen Unheil betroffen; wir haben allesamt unseren Namen vergessen. Wir haben vergessen, wer wir eigentlich sind. Was wir gesunden Menschenverstand, Rationalität, Sinn fürs Praktische und Positivismus nennen, all das bedeutet nur, daß wir tote Phasen unseres Lebens hindurch vergessen, daß wir vergessen haben. Und was wir Geist und Kunst und Ekstase nennen, das alles bedeutet nur, daß wir uns einen erschütternden Augenblick lang erinnern, daß wir vergessen haben.

Aber mögen wir auch (wie im Roman der Mann ohne Gedächtnis) mit närrischer Verwunderung durch die Straßen laufen, die Verwunderung ist doch immer zugleich Bewunderung. Das Staunen über das Wunderbare enthält stets ein positives Moment von Begeisterung. Das ist der nächste Meilenstein auf unserem Weg durchs Feenland. Im nächsten Kapitel werde ich von Optimisten und Pessimisten handeln und von ihrer Intellektualität, soweit sie darüber verfügen. Hier versuche ich nur, die ungeheuren, unbeschreiblichen Emotionen zu beschreiben. Und die stärkste Emotion war die, daß mir das Leben ebenso köstlich wie staunenerregend erschien. Es versetzte mich in Ekstase, weil es ein Abenteuer war; es war ein Abenteuer, weil es Dinge ermöglichte. Der Großartigkeit des Märchens tat keinen Abbruch, daß es am Ende vielleicht mehr Drachen als Prinzessinnen gab; in einem Märchen zu sein war großartig. Der Prüfstein fürs Glücklichsein ist Dankbarkeit; und ich empfand Dankbarkeit, wenn ich auch kaum wußte, wem gegenüber. Kinder sind dankbar, wenn der Nikolaus Spielzeug oder Süßigkeiten in ihre Stiefel steckt. Konnte ich denn nicht dem Nikolaus dankbar dafür sein, daß er in meine Stiefel zwei wundersame Beine als Geschenk gesteckt hatte? Wir bedanken uns bei Menschen, wenn sie uns zum Geburtstag Zigarren und Hausschuhe schenken. Kann ich denn niemandem für das Geburtstagsgeschenk meiner Geburt danken?

Da waren also diese beiden allerersten Empfindungen, unbegründbar und unwiderleglich. Die Welt war verblüffend, aber sie war nicht einfach nur verblüffend; das Leben war eine Überraschung, aber es war eine angenehme Überraschung. Tatsächlich brachte eine Scherzfrage, die mir seit meiner Knabenzeit im Kopf geblieben ist, diese ganze frühe Sichtweise auf den Punkt. Die Frage lautete: »Was sagte die Espe, als Gott sie schuf?« Und die Antwort war: »Oh Herr, Du machst mich zittern!« Das faßt in einem Satz zusammen, was ich gesagt habe. Gott ließ die Espe zittern, aber die Espe zittert gern. Hier angelangt, kommen wir zum zweiten großen Prinzip der Feenphilosophie.

Es genügt, einfach Grimms Märchen oder die schöne Sammlung von Andrew Lang zu lesen, um dies zweite Prinzip zu gewahren. Aus reiner Pedanterie werde ich ihm einen Namen geben und es die Lehre vom bedingten Glück nennen. »Wenn das Wörtchen ›wenn‹ nicht wär«, sagen wir, und meinen, daß von dem Wörtchen viel abhängt. Nach der Elfenlogik aber hängt schlechterdings alles an einem »Wenn«. Was die Feen äußern, gehorcht immer dem Muster: »Du kannst fortan in einem Palast aus Gold und Edelsteinen wohnen, wenn du das Wort ›Kuh‹ nicht aussprichst«; oder: »Du kannst glücklich mit der Königstochter leben, wenn du ihr keine Zwiebel zeigst«. Die Erfüllung hängt immer an einem Verbot. All die schwindelerregenden, großartigen Dinge, die einem gewährt werden, hängen an einer kleinen Sache, die einem vorenthalten bleibt. Das ganze sagenhafte, wirbelnde Leben, in das man sich hineinstürzen darf, hängt ab von etwas, das verboten bleibt. W. B. Yeats hat in seiner köstlichen Elfendichtung die Elfen als gesetzlos beschrieben; auf den zügellosen Rossen des Luftraums frönen sie einer unschuldigen Anarchie,

Galoppieren auf den Kämmen der zerzausten Flut und tanzen flammengleich auf den Bergen.

Es ist schrecklich, sagen zu müssen, daß Mr. Yeats keine Ahnung vom Feenland hat. Ich sage es trotzdem. Er ist ein Ire voll Ironie, reich an intellektuellen Fechtkünsten. Er ist nicht dumm genug, um das Feenland verstehen zu können. Feen ziehen Tölpeltypen wie mich vor, Leute, die den Mund nicht zukriegen und dümmlich lächeln und tun, was man ihnen sagt. Mr. Yeats geheimnißt ins Elfenland all die berechtigte Empörung seines Volkes hinein. Aber die Gesetzlosigkeit Irlands ist eine christliche Gesetzlosigkeit und gründet in Vernunft und Gerechtigkeit. Der Fenier* begehrt gegen eine Macht auf, die er nur zu genau versteht; der wahre Bürger des Feenreichs aber gehorcht einer Macht, die er ganz und gar nicht versteht. Im Märchen ist ein unfaßliches Glück an eine unverständliche Bedingung geknüpft. Eine Büchse wird geöffnet, und alle Übel entweichen und kommen in die Welt. Ein Wort wird vergessen, und Städte fallen in Schutt und Asche. Eine Lampe wird angezündet, und die Liebe verflüchtigt sich. Eine Blume wird gepflückt, und Menschen sind zum Tode verdammt. Ein Apfel wird gegessen, und alle Hoffnung ist verloren.

Das ist der Grundton der Märchen, und es geht dabei ganz gewiß nicht um Gesetzlosigkeit oder auch nur um Freiheit, wenngleich Menschen, die unter einer bösen modernen Tyrannei leben müssen, einen

---

* Mitglied eines 1858 gegründeten irischen Geheimbunds, der sich auf Finn, einen Helden der irischen Sage berief, und für die Abtrennung Irlands von Großbritannien kämpfte.

Zustand relativer Freiheit darin sehen mögen. Gefängnisinsassen mögen Journalisten für freie Menschen halten, aber schaut man genauer hin, erkennt man, daß auch Feen und Journalisten dem Gebot der Pflichterfüllung unterworfen sind. Patentanten in Feengestalt sind mindestens so streng wie menschliche Gouvernanten. Aschenputtel bekam aus heiterem Himmel eine Kutsche und einen Kutscher dazu, aber sie erhielt auch eine Anweisung, die jedem Mädchenpensionat Ehre gemacht hätte, daß sie nämlich Punkt zwölf wieder dazusein habe. Außerdem hatte sie Schuhe aus Glas; es kann kein Zufall sein, daß Glas in der Volksüberlieferung so häufig wiederkehrt. Die eine Prinzessin lebt in einem gläsernen Schloß, eine andere auf einem Glasberg, wieder eine andere hat einen Spiegel, der ihr alles zeigt; sie alle dürfen in Glashäusern wohnen, unter der Bedingung, daß sie nicht mit Steinen werfen. Denn dieses Glas, das überall in den Märchen glänzt, steht für die Tatsache, daß Glück, ähnlich dem, was Dienstmädchen und Katzen so gerne zerschmeißen, ebenso leicht zerbricht wie herrlich erstrahlt. Und diese Empfindung prägte sich auch mir ein und bestimmte meine Haltung gegenüber der ganzen Welt. Ich empfand und empfinde bis heute, daß unser Leben hell strahlt wie der Diamant, aber auch zerbrechlich ist wie eine Fensterscheibe; ich erinnere mich, daß mich ein Schauder überkam, als ich hörte, wie die Himmel mit der schrecklichen Kristallkugel verglichen wurden. Ich hatte Angst, Gott würde das Weltall fallen und in tausend Stücke zerspringen lassen.

Denken wir aber daran, daß Zerbrechlichkeit nicht dasselbe wie Vergänglichkeit ist. Schlagen wir auf ein

Glas ein, hält es nicht einen Augenblick stand; gehen wir schonend mit ihm um, hat es tausend Jahre Bestand. Genauso, schien mir, verhielt es sich auch mit dem Glück des Menschen, egal ob im Elfenreich oder auf Erden; das Glück hing davon ab, daß man *etwas nicht tat,* was man jederzeit tun konnte und bei dem auch gar nicht ohne weiteres einsichtig war, warum es nicht getan werden durfte. In *meinen* Augen hat solch ein Verbot aber auch gar nichts Ungerechtes. Wenn der dritte Sohn des Müllers zur Fee sagte: »Erklär mir mal, warum ich im Märchenschloß keinen Kopfstand machen darf«, dann könnte die Fee mit Fug und Recht entgegnen: »Also, so gesehen, mußt du mir erst einmal das Märchenschloß erklären.« Wenn Aschenputtel fragte: »Warum muß ich denn unbedingt den Ball um zwölf Uhr verlassen?«, dann könnte ihre Patin zurückfragen: »Warum darfst du überhaupt bis zwölf hingehen?« Wenn ich in meinem Testament jemandem zehn sprechende Elefanten und hundert geflügelte Rosse vermache, dann kann er sich nicht beklagen, wenn die Bedingungen, an die ich das knüpfe, einen vergleichbar exzentrischen Charakter haben wie die Gabe selbst. Der Begünstigte darf einem geflügelten Roß nicht ins Maul schauen. Und mir erschien die Existenz selbst als ein derart exzentrisches Vermächtnis, daß ich mich unmöglich beklagen konnte, wenn ich die einschränkenden Bedingungen, unter denen ich es erhielt, nicht verstand – wo ich doch das, was ich erhielt und was durch die Bedingungen eingeschränkt wurde, ebensowenig verstand. Der Rahmen war nicht merkwürdiger als das Bild. Das Verbot durfte gut und gern so ausgefallen sein wie die Erfüllung, durfte gut und gern so verblüffend sein wie die Sonne, so unfaßlich wie das Wasser, so unglaublich und schrecklich wie die ragenden Bäume.

Diese Lehre der guten Fee (so möchte ich es nennen) ist der Grund, warum ich mich nie mit den jungen Männern meiner Zeit im Einklang fühlen konnte, wenn sie sich zu einem allgemeinen Geist der *Auflehnung* bekannten. Wenn Regeln moralisch böse waren, hätte ich ihnen – hoffe ich wenigstens! – Widerstand geleistet, und mit solchen Regeln und ihrer näheren Bestimmung werde ich mich in einem späteren Kapitel auseinandersetzen. Hingegen verspürte ich nie die Neigung, mich einer Regel nur deshalb zu widersetzen, weil ich ihren Sinn nicht verstand. Das Recht auf Grundbesitz wird manchmal durch lächerliche Rituale besiegelt, etwa dadurch, daß ein Stock zerbrochen oder ein Pfefferkorn als Kaufpreis entrichtet wird: Ich war willens, die wunderlichste feudale Kapriole zu schlagen, wenn ich mir dadurch das riesige Gut der Erde und des Himmels sicherte. Die Kapriole konnte nicht verrückter sein als die Tatsache, daß ich es überhaupt mein eigen nennen konnte. An dieser Stelle möchte ich nur ein einziges Beispiel aus dem Bereich der Ethik heranziehen, um deutlich zu machen, was ich meine. Ich habe mich nie mit dem verbreiteten Gemurr gegen die Monogamie anfreunden können, das die neue Generation anstimmt, weil ich finde, daß keine Einschränkung der sexuellen Freiheit an Unfaßlichkeit und Unerhörtheit die Sexualität selbst übertreffen kann. Wie Endymion die Mondgöttin lieben zu dürfen und sich dann zu beschweren, daß Jupiter sich einen Harem von Mondgöttinnen hält, erscheint mir (der ich mit Märchen wie dem von Endymion aufgewachsen bin) als vulgäre Entgleisung. Sich auf eine Frau zu beschränken ist ein geringer Preis dafür, daß man überhaupt von einer Frau gewürdigt wird. Sich zu beklagen, daß man nur einmal heiraten kann, ist so, als beklagte man sich, daß man nur einmal geboren wird. Diese Haltung stand in völligem Widerspruch zu der ungeheuren Erregung, um die es dabei ging. Sie bewies nicht etwa besondere Aufgeschlossenheit für die Sexualität, sondern im Gegenteil eine merkwürdige Unempfänglichkeit für sie. Nur ein Narr bedauert, daß er den Garten Eden nicht durch fünf Tore gleichzeitig betreten kann. Polygamie ist ein Mangel an Fähigkeit, das Potential der Sexualität zu realisieren; sie erinnert an einen Menschen, der eine Birne essen will und geistesabwesend fünf abpflückt. Im Lobpreis des Schönen trieben die Ästheten die Sprache bis an den Rand des Wahnsinns. Distelwolle ließ sie in Tränen ausbrechen; vor einem glänzenden Käfer sanken sie anbetend nieder. Ihr Überschwang machte indes nie den geringsten Eindruck auf mich, weil ihnen offenbar nie in den Sinn kam, als Gegenleistung für die genossene Lust irgendeine Form von symbolischem Opfer zu bringen. Daß einem vergönnt war, eine Amsel singen zu hören, war (so schien mir) Grund genug, vierzig Tage lang die Fasten zu halten. Eine Schlüsselblume zu finden war einen Gang durchs Feuer wert. Diese Jünger der Schönheit aber waren nicht einmal imstande, für die Amsel dem Alkohol zu entsagen. Zum Dank für die Schlüsselblume waren sie nicht einmal bereit, eine normale christliche Ehe zu führen. Daß man für außerordentliche Wonnen mit ordentlichen moralischen Grundsätzen bezahlte, ließ sich doch wohl erwarten. Oscar Wilde hat geäußert, Sonnenuntergänge würden nicht gewürdigt, weil man für sie nicht bezahlen könne. Aber Oscar Wilde irrt; wir können für Sonnenuntergänge bezahlen. Wir können dadurch für sie bezahlen, daß wir nicht wie Oscar Wilde sind.

Die Märchen habe ich auf dem Fußboden des Kinderzimmers zurückgelassen und seitdem nie mehr derart vernünftige Bücher gefunden. Ich habe die über Tradition und Demokratie wachende Kinderfrau zurückgelassen und unter den Modernen keinen gefunden, der von einer so gesunden Radikalität oder von einem so gesunden Konservativismus war. Festzuhalten ist aber das folgende: daß ich bei meinem Eintritt in die geistige Atmosphäre der heutigen Welt feststellte, daß diese Welt in zweierlei Hinsicht im Widerspruch zu meiner Amme und ihren Ammenmärchen stand. Es hat lange gebraucht, bis ich herausgefunden hatte, daß die moderne Welt irrt und meine Amme recht hat. Dies war das eigentlich Merkwürdige, daß das moderne Denken dem grundlegenden Glauben meiner Kindheit in seinen beiden wichtigsten Lehrsätzen widersprach. Ich habe gezeigt, wie die Märchen in mir den Grund zu zwei Überzeugungen legten: erstens, daß diese Welt ein phantastischer Ort voller Überraschungen ist, der auch ganz anders sein könnte, aber so, wie er ist, herrlich ist; zweitens, daß man angesichts dieser Großartigkeit und Köstlichkeit gut daran tut, bescheiden zu sein und sich auch den abstrusesten Einschränkungen zu fügen, die mit einer so abstrus großzügigen Gabe verknüpft sind. Ich mußte feststellen, daß die ganze moderne Welt meinen beiden zärtlichen Empfindungen stracks zuwiderlief; und der Schock, den mir dieser Konflikt bereitete, schuf zwei jähe und spontane Gefühlsregungen in mir, die mich seitdem begleiten und sich, so unausgegoren sie anfänglich waren, mittlerweile zu Überzeugungen verfestigt haben.

Erstens stellte ich fest, daß sich die ganze moderne Welt dem wissenschaftlichen Fatalismus verschrieben hat und behauptet, alles sei so, wie es mit Notwendigkeit seit jeher war, sei in einer von Anfang an unfehlbaren Entfaltung begriffen. Das Blatt am Baum sei grün, weil es nie anders habe sein können. Der Märchenphilosoph hingegen ist froh, daß Blätter grün sind, gerade weil sie auch scharlachrot hätten sein können. Seinem Gefühl nach sind sie gerade erst grün geworden, einen Wimpernschlag bevor er sie ansah. Er ist hochzufrieden, daß Schnee weiß ist, und zwar aus dem einfachen, einleuchtenden Grund, daß Schnee ja auch hätte schwarz sein können. Jede Farbe vermittelt ihm den prägnanten Eindruck, daß sie eigens ausgewählt wurde; das Rot der Gartenrosen ist nicht nur eindringlich, sondern auch aufwühlend, wie frisch vergossenes Blut. Er spürt, daß *gehandelt* worden ist. Die großen Deterministen des 19. Jahrhunderts verwahrten sich entschieden gegen dieses innere Gefühl, es mit taufrischen Ereignissen zu tun zu haben. Für sie hatte es im Gegenteil seit dem Anfang der Welt kein wirkliches Ereignis mehr gegeben. Nichts hatte sich mehr ereignet, seit sich das Dasein ereignet hatte; und wann das stattgefunden hatte, darüber waren sie sich ganz und gar nicht sicher.

Die moderne Welt, wie ich sie antraf, stand geschlossen hinter dem Calvinismus unserer Zeit, der Überzeugung, daß die Dinge notwendig so waren, wie sie waren. Aber als ich dann nachfragte, stellte ich fest, daß die Betreffenden für diese Überzeugung von der unabwendbaren Wiederholung in den Dingen eigentlich gar keinen Beweis vorbringen konnten, außer der Tatsache, daß die Dinge sich wiederholten. Nun ließ die bloße Wiederholung die Dinge in meinen Augen nicht rationaler, sondern nur noch irrsinniger werden. Es war, als hätte ich auf der Straße eine kurios geformte Nase gesehen und die Begegnung als zufällig abgetan, nur um anschließend sechs weiteren Nasen mit der gleichen verblüffenden Form zu begegnen. Einen Augenblick lang hätte ich mir vielleicht eingebildet, da müsse irgendeine Geheimgesellschaft dahinterstecken. Ein einzelner Elefant mit Rüssel war auffällig genug; wenn aber alle Elefanten Rüssel trugen, wirkte das wie ein Komplott. Ich rede hier nur von einem Gefühl, einem ebenso subtilen wie hartnäckigen Gefühl. Die Wiederholung in der Natur aber wirkte manchmal, als sei ihr Motiv Ereiferung; sie erinnerte an einen zornigen Schulmeister, der etwas ein ums andere Mal sagt. Das Gras schien mir mit seinen sämtlichen Fingern wie wild Zeichen zu machen; das Sternengewimmel schien unbedingt verstanden werden zu wollen. Durch ihren tausendfachen Aufgang wollte die Sonne erreichen, daß ich auf sie aufmerksam wurde. Die wiederkehrenden Prozesse des Universums schwollen an zu einer sinnverwirrenden Beschwörung, und es begann mir zu dämmern.

Der ganze gewaltige Materialismus, der den heutigen Geist beherrscht, basiert letztlich auf einer einzigen Voraussetzung, einer falschen Voraussetzung. Es wird als wahrscheinlich angenommen, daß Dinge, die sich unablässig wiederholen, tote Dinge, etwas

Mechanisches sind. Wäre das Universum ein personales Wesen, so die allgemeine Ansicht, würde es den Wechsel kennen; wäre die Sonne lebendig, würde sie tanzen. Diese Ansicht wird bereits durch die Empirie widerlegt, auf die sie sich beruft. Denn auch bei menschlichen Personen ist Wechsel keine Wirkung des Lebens, sondern des Todes; er wird mit anderen Worten dadurch herbeigeführt, daß die Kraft oder der Trieb abnimmt oder erstirbt. Jemand wechselt seine Bewegungsart, weil er nicht mehr kann oder eine kleine Erschöpfung verspürt. Er besteigt den Omnibus, weil die Beine nicht mehr wollen; er geht zu Fuß, weil er es müde ist, stillzusitzen. Wäre er indes von so ungeheurer Lebenskraft und Lebensfreude erfüllt, daß er nie müde würde, nach Islington zu laufen, würde er vielleicht ebenso regelmäßig nach Islington laufen, wie die Themse in die Nordsee fließt. Es wäre gerade die Rasanz und der Überschwang seines Lebens, was den Eindruck von Todesstille vermittelte. Die Sonne geht allmorgendlich auf. Ich hingegen stehe nicht jeden Morgen auf; aber der Wechsel in meinem Verhalten entspringt nicht meinem Tätigkeitsdrang, sondern meiner Faulheit. Man könnte also gewissermaßen sagen, daß die Sonne regelmäßig aufgeht, weil sie nicht müde wird, aufzugehen. Ihre Regelmäßigkeit wäre dann Ausdruck nicht der Leblosigkeit, sondern einer überschwenglichen Lebhaftigkeit. Was ich meine, läßt sich zum Beispiel bei Kindern beobachten, wenn ihnen irgendein Spiel oder Spaß besonders gefällt. Ein Kind strampelt rhythmisch mit den Beinen, weil es ein Übermaß an Lebenskraft hat, nicht, weil es ihm an Lebendigkeit fehlt. Weil Kinder über eine überschäumende

Vitalität verfügen, weil sie innerlich wild und entfesselt sind, deshalb verlangen sie nach der Wiederholung und dem immer Gleichen. Immer sagen sie »Bitte, nochmal!«; und der Erwachsene macht es wieder und wieder, bis er halbtot ist. Denn Erwachsene sind nicht kräftig genug, um über Eintönigkeit frohlocken zu können. Vielleicht aber ist Gott stark genug, um sich an Eintönigkeit zu erfreuen. Möglich, daß Gott jeden Morgen »Bitte, nochmal!« zur Sonne sagt und jeden Abend »Bitte, nochmal!« zum Mond. Vielleicht ist es keine automatische Notwendigkeit, die alle Gänseblümchen gleich werden läßt; vielleicht ist es Gott, der jedes Gänseblümchen einzeln erschafft und nicht müde wird, sie zu erschaffen. Vielleicht hat Er die ewige Triebkraft des Kindes; wir hingegen haben gesündigt und sind alt geworden, während Unser Vater jünger ist als wir. Am Ende ist die Wiederholung in der Natur kein bloßes »noch einmal«, sondern ein bühnenreifes *da capo*. Mag sein, daß der Himmel dem Vogel, der sein Ei gelegt hat, sein *da capo* zuruft. Wenn das Menschenwesen ein Menschenkind zeugt und zur Welt bringt, statt eines Fisches oder einer Fledermaus oder eines Greifen, dann liegt der Grund dafür vielleicht gar nicht in einem leb- und zwecklosen Schicksal, auf das wir vereidigt sind. Vielleicht ist es vielmehr so, daß unsere kleine Tragödie die Götter gerührt hat, daß sie es von ihren sternfunkelnden Galerien herab beobachten und den Menschen jedesmal, wenn sein Drama zu Ende ist, vor den Vorhang rufen, daß er es wieder und wieder aufführt. Die Wiederholung kann Millionen von Jahren weitergehen, kraft freier Wahl, und sie kann in jedem Augenblick abbrechen. Der Mensch kann Generation um Generation auf der Erde leben, und dennoch kann jede Geburt sein definitiv letzter Auftritt sein.

So sah meine früheste Überzeugung aus; sie entsprang dem Schock, den ich erfuhr, als meine kindlichen Empfindungen mitten in ihrer Entwicklung plötzlich mit dem Glauben der Moderne zusammenstießen. Ich hatte immer das unbestimmte Gefühl, daß Tatsachen Wunder in dem Sinne sind, daß sie wundervoll sind; jetzt erschienen sie mir als Wunder in dem strengeren Sinne, daß sie *Tatsachen*, Zeugnisse eines absichtlichen Handelns sind. Sie waren mit anderen Worten wiederholte Übungen, die einem Willen entsprangen – oder konnten es jedenfalls sein. Ich hatte immer geglaubt, daß bei der Welt Zauberei im Spiel war; jetzt kam mir der Gedanke, ob es nicht vielleicht auch einen Zauberer gab. Und das wiederum verwies auf eine tiefe, immer gegenwärtige, unbewußte Ahnung: daß unsere Welt irgendeinem Zweck dient. Und wenn es einen Zweck gibt, dann gibt es auch ein Subjekt. Ich hatte immer im Leben vor allem eine Erzählung gesehen; und wo eine Erzählung ist, da gibt es auch einen Erzähler.

Das moderne Denken verletzte aber auch meine zweite menschliche Grundüberzeugung. Es verstieß gegen meinen Märchensinn für strikte Einschränkungen und Bedingungen. Entfaltung und Grenzenlosigkeit waren die Dinge, über die sich das moderne Denken am allerliebsten verbreitete. Herbert Spencer wäre zutiefst empört gewesen, wenn ihn jemand einen Imperialisten genannt hätte; deshalb ist es höchst bedauerlich, daß niemand das tat. Dabei war er ein Imperialist niederster Art. Er machte sich stark für die verächtliche Vorstellung, daß vor der Größe des Sonnensystems die spirituellen Glaubenslehren der Menschen verblassen müßten. Warum sollte ein Mensch sich sein Selbstgefühl eher vom Sonnensystem als von einem Walfisch verschlagen lassen? Wenn allein der Gesichtspunkt der Größe genügt, um dem Menschen zu beweisen, daß er nicht nach dem Bilde Gottes geschaffen sein kann, dann findet Gott sein Ebenbild vielleicht im Walfisch – ein einigermaßen formloses Ebenbild, quasi ein impressionistisches Porträt. Geltend zu machen, daß der Mensch winzig im Verhältnis zum Weltall sei, ist ganz sinnlos, denn der Mensch war auch schon immer klein im Verhältnis zum nächsten Baum. Herbert Spencer aber vertrat offenbar in seinem haltlosen Imperialismus die Ansicht, daß uns irgendwie das astronomische Universum erobert und vereinnahmt hat. Über die Menschen und ihre Ideale redete er geradeso wie ein anmaßender Unionist über die Iren und ihre Ideale. Er machte aus der Menschheit eine kleine Nation. Und sein übler Einfluß läßt sich selbst noch bei den lebendigsten und achtbarsten der späteren wissenschaftlichen Autoren erkennen, insbesondere in den frühen Romanen von Mr. H. G. Wells. Viele Moralisten haben in maßloser Übertreibung die Welt als durch und durch schlecht dargestellt; Mr. Wells und seiner Schule blieb es vorbehalten, die Himmel für verrucht zu erklären. Wir sollten zu Sternen aufblicken, von denen uns Verderben drohte.

Aber die Grenzenlosigkeit, von der ich spreche, war noch weit schlimmer. Ich habe gesagt, daß der Materialist sich ebenso wie der Geisteskranke in einem Kerker befindet; dem Kerker seines monomanen Denkens. Diese Menschen hielten offenbar die ständig wiederholte Feststellung, der Kerker sei riesengroß, für einzigartig inspirierend. Dabei brachte die gigantische Größe des wissenschaftlichen Universums keine neuartige Erfahrung, keine Erleichterung. Der Kosmos ging ewig weiter, aber nicht einmal in seinen fernsten Sternenwelten stieß man auf irgend etwas wirklich Interessantes, auf so etwas wie Vergebung oder Willensfreiheit zum Beispiel. Die Weitläufigkeit oder Unendlichkeit des geheimnisvollen Kosmos ließ das Geheimnis des Kosmos selbst um kein Jota größer werden, als es war. Man hätte ebensogut einem Gefangenen im Zuchthaus sagen können, er freue sich doch sicher zu hören, daß sein Gefängnis mittlerweile die halbe Grafschaft umfasse. Der Wärter hätte dem Gefangenen ja doch nichts zeigen können als immer weitere lange Flure, von Funzellicht erleuchtet und bar jeder Menschlichkeit. So konnten uns auch diese Welterweiterer immer nur weitere unendliche Raumfluchten zeigen, erleuchtet von gespenstischen Sonnen und bar alles Göttlichen.

Im Märchenland hatte es ein wirkliches Gesetz gegeben, das gebrochen werden konnte, weil ein Gesetz definitionsgemäß etwas ist, das gebrochen werden kann. Der Automatismus dieses kosmischen Kerkers aber war unzerbrechlich; denn wir selbst bildeten nichts weiter als einen Teil von ihm. Es war uns entweder unmöglich oder es war unser Schicksal, bestimmte Dinge zu tun. Die Idee von jenem mystischen Zustand, in dem wir Gesetze entweder festen Sinnes befolgen oder mit Genuß brechen können, verschwand völlig. Die gigantischen Ausmaße dieses Universums hatten nichts zu tun mit der Frische und der befreienden Stimmung, die wir am Universum der Poesie so lobend hervorgehoben haben. Dieses moderne Universum ist im Wortsinne ein Imperium: es ist riesig, aber unfrei. Man schritt durch immer größere fensterlose Räume, Räume babylonischen Ausmaßes; nirgends aber traf man auf ein noch so kleines Fenster oder das Flüstern eines Lufthauchs von draußen.

Die infernalischen Parallelen in diesem unendlichen Raum schienen mit wachsender Entfernung immer weiter auseinanderzudriften, während sich nach meiner Vorstellung alles, was von Wert ist, irgendwann kreuzen muß – Schwertklingen zum Beispiel. Weil ich die Angeberei mit dem gigantischen Kosmos so unbefriedigend fand, fing ich an, ein bißchen zu opponieren, und fand bald schon heraus, daß die ganze Geisteshaltung, die dem zugrunde lag, sogar noch seichter war, als ich mir hatte vorstellen können. Diesen Leuten zufolge war der Kosmos eins, weil er einem einzigen ungebrochenen Gesetz unterlag. Nur war er (ihrer Behauptung nach) nicht bloß eins, sondern auch das einzige, was es gab. Warum legte man dann aber so besonderen Wert auf seine ausnehmende Größe? Es gab ja nichts, womit man ihn vergleichen konnte. Man konnte ihn genausogut klein nennen. Jemand erklärt vielleicht: »Ich liebe diesen riesigen Kosmos mit seinem Sternenmeer und seiner Masse vielfältiger Geschöpfe.« Aber eigentlich könnte er genausogut erklären: »Ich liebe diesen niedlichen kleinen Kosmos mit seiner wohlbemessenen Zahl von Sternen und gerade so vielen Lebewesen, wie ich sehen möchte.« Das eine ist so gut wie das andere, beides ist eine Sache des persönlichen Geschmacks. Wem der Sinn danach steht, der kann darüber frohlocken, daß die Sonne größer ist als die Erde. Aber genausogut kann er auch darüber frohlocken, daß die Sonne nicht größer ist, als sie ist. Wenn jemand sich daran begeistern möchte, wie groß die Welt ist, warum soll er sich nicht ebensogut daran begeistern können, wie klein sie ist?

Zufällig neigte ich zu letzterem. Wenn man etwas liebt, benutzt man Verkleinerungsformen als Kosenamen, selbst wenn es sich um einen Elefanten oder einen Hünen von der Königlichen Garde handelt. Der Grund dafür ist, daß alles, was sich als etwas Ganzes vorstellen läßt, auch als klein denkbar ist. Dächte man beim kriegerischen Schnurrbart nicht auch an ein Schwert oder beim Stoßzahn nicht auch an den Schwanz, der Gegenstand wäre unendlich groß, weil er kein Maß hätte. Hat man aber ein Bild von einem königlichen Gardesoldaten vor Augen, so kann man ihn sich auch klein vorstellen. Sieht man wirklich einen Elefanten vor sich, kann man ihn »Winzling« nennen. Wer von etwas eine Statue meißeln kann, der kann auch eine Statuette davon fertigen. Diese Leute verkündeten, das Universum sei ein zusammenhängendes Ganzes; aber sie liebten das Universum nicht. Ich hingegen war entsetzlich verliebt ins Universum und wollte es mit seinem Kosenamen anreden. Ich tat das auch oft, und offenbar machte es ihm nichts aus. Ehrlich gesagt, hatte ich sogar das Gefühl, daß ich meinen undeutlichen Vorstellungen von Lebenskraft besser gerecht wurde, wenn ich die Welt klein nannte, als wenn ich sie für groß erklärte. Denn der Unendlichkeit haftete ein Hauch von Gleichgültigkeit an, der das genaue Gegenteil zu der heftigen, andächtigen Anteilnahme war, die ich empfand, wenn ich an die Kostbarkeit und Gefährdung des Lebens rührte. Die anderen warfen mit der Welt achtlos um sich; ich hingegen war von heiliger Knauserigkeit erfüllt. Sparsamkeit ist nämlich viel romantischer als Verschwendung. Für die anderen waren die Sterne ein nicht enden wollender Geldstrom aus Scheidemünze; ich dagegen empfand die güldene Sonne und den silbernen Mond wie ein Schuljunge, der einen Golddukaten und einen Silbergroschen sein eigen nennt.

Mit meinen unterschwelligen Überzeugungen harmonieren am ehesten die Atmosphäre und der Klangcharakter bestimmter Erzählungen. Wie schon gesagt, nur Zaubergeschichten werden meinem Gefühl gerecht, daß es sich beim Leben nicht bloß um etwas Herrliches, sondern auch um ein unerhörtes Privileg handelt. Das Gefühl der Behaglichkeit im Kosmos kann ich vielleicht durch den Rückgriff auf *Robinson Crusoe* veranschaulichen, ein anderes Jugendbuch, das ich etwa um diese Zeit las und das seine unverwüstliche Lebendigkeit der Tatsache schuldet, daß es das Hohelied der Beschränkungen singt, besser gesagt, der wilden Romantik des Haushaltens huldigt. Crusoe ist ein Mann auf einem kleinen Felseneiland, mit einigen wenigen Hilfsmitteln, die er mit knapper Not der See entrissen hat: das Beste in dem Buch ist schlicht und einfach die Liste der Sachen, die er aus dem Wrack gerettet hat. Das herrlichste aller Gedichte ist eine Bestandsliste. Jedes Küchengerät wird zu einem Himmelsgeschenk, weil Crusoe es ans Meer hätte verlieren können. Es ist eine gute Übung, in tristen oder finsteren Stunden Sachen zu betrachten, etwa die Kohlenkiste oder den Bücherschrank, und sich vorzustellen, wie glücklich man wäre, wenn man sie vom sinkenden Schiff auf die einsame Insel geschafft hätte. Aber eine noch bessere Übung ist es, sich vor Augen zu stellen, daß alle Dinge diesen Charakter haben, mit knapper Not dem Untergang entronnen zu sein: Alles verdankt sich der Rettung aus einem Wrack. Jeder Mensch hat *ein* schreckliches Abenteuer hinter sich: Als Früh- oder Fehlgeburt hätte er nicht existiert, jenen Säuglingen gleich, die nie das Licht der Welt erblicken. In meiner Kindheit war viel von unvollendeten oder gescheiterten Genies die Rede: es hieß immer, aus diesem oder jenem hätte mal etwas Großes werden können. In meinen Augen ist es eine noch verbürgtere und verblüffendere Tatsache, daß wir allesamt Menschen sind, die genausogut *nicht* hätten sein können.

Ich hatte wirklich und wahrhaftig das Gefühl (manchem mag das albern vorkommen), als seien die Dinge in ihrer Gesamtheit und in allen ihren Erscheinungsformen romantische Überbleibsel von Crusoes Schiff. Daß es zwei Geschlechter und eine Sonne gab, war das gleiche wie die Tatsache, daß es zwei Gewehre und eine Axt gab. Es war entsetzlich wichtig, daß nichts von diesen Dingen verlorenging; aber irgendwie war es auch lustig, daß nichts mehr dazukommen konnte. Die Bäume und die Planeten erschienen mir wie Dinge, die aus dem Wrack gerettet worden waren; als ich dann das Matterhorn sah, war ich froh, daß man es in dem Durcheinander nicht übersehen hatte. Was die Sterne betraf, so war ich knauserig, als wären es Saphire (so werden sie in Miltons *Eden* genannt); von den Bergen hätte ich nicht einen weggeben mögen. Denn das Universum ist ein Solitär, und wenn man auch Edelsteine ganz allgemein als einzigartig und unschätzbar bezeichnet, so gilt das doch von diesem Juwel im buchstäblichen Sinne. Dieser Kosmos hat in der Tat nicht seinesgleichen und keinen Preis: denn es kann keinen zweiten geben.

So endet denn – unzulänglich, wie nicht anders zu erwarten – mein Versuch, das Unsagbare zu sagen. Dies sind meine grundlegendsten Einstellungen zum Leben: die Nährböden für die Samenkörner des Dogmas. Mit ihnen trugen sich dunkel meine Gedanken, noch ehe ich schreiben konnte, sie beherrschten meine Empfindungen, noch ehe ich denken konnte. Damit wir im folgenden besser vorankommen, möchte ich sie jetzt noch einmal kurz zusammenfassen. Ich spürte im Grunde meines Herzens, erstens, daß diese Welt nicht aus sich selbst erklärbar ist. Möglich, daß wir es mit einem Wunder zu tun haben, das nach einer übernatürlichen Erklärung verlangt; möglich auch, daß es sich um einen Zaubertrick handelt, für den es eine natürliche Erklärung gibt. Aber die Erklärung des Zaubertricks muß, um mich zufriedenzustellen, besser sein als die natürlichen Erklärungen, die ich bis jetzt vernommen habe. Um Zauberei geht es so oder so, mag diese nun echt sein oder Täuschung. Zweitens kam ich zu der Überzeugung, daß in der Zauberei ein Sinn stecken mußte und daß zum Sinn ein Sinngeber gehörte. Wie in einem Kunstwerk wirkte auch in der Welt ein Subjekt; was immer dieses Subjekt im Sinn hatte, es war ihm ernst damit. Drittens fand ich diesen Sinn in seiner überlieferten Gestalt herrlich, allen begleitenden Monstrositäten – wie etwa Drachen – zum Trotz. Viertens schien mir irgendeine Form der Demut und Zurückhaltung die angemessene Art, dieser Macht unseren Dank abzustatten: für Bier und Burgunder konnten wir Gott am besten in der Weise danken, daß wir nicht zuviel davon tranken. Wir schuldeten außerdem der Macht, die uns geschaffen hatte, Gehorsam. Und das Letzte und Merkwürdigste war, daß sich in meinem Geist der ebenso ungeheure wie vage Eindruck festgesetzt hatte, alles Gute in der Welt sei irgendwie Überbleibsel aus einem ursprünglichen Zusammenbruch und müsse als solches bewahrt und heiliggehalten werden. Der Mensch hatte das Gute in seinem Herzen geradeso erhalten wie Crusoe seine Güter: er hatte es aus einem Schiffbruch gerettet. All das fühlte ich, und mein Zeitalter war mir dabei ganz gewiß nicht behilflich. An die christliche Gotteslehre aber hatte ich noch kein einziges Mal gedacht, während ich all das fühlte.

V

DAS BANNER DER WELT

In meiner Kindheit liefen zwei merkwürdige Männer herum, die auf die Namen Optimist und Pessimist hörten. Auch ich benutzte diese beiden Namen, aber ich kann guten Gewissens behaupten, daß ich nie eine sehr genaue Vorstellung davon hatte, was sie bedeuteten. Das einzige, was auf der Hand zu liegen schien, war die Tatsache, daß sie unmöglich meinen konnten, was sie sagten; denn der üblichen Worterklärung zufolge hielt der Optimist unsere Welt für denkbar gut, während der Pessimist sie für denkbar schlecht hielt. Da diese Feststellung offenkundig schreiender Unsinn war, mußte man sich wohl nach anderen Erklärungen umsehen. Ein Optimist konnte unmöglich jemand sein, dem alles recht und nichts schlecht erschien. Denn das ergibt keinen Sinn; es ist, als würde man nur rechts und kein links kennen. Am Ende stellte sich mir die Sache so dar, daß der

Optimist alles gut fand, bis auf den Pessimisten, während der Pessimist alles schlecht fand, nur nicht sich selbst. Es wäre unfair, wenn ich bei der Aufzählung der Erklärungen nicht auch der geheimnisvollen, vielsagenden Definition gedächte, die dem Vernehmen nach von einem kleinen Mädchen stammt: »Ein Optimist ist ein Mensch, der nach deinen Augen schaut, und ein Pessimist ist ein Mensch, der nach deinen Füßen schaut.«* Ich frage mich, ob das nicht die beste aller Definitionen ist. Sie enthält sogar eine Art von allegorischer Wahrheit. Denn es ließe sich ja vielleicht sinnigerweise ein Unterschied machen zwischen zwei Arten von Denkern: einem trübseligeren, der immer nur von einem Augenblick zum anderen besorgt ist, ob er auch auf dem Boden der Tatsachen bleibt, und einem glücklicheren, der sich eher für unsere ursprüngliche Kraft interessiert, den Blick vorauseilen zu lassen und den Weg zu finden.

Indes liegt dieser Gegenüberstellung von Optimist und Pessimist ein tiefes Mißverständnis zugrunde. Es wird so getan, als wäre derjenige, der über die Welt urteilt, in der Position eines Menschen, der auf der Suche nach einer Bleibe ist und eine Reihe neugebauter Wohnungen gezeigt bekommt. Käme man in diese Welt aus irgendeiner anderen Welt und wäre im vollen Besitz seiner Kräfte, so könnte man vielleicht darüber diskutieren, ob der Vorteil sommerlicher Wälder den Nachteil verwilderter Hunde aufwiegt, etwa so wie ein Wohnungssuchender die Tatsache, daß ein Telefon vorhanden ist, als Entschädigung für den

* Das Mädchen verwechselt offenbar *optimist* mit *optician* (Optiker) und *pessimist* mit *podiatrist* (Arzt für Fußkrankheiten).

fehlenden Meerblick ansieht. Aber niemand befindet sich in dieser Position. Wir gehören schon zu dieser Welt, noch ehe wir anfangen, uns zu fragen, ob es uns paßt, daß wir zu ihr gehören. Wir haben schon unter dem Banner der Welt gefochten und oft auch heldenhafte Siege errungen, noch ehe wir überhaupt zur Musterung gegangen sind. Der entscheidende Punkt ist, kurz gesagt, daß wir bereits längst der Welt den Fahneneid geschworen haben, wenn wir den musternden Blick auf sie richten.

Im letzten Kapitel erschienen die Märchen als das ideale Medium, um die anfängliche Erfahrung von der Welt als einem ebenso seltsamen wie reizvollen Ort zum Ausdruck zu bringen. Wenn der Leser einverstanden ist, wollen wir das nächste Entwicklungsstadium in Beziehung zu der kriegerischen oder auch chauvinistischen Literatur setzen, die im Leben eines Jungen normalerweise auf die Märchenphase folgt. Ich weiß nicht, warum, aber mir schien seit jeher (und scheint bis heute) unser Verhältnis zur Welt besser erfaßt, wenn man es in Begriffen soldatischen Gehorsams beschreibt, als wenn man es unter dem Gesichtspunkt von Ablehnung und Zustimmung betrachtet. Daß ich das Universum akzeptiere, hat nichts mit Optimismus zu tun, sondern gemahnt eher an Patriotismus. Es ist Ausdruck eines ursprünglichen Treueverhältnisses. Die Welt ist keine Pension in einem Badeort, aus der wir ausziehen, weil sie so heruntergekommen ist. Sie ist unsere Stammburg, von deren Zinnen die Fahne unseres Geschlechts flattert, und je schlechter es um sie bestellt ist, um so weniger dürfen wir sie im Stich lassen. Ob diese Welt zu traurig ist, um sie lieben zu können, oder so fröhlich, daß man sie einfach lieben muß, ist nicht der Punkt; der Punkt ist vielmehr, daß die Fröhlichkeit von etwas, das man wahrhaft liebt, ein Grund ist, es zu lieben, und daß seine Traurigkeit Grund ist, es noch mehr zu lieben. Für den englischen Patrioten sind seine pessimistischen Gedanken über England ebensosehr Grund, das Land zu lieben, wie seine optimistischen. So sind auch für den kosmischen Patrioten Optimismus und Pessimismus gleich gute Gründe, die Welt zu lieben.

Nehmen wir an, wir haben es mit einer wirklich unhaltbaren Sache zu tun – sagen wir, mit Pimlico.* Wenn wir uns überlegen, was das Beste für Pimlico wäre, so will uns scheinen, daß hier nur eine höhere Macht, ein Heiliger und Willensstarker Abhilfe schaffen könnte. Es reicht nicht, Pimlico schlecht zu finden: wer das tut, kann nur den Strick nehmen oder in einen anderen Stadtteil ziehen. Und es reicht auch ganz gewiß nicht, Pimlico gut zu finden: denn dann bleibt Pimlico, was es ist, und das wäre schrecklich. Der einzige Ausweg scheint zu sein, daß jemand Pimlico liebt: es mit überirdischer Kraft und ohne irdischen Grund liebt. Erschiene ein Mensch, der Pimlico liebte, so würden in Pimlico elfenbeinerne Türme und goldende Zinnen emporsprießen; Pimlico würde sich herausschmücken wie eine Frau, die geliebt wird. Denn Schmuck dient nicht dem Zweck, abstoßende Dinge zu verbergen, sondern zu schmücken, was schmückenswert ist. Eine Mutter zieht ihrem Kind keinen Matrosenanzug an, weil es ohne ihn so häßlich

---

* Ein Vergnügungsviertel in Südwestlondon, am linken Themseufer, das einst berühmt war für seine vielen Kneipen.

ist. Ein Liebender schenkt der Geliebten keine Halskette, damit sie ihren Hals versteckt. Wenn Menschen Pimlico so liebten, wie Mütter ihre Kinder lieben, grundlos, weil es *ihre* Kinder sind, dann könnte Pimlico in ein, zwei Jahren herrlicher sein als Florenz. Manch ein Leser wird meinen, ich phantasiere. Ich aber sage, daß so die wahre Geschichte der Menschheit aussieht. Genau auf diese Weise wurden Städte groß. Gehen wir zurück zu den ältesten Ursprüngen der Zivilisation, finden wir sie um einen heiligen Stein zusammengedrängt oder einen Kreis um einen heiligen Quell bilden. Zuerst beteten die Menschen einen Ort als Kultstätte an, und danach verhalfen sie ihm zu irdischem Ruhm. Die Menschen liebten Rom nicht, weil die Stadt groß war. Rom wurde groß, weil die Menschen sie geliebt hatten.

Die dem 18. Jahrhundert entstammenden Lehren vom Gesellschaftsvertrag haben sich in unserer Zeit viel unbeholfene Kritik gefallen lassen müssen; dabei hatten diese Lehren mit ihrer Ansicht, daß allem Staat in der Geschichte eine Idee von Einverständnis und Zusammenwirken zugrunde liegt, nachweislich recht. Eindeutig fehl gingen sie allerdings mit ihrer Annahme, daß die Menschen Ordnung oder Moralität auf dem direkten Weg eines bewußten Interessenvergleichs angestrebt hätten. Das Moralbewußtsein begann nicht damit, daß einer zum anderen sagte: »Ich schlage dich nicht, wenn du mich nicht schlägst«; für diese Art Handel gibt es keinen Beweis. Beweise gibt es dafür, daß beide erklärten: »An dieser heiligen Stätte dürfen wir uns nicht schlagen.« Ihr Moralbewußtsein entsprang ihrem Gehorsam gegenüber religiösen Geboten. Sie machten keinen Kult um den

Kampfesmut. Sie kämpften um das kultische Heiligtum, und siehe da, es zeigte sich, daß sie von Mut erfüllt waren. Sie kultivierten nicht die Reinlichkeit. Sie reinigten sich für den Gottesdienst, und siehe da, sie waren rein. Die Geschichte der Juden ist das einzige Dokument aus der Frühzeit, das die meisten Engländer kennen; ihm läßt sich hinlänglich entnehmen, wie es wirklich war. Die Zehn Gebote, die im Kern, wie wir heute wissen, allen Menschen gemeinsam sind, waren schlicht und einfach Militärbefehle; Regimentsvorschriften, die erlassen worden waren, um für den sicheren Transport einer bestimmten Bundeslade durch eine bestimmte Wüste Sorge zu tragen. Anarchie war von Übel, weil sie das Heilige in Gefahr brachte. Und nur wenn sie den Tag für Gott heilighielten, stellten sie fest, daß es auch für die Menschen ein Festtag war.

Gehen wir von der Annahme aus, daß diese ursprüngliche Verehrung für einen Ort oder eine Sache Springquell schöpferischer Energie ist, so ergibt sich daraus eine ganz merkwürdige Konsequenz. Wiederholen wir noch einmal, daß der einzig wahre Optimismus eine Art von weltumfassendem Patriotismus ist. Wie steht es dann mit dem Pessimisten? Ich denke, man kann sagen, er ist der weltumfassende Antipatriot. Und was läßt sich über den Antipatrioten sagen? Ich meine, man kann ihn ohne Rankküne als den typischen aufrichtigen Freund bezeichnen. Und was hat es mit dem aufrichtigen Freund auf sich? Hier treffen wir nun auf den Kern der Lebenswirklichkeit und des unwandelbaren menschlichen Wesens.

Ich maße mir an zu behaupten, daß schlecht am aufrichtigen Freund sein Mangel an Aufrichtigkeit ist. Er verheimlicht etwas – das finstere Vergnügen, das es ihm bereitet, unangenehme Dinge zur Sprache zu bringen. Insgeheim macht es ihm Spaß, weh zu tun und nicht etwa bloß hilfreich zu sein. Zweifellos ist es dies, was gesunde Bürger gegen eine bestimmte Art von Antipatrioten so aufbringt. Ich rede (selbstverständlich) nicht über den Antipatriotismus, der nur wildgewordene Börsenmakler und überdrehte Aktricen in Harnisch bringt; ein solcher Antipatriotismus ist nichts als wohlverstandener Patriotismus. Wer erklärt, kein Patriot dürfe gegen den Burenkrieg wettern, ehe der nicht vorbei sei, ist es nicht wert, daß man mit ihm argumentiert; denn der Betreffende könnte ebensogut erklären, kein Sohn dürfe seine Mutter von einer Felsenklippe zurückhalten, ehe sie nicht drunten liege. Es gibt aber einen Antipatrioten, der ehrliche Männer ehrlich auf die Palme bringt, und die Erklärung dafür liegt, meine ich, in dem erwähnten Umstand, daß es sich bei ihm um den unaufrichtigen aufrichtigen Freund handelt, jenen Mann, der sagt: »Tut mir leid, wir sind am Ende«, und in Wahrheit tut es ihm ganz und gar nicht leid. Man kann ihn auch ohne jede Übertreibung als Verräter bezeichnen, weil er jenes häßliche Wissen, das er mitbekam, um das Heer zu stärken, dazu benutzt, Menschen vom Eintritt ins Heer abzuhalten. Man hat ihm als militärischem Berater Pessimismus gestattet, und er setzt diesen Pessimismus jetzt bei seiner Tätigkeit als Werbeoffizier ein. Auf genau diese Weise nutzt der Pessimist (als weltumfassender Antipatriot) die Freiheit, die das Leben seinen Ratgebern gewährt, um die Menschen zur Desertion zu bewegen. Auch wenn er sich auf die Feststellung von Tatsachen beschränkt, ist es doch entscheidend, zu wissen, wie es um seine Gefühle bestellt ist und was für ein Motiv er hat. Mag sein, daß zwölfhundert Leute in Tottenham an Masern erkrankt sind; aber wir wollen doch wissen, ob ein großer Philosoph diese Tatsache feststellt, der gegen die Götter wettert, oder ob ein einfacher Geistlicher darüber spricht, der den Menschen helfen will.

Schlecht am Pessimisten ist also nicht, daß er Götter und Menschen geißelt, sondern daß er nicht liebt, was er geißelt – ihm fehlt diese ursprüngliche, übernatürliche Verbundenheit mit den Dingen. Und was ist schlecht an dem Menschen, den wir als Optimisten bezeichnen? Offenbar sieht man im Optimisten jemanden, der im Bemühen, die Ehre der Welt zu verteidigen, auch verteidigt, was sich eigentlich nicht verteidigen läßt. Er ist der Chauvinist des Universums; er sagt: »Kosmos, Kosmos über alles!« Er ist wenig reformfreudig, neigt eher dazu, Kritik durch regierungsamtliche Stellungnahmen abzuschmettern, jedermann mit Worten abzuspeisen. Er wäscht die Welt nicht nur rein, er wäscht sie weiß. All dies (auf einen bestimmten Typ von Optimist Zutreffende) bringt uns zu dem einen wahrhaft interessanten psychologischen Punkt, den wir anders nicht hätten herausarbeiten können.

Wir haben gesagt, es müsse eine ursprüngliche Verbundenheit mit dem Leben geben; die Frage ist nur, ob diese Verbundenheit natürlicher oder übernatürlicher Art ist. Ebensogut kann man auch fragen, ob es sich um ein rationales oder irrationales Verbundenheitsgefühl handelt. Das Bemerkenswerte ist nun aber, daß der schlechte Optimismus (der Weißwäscher-Optimismus, der alles und nichts verteidigt) zusammen mit dem rationalen Optimismus auftritt. Der rationale Optimismus führt zur Stagnation: der irrationale Optimismus ist es, der Reformkraft beweist. Zur Erläuterung dieser These möchte ich einmal mehr die Parallele des Patriotismus bemühen. Am meisten in der Gefahr, den Ort, den er liebt, zugrunde zu richten, ist eben derjenige, der ihn mit Grund liebt. Dem Ort, den er liebt, förderlich sein, wird am ehesten derjenige, der ihn grundlos liebt. Wenn jemand irgend etwas an Pimlico liebt (was nicht sehr wahrscheinlich ist), wird er dieses Etwas gegen Pimlico selbst in Schutz nehmen. Liebt er aber einfach nur Pimlico selbst, kann er Pimlico in Schutt und Asche legen und in ein Neues Jerusalem verwandeln. Ich leugne nicht, daß die Erneuerung unter Umständen radikale Formen annimmt, ich sage nur, daß es der von mystischer Liebe erfüllte Patriot ist, der Erneuerung bringt. Bloße chauvinistische Selbstbeweihräucherung findet man am ehesten bei denen, die irgendeinen kleinkarierten Grund für ihren Patriotismus haben. Die schlimmsten Chauvinisten lieben nicht England, sondern ihre Vorstellung von England. Wenn wir England lieben, weil es eine imperiale Macht ist, dann überschätzen wir möglicherweise den Erfolg der Herrschaft, die wir über die Hindus ausüben. Lieben wir England aber schlicht und einfach, weil es unsere Nation ist, sind wir allem gewachsen, was uns begegnen mag: eine Nation wäre England auch, wenn es von den Hindus beherrscht würde. So werden auch nur diejenigen, deren Patriotismus sich auf Geschichte beruft, zulassen, daß ihr Patriotismus die Geschichte fälscht. Wer England liebt, weil es englisch ist, wird sich nicht groß darum scheren, wie es entstand. Wer hingegen England liebt, weil es angelsächsisch ist, wird um dieser seiner fixen Idee willen vor keiner Geschichtsklitterei zurückschrecken. Wie Carlyle* und Freeman** behauptet er dann vielleicht am Ende, die normannische Eroberung sei eine sächsische gewesen. Oder er verfällt völliger Irrationalität – eben weil er einen rationalen Grund hat. Wer Frankreich liebt, weil es kriegerisch ist, wird die französische Armee von 1870 schönreden. Wer hingegen Frankreich um seiner selbst willen liebt, wird die Armee von 1870 verbessern. Das ist genau das, was die Franzosen gemacht haben, und eben deshalb ist Frankreich ein gutes Beispiel für das Paradox, von dem wir ausgegangen sind. Nirgendwo ist der Patriotismus abstrakter und mehr ins freie Ermessen gestellt als in Frankreich, und nirgendwo wird drastischer und durchgreifender reformiert. Je transzendenzbestimmter dein Patriotismus ist, um so praxismächtiger ist deine Politik.

Der stärkste Beweis hierfür, der sich im normalen Leben finden läßt, sind vielleicht die Frauen mit ihrer merkwürdigen, unverbrüchlichen Treue. Einige Dummköpfe haben das Gerücht aufgebracht, Frauen seien, weil sie ihren Angehörigen durch dick und dünn die Treue halten, blind und hätten keinen Durchblick. Wer so etwas sagt, hat keine Ahnung von den Frauen. Dieselben Frauen, die ihre Männer um jeden Preis in Schutz nehmen, beweisen (im privaten Umgang mit dem Mann) eine fast schon krankhafte Hell-

---

* Thomas Carlyle (1795–1881), schottischer Essayist und Geschichtsschreiber nationalistisch-romantischer Prägung.

** Edward Augustus Freeman (1823–1892), nationalistischer Historiker, der zahlreiche Geschichtswerke verfaßte.

sichtigkeit, wenn es um die Fadenscheinigkeit seiner Ausflüchte oder um seinen Dickschädel geht. Dein Freund liebt dich, aber läßt dich, wie du bist; deine Frau liebt dich und ist ständig bestrebt, dich umzukrempeln. Frauen, die in Glaubensdingen absolute Mystiker sind, sind bar jeder Illusion, wenn es um ein praktisches Urteil geht. Thackeray bringt das gut zum Ausdruck, wenn er in *Die Geschichte von Pendennis* die Mutter der Hauptfigur als eine Frau vorstellt, die ihren Sohn abgöttisch verehrt, aber gleichzeitig davon ausgeht, daß er als Mensch nichts taugt. Seine Tugend schätzt sie zu gering ein, während sie seinen Wert überschätzt. Wer inbrünstig liebt, hat freie Hand, Kritik am Geliebten zu üben; der Fanatiker kann getrost Skeptiker sein. Liebe ist nicht blind; das ist sie am allerwenigsten. Liebe ist hörig; und je höriger sie ist, um so schärfer hört sie hin.

So also sah am Ende die Haltung aus, die ich gegenüber Dingen wie Optimismus, Pessimismus und Fortschritt einnahm. Jedem kosmischen Erneuerungsakt mußte ein kosmischer Treueid vorausgehen. Der Mensch mußte sich dem Leben zuwenden, dann konnte er sich von seinen Ansichten über das Leben gleichgültig abwenden. »Mein Sohn, schenke mir dein Herz«; das Herz mußte dem, worauf es ankam, hörig werden; mit hörigem Herzen gewinnt man freie Hand. Ich muß hier innehalten, um einer vorhersehbaren Kritik entgegenzutreten. Man wird mir sagen, ein rationaler Mensch akzeptiere die Welt als ein Gemisch aus Gut und Böse und gebe sich damit zufrieden, lasse sich dadurch nicht beirren. Das ist indes genau die Haltung, die ich anprangere. Sie ist, wie ich weiß, in unserer Zeit sehr verbreitet; Matthew Arnold hat sie perfekt in Worte gefaßt, als er die folgenden abgeklärten Zeilen schrieb, die unendlich blasphemischer sind als Schopenhauers Gekreisch –

Genug, wir sind am Leben: gleichwohl mag
Des Lebens Sinn uns fehlen, kärglich dünken sein Ertrag,
Erträglich zwar, lohnt's doch, so könnt uns scheinen, kaum
Die Schmerzen der Geburt, der Welten Schellenbaum.

Ich weiß, daß diese Haltung unsere Epoche beherrscht, und mir scheint, sie läßt unsere Epoche zu Eis erstarren. Für unsere titanischen Vorhaben in Sachen Glaube und Revolution brauchen wir keine kompromißlerisch kalte Hinnahme der Welt, sondern die Möglichkeit, die Welt ebensosehr von Herzen zu lieben wie zu hassen. Wir wollen nicht, daß Freude und Zorn sich gegenseitig neutralisieren und einen Zustand mürrischer Bescheidung hervorrufen; wir streben danach, tiefere Wonne empfinden und leidenschaftlicher unzufrieden sein zu können. Wir müssen das Gefühl haben, daß die Welt gleichzeitig die Burg eines Ungeheuers ist, die erstürmt zu werden verdient, und unsere eigene Heimstatt, in die wir allabendlich zurückkehren können.

Niemand bezweifelt, daß sich ein normaler Mensch mit der Welt arrangieren kann; aber was wir fordern, ist nicht genug Kraft, um sich mit der Welt abzufinden, sondern genug Stärke, um sie voranzubringen. Kann ich die Welt genug hassen, um sie verändern zu wollen, und doch auch genug lieben, um sie für wert zu halten, verändert zu werden? Kann ich auf dieses

Übermaß an Gutem schauen, ohne mich je damit zufrieden zu geben? Kann ich auf dieses Übermaß an Bösem schauen, ohne im mindesten von Verzweiflung erfaßt zu werden? Kann ich, kurz, nicht nur gleichzeitig Pessimist und Optimist, sondern mehr noch fanatischer Pessimist und fanatischer Optimist sein? Bin ich Heide genug, um für die Welt zu sterben, und Christ genug, um für sie tot zu sein? An dieser doppelten Forderung, so meine Behauptung, scheitert der rationale Optimist, während der irrationale Optimist ihr gerecht wird. Er ist bereit, um der Welt willen die Welt in Trümmer zu legen.

Ich stelle diese Dinge nicht in ausgefeilter logischer Abfolge dar, sondern so, wie sie mir unterkamen, und auf die eben geschilderte Erkenntnis wirkte sich eine zufällige Begebenheit klärend und pointierend aus. Unter Ibsens übermächtigem Einfluß kam es zu einem Streit um die Frage, ob es nicht eigentlich eine gute Sache sei, sich das Leben zu nehmen. Todernste Modernisten erzählten uns, man dürfe jemanden, der sich eine Kugel durch den Kopf gejagt habe, durchaus nicht als »armen Kerl« bezeichnen, da er vielmehr ein beneidenswerter Mensch sei und die Tatsache, daß er seinen Kopf durchlöchert habe, nur seine Klugheit beweise. Mr. Archer* sah sogar voraus, daß es im Goldenen Zeitalter Münzautomaten geben werde, mit deren Hilfe man sich für einen Groschen umbringen könne. Bei alledem fand ich mich in absoluter Gegnerschaft zu vielen wieder, die sich als Liberale und Menschenfreunde bezeichneten. Selbstmord ist

* William Archer (1856–1924): Theaterkritiker und Übersetzer skandinavischer Theaterstücke.

nicht einfach nur eine Sünde, es ist die Sünde schlechthin. Selbstmord ist das äußerste, absolute Übel, ist die Weigerung, Interesse am Dasein zu nehmen, die Weigerung, den Treueid auf das Leben zu leisten. Wer einen Menschen tötet, tötet einen Menschen; wer sich selbst tötet, tötet alle Menschen; im Rahmen seiner Möglichkeiten löscht er die Welt aus. Symbolisch betrachtet, ist seine Tat schlimmer als jede Vergewaltigung oder jeder Sprengstoffanschlag. Denn sie zerstört alle Gebäude, kränkt alle Frauen. Der Dieb gibt sich zufrieden mit Juwelen, der Selbstmörder tut das nicht – genau das ist sein Verbrechen. Er läßt sich nicht bestechen, nicht einmal durch das funkelnde Geschmeide des Himmlischen Jerusalem. Der Dieb huldigt den Dingen, die er stiehlt, wenn auch nicht ihrem Besitzer. Der Selbstmörder hingegen beleidigt alles auf der Welt, weil er es nicht stiehlt. Er tritt jede Blume in den Staub, weil er sich weigert, um ihretwillen am Leben zu bleiben. Es gibt kein noch so winziges Geschöpf auf Erden, das er durch seinen Tod nicht verhöhnt. Wenn jemand sich an einem Baum erhängt, müßten eigentlich die Blätter vor Zorn abfallen und die Vögel vor Wut davonfliegen, weil der Betreffende sie alle persönlich beleidigt hat. Natürlich kann es für die Tat rührende emotionale Entschuldigungen geben. Auch für Notzuchtverbrechen gibt es sie oft, und fast immer lassen sie sich bei Sprengstoffanschlägen geltend machen. Aber soweit es um die reine Idee und den unverstellten Sinn der Sache geht, steckt in dem Brauch, Selbstmörder an Kreuzwegen zu beerdigen und ihnen einen Pflock durchs Herz zu treiben, sehr viel mehr Vernunft und philosophische Wahrheit als in Mr. Archers Selbstmordautomaten.

Den Selbstmörder abseits zu beerdigen hat seinen guten Sinn. Das Verbrechen des Selbstmörders unterscheidet sich von anderen Verbrechen – es läßt sogar Verbrechen unmöglich werden.

Etwa um die gleiche Zeit las ich das frivole Geschwätz eines Freidenkers, der salbaderte, der Selbstmörder sei nichts weiter als ein Märtyrer. Der offenkundige Trugschluß, der darin lag, half mir bei der Klärung des Problems. Daß ein Selbstmörder das genaue Gegenteil eines Märtyrers ist, liegt auf der Hand. Ein Märtyrer ist jemand, dem so viel an etwas außerhalb seiner selbst liegt, daß er darüber sein eigenes Leben vergißt. Ein Selbstmörder ist jemand, dem so wenig an den Dingen draußen liegt, daß er von alledem nichts mehr sehen und hören will. Der eine will, daß etwas anfängt; der andere will, daß alles aufhört. Mit anderen Worten, der Märtyer ist großartig, eben weil er sich (mag er auch noch so sehr der Welt entsagen und die Menschheit verwünschen) zu dieser letzten Bindung ans Leben bekennt; er hat sein Herz an etwas anderes verloren, er stirbt, damit etwas anderes lebe. Der Selbstmörder dagegen ist armselig, weil er diese Bindung ans Sein nicht hat: er ist ein bloßer Zerstörer; spirituell gesehen, zerstört er die ganze Welt. Und dann dachte ich an den Pflock und den Kreuzweg und an den merkwürdigen Umstand, daß das Christentum dem Selbstmörder mit solch unheimlicher Strenge begegnet. Schließlich hat das Christentum die Märtyrer auf Händen getragen. Das Christentum früherer Zeiten wurde nicht ganz grundlos beschuldigt, Märtyrertum und Askese auf die Spitze zu treiben, bis zu einem Punkt, an dem nichts mehr blieb als Verzweiflung und Finsternis.

Die frühen christlichen Märtyrer sprachen vom Tod mit grauenvoller Lust. Sie lästerten gegen die schönen Pflichten des Leibes, sie witterten das Grab von weither, als wäre es eine Blumenwiese. In alledem haben viele das Hohelied des Pessimismus erkennen wollen. Und doch ist da der Pfahl am Kreuzweg, um deutlich zu machen, was das Christentum vom Pessimisten hielt.

Dies war die erste in der langen Reihe von rätselhaften Stellungnahmen, mit denen das Christentum in die Diskussion eintrat. Und ihr eignete eine Besonderheit, auf die ich noch zu sprechen kommen muß, weil sie allen christlichen Vorstellungen ihren Stempel aufdrückt, die aber auch hier schon deutlich hervortrat. Die christliche Haltung gegenüber dem Märtyrer und dem Selbstmörder hatte nichts mit der Einstellung gemein, die man so häufig in der heutigen Ethik antrifft. Sie war keine Frage des Grades. Sie war nicht von der Art, daß irgendwo ein Trennstrich gezogen werden mußte und daß, wer aus Verzückung Hand an sich legte, diesseits des Trennstriches blieb, während derjenige, der es aus Kummer tat, herausfiel. Die christliche Sicht lief offenkundig nicht bloß darauf hinaus, daß der Selbstmörder es mit dem Märtyrertum übertrieb. Der Christ war kompromißlos für das eine und ebenso kompromißlos gegen das andere: Diese beiden Dinge, die so ähnlich schienen, waren in Wahrheit verschieden voneinander wie Himmel und Hölle. Der eine Mensch warf sein Leben weg; er war derart gut, daß seine dürren Gebeine ganze Städte von der Pest heilen konnten. Ein anderer Mensch warf das Leben weg; er war derart schlecht, daß seine Gebeine die seiner Mitbrüder besudeln mußten, wenn sie auf demselben Friedhof lagen. Ich will diese Unversöhnlichkeit nicht rechtfertigen; aber was steckte hinter ihr?

Hier stieß ich einsamer Wanderer zum erstenmal auf einen ausgetretenen Pfad. Das Christentum hatte ebenfalls diesen Gegensatz zwischen Märtyrer und Selbstmörder empfunden: Hatte es dafür vielleicht den gleichen Grund gehabt? Hatte das Christentum das gleiche empfunden, was ich empfinde, aber nicht ausdrücken konnte (und bis heute nicht kann) – dieses zwingende Bedürfnis nach einer grundlegenden Verbundenheit mit den Dingen und sodann nach einer die Dinge zugrunde richtenden Erneuerung? Dabei fiel mir ein, daß es tatsächlich der Vorwurf war, der gegen das Christentum erhoben wurde, daß es dies beides miteinander verknüpfe, um dessen Verknüpfung auch ich mich verzweifelt bemühte. Das Christentum wurde beschuldigt, in ein und demselben Atemzug dem Universum mit zuviel Optimismus zu begegnen und der Welt mit zuviel Pessimismus gegenüberzustehen. Diese Übereinstimmung ließ mich gebannt innehalten.

In den Auseinandersetzungen von heute hat sich die schwachsinnige Gewohnheit herausgebildet, zu verkünden, dieser oder jener Glaube passe in das eine Zeitalter, in ein anderes hingegen nicht mehr. Ein bestimmtes Dogma, so erklärt man uns, sei im zwölften Jahrhundert glaubhaft gewesen, habe im zwanzigsten Jahrhundert aber keine Überzeugungskraft mehr. Genausogut könnte man sagen, eine bestimmte Ansicht sei am Montag vertretbar, am Dienstag dagegen nicht. Ebensogut könnte man von einer bestimmten These über die Welt sagen, sie sei um halb vier angebracht, um halb fünf indes fehl am Platze. Was einem Menschen glaubwürdig erscheint, hängt von seiner Grundeinstellung ab, nicht von der Uhrzeit oder dem Jahrhundert. Glaubt jemand an ein unveränderliches Naturgesetz, so kann er in keinem Zeitalter wundergläubig sein. Glaubt jemand, daß hinter dem Gesetz ein persönlicher Wille steht, so kann er in jedem Zeitalter wundergläubig sein. Nur einmal angenommen, wir haben es mit einem Fall von Wunderheilung zu tun. Ein Materialist des zwölften Jahrhunderts könnte daran ebensowenig glauben wie ein Materialist des zwanzigsten Jahrhunderts. Ein christlicher Wissenschaftler des zwanzigsten Jahrhunderts hingegen kann ebensogut daran glauben, wie das ein Christ im zwölften Jahrhundert konnte. Wenn man es demnach mit einer Antwort zu tun hat, die der Geschichte entstammt, geht es nicht darum, ob sie auch in unserer Zeit gegeben werden kann, sondern ob sie die Antwort auf unsere Frage ist. Und je mehr ich darüber nachdachte, wann und auf welche Weise das Christentum in die Welt gekommen war, um so stärker empfand ich, daß es in der Tat in die Welt gekommen war, um diese Frage zu beantworten.

Gewöhnlich sind es die lauen, freisinnigen Christen, die dem Christentum völlig unhaltbare Komplimente machen. Sie tun zum Beispiel so, als habe es vor dem Erscheinen des Christentums keine Frömmigkeit oder Barmherzigkeit gegeben, wogegen sich im Mittelalter jeder Mensch entschieden verwahrt hätte. Sie halten dem Christentum zugute, es habe als erstes Schlichtheit oder Selbstbescheidung oder Innigkeit oder Reinheit gepredigt. Diese Leute werden mich für sehr beschränkt halten (was immer das heißen mag), wenn ich erkläre, daß allein bemerkenswert am Christentum dies ist, daß es das Christentum predigt. Das Besondere am Christentum war seine Besonderheit, und Schlichtheit und Reinheit sind nichts Besonderes, sondern Ideale, die auf der Hand liegen und für alle Menschen Geltung haben. Das Christentum war die Antwort auf eine Rätselfrage, nicht irgendeine gemeinplätzige Äußerung, wie sie einen langen Spaziergang beschließt. Erst kürzlich las ich in einem braven Wochenblatt puritanischen Zuschnitts die Bemerkung, wenn man das Christentum von seinem Dogmengerüst befreie (ebensogut könnte man jemanden von seinem Knochengerüst befreien wollen), erweise es sich als regelrecht identisch mit der Lehre der Quäker vom »inneren Licht«*. Zu behaupten, das Christentum sei eigens zu dem Zweck in die Welt gekommen, die Lehre vom »inneren Licht« zu zerstören, ginge nun zwar zu weit. Dennoch käme eine solche Behauptung der Wahrheit sehr viel näher als jene puritanische Erklärung. Es waren die letzten Stoiker wie Marc Aurel, die an das »innere Licht« glaubten. Ihre Würde, ihre Lebensmüdigkeit, ihre kleinlaute Fürsorglichkeit gegenüber anderen, ihre unheilbare Sorge um sich selbst – das alles verdankte sich dem »inneren Licht« und existierte nur in dessen trübem Halbschatten. Man beachte, daß Marc Aurel so, wie das all die von Innerlichkeit beherrschten Moralisten tun, auf kleinlicher Pflichterfüllung besteht; das tut er, weil er nicht genug Haß oder Liebe

---

* Die subjektive, unmittelbare Offenbarung Gottes im Individuum, die maßgebend für den Glauben ist.

in sich hat, um eine moralische Revolution in Gang zu setzen. Er steht frühmorgens auf, geradeso wie unsere Aristokraten, die sich dem einfachen Leben verschrieben haben; weil diese Form von Fürsorglichkeit viel leichter ist, als die Spiele im Amphitheater abzuschaffen oder dem englischen Volk sein Land zurückzugeben. Marc Aurel ist der unausstehlichste Menschentyp, den ich kenne. Er ist ein selbstloser Egoist. Als selbstlosen Egoisten bezeichne ich einen Menschen, der hochmütig ist, ohne daß ihn Leidenschaft entschuldigte. Von allen vorstellbaren Formen der Aufgeklärtheit ist die des sogenannten »inneren Lichts« die schlimmste. Von allen schrecklichen Religionen ist die schrecklichste der Kult um den »Gott im Innern«. Man braucht nur einen Menschen zu kennen, dann weiß man, wozu das führt. Man braucht nur einen Vertreter vom Zentrum für Höheres Denken zu kennen, dann weiß man, woran man ist. Daß Meier den Gott in seinem eigenen Innern anbeten soll, läuft letztlich darauf hinaus, daß Meier Meier anbetet. Soll Meier doch die Sonne oder den Mond anbeten, alles besser als das »innere Licht«; mag Meier Katzen oder Krokodile kultisch verehren, bloß nicht den Gott in seinem Innern. Das Christentum kam zuerst und vor allem in die Welt, um mit Macht darauf zu bestehen, daß der Mensch nicht nur nach innen schauen, sondern den Blick nach außen richten, daß er mit Staunen und Begeisterung eine göttliche Gemeinschaft und einen göttlichen Lenker zur Kenntnis nehmen müsse. Die einzige Lust, die das Christsein dem Menschen bescherte, war, daß er nicht mit dem »inneren Licht« allein gelassen wurde, sondern klar und deutlich ein äußeres Licht erblickte, hell wie die Sonne, rein wie der Mond, furchtbar wie ein Heer mit fliegenden Bannern.

Dennoch tut Meier gut daran, nicht die Sonne und den Mond anzubeten. Betet er sie an, läuft er Gefahr, sie sich zum Vorbild zu nehmen, zu sagen, weil die Sonne Insekten bei lebendigem Leib verbrennt, dürfe er das ebenfalls tun. Weil die Sonne den Menschen einen Sonnenstich verpaßt, meint er, seinem Nachbarn die Masern verpassen zu können. Weil der Mond angeblich die Menschen verrückt werden läßt, meint er, seine Frau in den Wahnsinn treiben zu dürfen. Diese häßliche Seite eines rein außenweltlichen Optimismus war in der antiken Welt ebenfalls bereits in Erscheinung getreten. Etwa um die Zeit, als der stoische Idealismus anfing, die Schwächen des Pessimismus sichtbar werden zu lassen, begann der alte Naturkult der Antike, die ungeheuren Schwächen des Optimismus an den Tag zu legen. Der Naturkult ist etwas durchaus Natürliches, solange die Gesellschaft jung ist, oder anders gesagt, gegen den Pantheismus ist nichts einzuwenden, solange er Kult des Pan ist. Die Natur hat aber eine andere Seite, die Erfahrung und Sünde nur zu rasch aufgespürt haben; und es ist keine Wortspielerei, wenn ich sage, daß sich bei Pan der Bockshuf oder Pferdefuß nur zu rasch zeigt. Gegen die Naturreligion ist nichts weiter einzuwenden, als daß sie immer in Unnatürlichkeit ausartet. Morgens liebt man die Natur, weil sie so unschuldig und liebenswürdig ist, und wenn man sie abends immer noch liebt, dann wegen ihrer Finsternis und ihrer Grausamkeit. Bei Morgengrauen badet man in klarem Wasser, wie es der weise Stoiker tat, aber irgendwie kommt es, daß man sich am Ende des Tages, bei Einbruch der Dunkelheit, in Stierblut wälzt, wie Julian Apostata* es tat. Das ausschließliche Streben nach Gesundheit führt immer zu etwas Ungesundem. Die materielle Natur darf nicht zum unmittelbaren Gegenstand der Verehrung gemacht werden; man muß sich ihrer freuen, nicht sie anbeten. Gestirnen und Bergen darf man nicht so begegnen, als wären sie das Wichtigste auf der Welt. Wenn man das tut, endet man da, wo der heidnische Naturkult endete. Weil die Erde freundlich ist, können wir all ihre Grausamkeiten nachahmen. Weil Sexualität gesund ist, können wir alle über ihr den Verstand verlieren. Der reine Optimismus war dem Wahnsinn verfallen, der ihm gemäß ist. Die Theorie, daß alles auf der Welt gut sei, war in eine Orgie alles Schlechten auf der Welt eingemündet.

Auf der anderen Seite finden unsere idealistischen Pessimisten in den antiken Resten der Stoa ihr Gegenstück. Marc Aurel und seine Freunde hatten tatsächlich jeden Gedanken an einen Gott im Universum aufgegeben und blickten nur noch auf den Gott im eigenen Innern. Sie hatten alle Hoffnung auf eine moralische Kraft in der Natur fahrengelassen, und hofften kaum noch auf eine moralische Kraft in der Gesellschaft. Sie interessierten sich nicht genug für die äußere Welt, um sie noch ernsthaft zertrümmern oder revolutionieren zu wollen. Sie liebten die Stadt nicht genug, um sie in Flammen aufgehen zu lassen. So befand sich die antike Welt in genau der gleichen

---

* Römischer Kaiser, der im Jahre 351 heimlich der christlichen Religion abschwor, und nach seinem Regierungsantritt im Jahre 361 Aufstände gegen die Christen begünstigte.

trostlosen Zwickmühle wie wir. Diejenigen, denen diese Welt wirklich Spaß machte, waren eifrig damit beschäftigt, sie zu ruinieren. Und die Menschen mit Moral machten sich nicht mehr genug aus ihr, um sie niederzureißen. In dieser verzweifelten Lage (derselben wie der heutigen) trat plötzlich das Christentum auf und bot eine einzigartige Antwort, die von der Welt schließlich als *die* Antwort akzeptiert wurde.

Diese Antwort war wie ein Schwertstreich: sie schied, statt gefühlsduselig zu versöhnen. Um es kurz zu sagen, sie trennte Gott vom Kosmos. Jene Transzendenz und Verschiedenheit der Gottheit, von der manche Christen heute das Christentum erlösen wollen, war tatsächlich der einzige Grund, warum Menschen überhaupt Christen werden wollten. Es war der Dreh- und Angelpunkt der Antwort, die das Christentum für den unglücklichen Pessimisten und den noch unglücklicheren Optimisten bereithielt. Da ich hier nur mit dem spezifischen Problem dieser beiden Charaktere befaßt bin, beschränke ich mich auf Andeutungen, was die gewaltigen metaphysischen Implikationen dieser Antwort betrifft. Jede Darstellung des schöpferischen oder substantiellen Prinzips in den Dingen muß notwendig metaphorisch sein, weil sie notwendig sprachlich ist. So sieht sich der Pantheist gezwungen, von seinem in allem verborgenen Gott zu reden, als stecke er in einer Schachtel. So erweckt schon das Wort Evolution als solches die Vorstellung von einem Sein, das wie ein Teppich ausgerollt wird. Alle Begriffe, die religiösen wie die nichtreligiösen, müssen sich diesen Vorwurf gefallen lassen. Die Frage ist nur, ob all die Begriffe unnütz sind oder ob man mit solch einem metaphorischen

Ausdruck eine spezifische Vorstellung vom Ursprung der Dinge erfassen kann. Ich meine, man kann das, und dieser Ansicht scheint auch der Evolutionist zu sein, sonst würde er nicht von Entwicklung reden. Und die Grundfigur in allem christlichen Theismus war die Rede von Gott als einem Schöpfer, so, wie ein Künstler ein Schöpfer ist. Ein Dichter ist von seinem Gedicht so sehr getrennt, daß er von ihm als von einer Kleinigkeit spricht, die er zu Papier gebracht, »hingeworfen« hat. Im Akt des Hervorbringens wirft er es weg. Dieses Prinzip, daß alle Schöpfung und Zeugung ein Trennvorgang ist, bestätigt der Kosmos mindestens ebenso durchgängig wie das evolutionäre Prinzip, daß alles Werden ein Verzweigungsprozeß ist. Die Frau verliert ihr Kind in dem Augenblick, in dem sie es bekommt. Alle Schöpfung ist Trennung. Die Geburt ist ein ebenso feierliches Scheiden wie der Tod.

Es war das philosophische Grundprinzip des Christentums, daß dieses Scheiden im göttlichen Akt des Hervorbringens (wie es auch den Dichter von seinem Gedicht und die Mutter vom Neugeborenen trennt) die wahrhaftige Beschreibung des Aktes darstellte, durch den die absolute Kraft die Welt erschuf. Den meisten philosophischen Lehren zufolge versklavte Gott die Welt, als er sie schuf. Dem Christentum zufolge entließ er sie beim Akt ihrer Erschaffung in die Freiheit. Gott hatte etwas geschrieben, nicht so sehr ein Gedicht als ein Bühnenstück; ein Stück, das vollkommen hatte sein sollen, das aber zwangsläufig menschlichen Schauspielern und Regisseuren überlassen blieb, die seitdem ein heilloses Durcheinander angerichtet hatten. Mit der Wahrheit dieses Theorems werde ich mich später beschäftigen. Hier begnüge ich mich mit dem Hinweis auf die verblüffende Eleganz, mit der es sich der hier geschilderten Zwickmühle entzieht. Auf diesem Wege nämlich war es immerhin möglich, sowohl zufrieden als auch ungehalten zu sein, ohne sich dazu erniedrigen zu müssen, Pessimist oder Optimist zu sein. Kraft dieses Systems konnte man sämtliche Mächte des Daseins bekämpfen, ohne das Banner des Daseins selbst im Stich zu lassen. Man konnte mit dem Universum in Frieden und doch zugleich mit der Welt im Krieg leben. Der heilige Georg konnte immer noch seinen Kampf mit dem Drachen ausfechten, mochte das Ungeheuer sich im Kosmos auch noch so breitmachen, mochte es auch größer sein als die größten Städte und gewaltiger als die ewigen Berge. Selbst wenn es so groß wie die ganze Welt war, konnte es doch immer noch im Namen der Welt getötet werden. Der heilige Georg mußte keine Rücksicht auf irgendwelche augenscheinlichen Ungereimtheiten oder Stimmigkeiten im Größenverhältnis der Dinge nehmen, er brauchte nur achtzugeben auf das ursprüngliche Geheimnis ihrer Erschaffung. Er konnte sein Schwert gegen den Drachen erheben, selbst wenn der alles war, selbst wenn die leeren Himmel droben nichts weiter waren als die gewaltige Wölbung seines aufgesperrten Rachens.

Und dann folgte eine Erfahrung, die sich gar nicht beschreiben läßt. Es war, als hätte ich mich seit meiner Geburt mit zwei riesigen, unhandlichen Apparaten unterschiedlicher Größe und bar jeden erkennbaren Zusammenhangs hilflos abgemüht – mit der Welt und der christlichen Lehre. Ich hatte in der Welt dieses

Loch entdeckt, dieses Problem, daß man es irgendwie schaffen muß, die Welt zu lieben, ohne auf sie zu bauen, daß man sozusagen die Welt lieben muß, ohne weltlich zu sein. Und ich war auf dieses herausragende Charakteristikum der christlichen Theologie gestoßen, ähnlich einem Dorn, auf das Dogma nämlich, daß es einen persönlichen Gott gab, der die Welt als etwas von Ihm Getrenntes geschaffen hatte. Der Dorn des Dogmas paßte exakt in das Loch der Welt – offenbar war dies sein vorbestimmter Ort. Und dann passierte das Unglaubliche. Kaum waren diese beiden Teile zusammengefügt, schon zeigte sich, daß auch alle anderen Teile zusammenpaßten und sich mit unheimlicher Genauigkeit ineinander fügten. Ich konnte förmlich hören, wie überall in dieser riesigen Apparatur ein Zapfen nach dem anderen mit einem Klicken der Erleichterung einrastete. Nachdem das eine Teil an seinem richtigen Platz war, folgten alle anderen paßgenau, wie wenn eine Turmuhr nach der anderen die Mittagsstunde schlägt. Eine gefühlsmäßige Ahnung nach der anderen fand genau die christliche Doktrin, die für sie die Antwort bereithielt. Oder um ein weiteres Bild zu bemühen: Ich war wie jemand, der in Feindesland vorgedrungen ist, um die Hochburg des Feindes zu nehmen. Und kaum war diese eine Festung gefallen, ergab sich auch schon das ganze Land und versammelte sich geschlossen hinter mir. Das ganze Land leuchtete sozusagen auf, bis zurück in die ältesten Regionen meiner Kindheit. All die Phantasievorstellungen der Knabenzeit, die ich im vierten Kapitel vergeblich versucht habe, dem Dunkel zu entreißen, wurden plötzlich hell und vernünftig. Ich hatte recht, wenn ich meinte, Rosen seien kraft Entscheidung rot: sie waren rot dank göttlichen Ratschlusses. Ich hatte recht mit meiner Einstellung, daß ich fast lieber behaupten würde, Gras habe die falsche Farbe, als zu sagen, es habe mit Notwendigkeit seine Farbe, die doch wahrlich auch jede beliebige andere hätte sein können. Mein Gefühl, daß alles Glück an dem seidenen Faden einer verrückten Bedingung hing, hatte am Ende doch seinen guten Sinn: dahinter steckte die ganze Lehre vom Sündenfall. Selbst jene verschwommenen, formlosen Ungeheuer von Vorstellungen, die ich nicht beschreiben, geschweige denn rechtfertigen konnte, verfügten sich wie kolossale Karyatiden des Glaubens still an den Platz, auf den sie gehörten. Die Idee, daß der Kosmos nicht ein riesiger leerer Raum, sondern ein kleiner gemütlicher Ort war, hatte jetzt einen eindeutigen Sinn erhalten, weil jedes Kunstwerk aus Sicht des Künstlers, der es schafft, klein sein muß; für Gott waren die Gestirne vielleicht nur klein und klar wie Edelsteine. Und wenn mich das Gefühl verfolgt hatte, daß Gutes nicht einfach nur etwas war, das man gebrauchen konnte, sondern ein Vermächtnis, das es sorgsam zu hüten galt wie die Dinge, die Crusoe aus dem Schiff gerettet hatte, dann war sogar dies der entfernte Widerhall einer von Haus aus tiefen Einsicht; denn der christlichen Lehre zufolge waren wir in der Tat Überlebende aus einem Wrack, die Besatzung eines Schiffes, das vor Beginn der Welt untergegangen war.

Das Wichtige aber war, daß dadurch der Grund für Optimismus vollständig ins Gegenteil verkehrt wurde. Und in dem Augenblick, in dem diese Umkehrung stattfand, empfand ich die jähe Erleichterung, die man spürt, wenn ein Knochen ins Gelenk zurückspringt.

Ich hatte mich oft als Optimisten bezeichnet, um der allzu offensichtlichen Gotteslästerung des Pessimismus zu entgehen. Den ganzen Optimismus des Zeitalters aber hatte ich als falsch und entmutigend empfunden, und zwar deshalb, weil er ständig zu beweisen versuchte, daß wir in die Welt hineinpassen. Der christliche Optimismus gründet in der Tatsache, daß wir nicht in die Welt hineinpassen. Ich hatte mich bemüht, glücklich zu werden, indem ich mir eingeredet hatte, auch der Mensch sei ein Tier, das wie jedes andere Tier in Gottes Hand gegeben sei. Nun aber war ich tatsächlich glücklich, denn ich hatte gelernt, daß der Mensch ein Monstrum ist. Ich hatte recht mit meinem Gefühl, daß mit der ganzen Welt etwas nicht stimmte, denn ich selbst war gleichzeitig schlimmer und besser als die ganze Welt. Die Lust des Optimisten war prosaisch, denn sie drehte sich um die Natürlichkeit aller Dinge; die Lust des Christen dagegen war poetisch, denn sie drehte sich um die Unnatürlichkeit der Dinge im Lichte des Übernatürlichen. Die moderne Philosophie hatte mir immer wieder versichert, ich befände mich am rechten Ort; und selbst wenn ich mich gefügt hatte, war ich doch das Gefühl der Niedergeschlagenheit nicht losgeworden. Jetzt aber hatte ich gehört, daß ich mich am *falschen* Ort befand, und meine Seele jauchzte vor Entzücken, wie eine Lerche im Frühling. Diese Erkenntnis öffnete und erhellte vergessene Kammern im dunklen Haus meiner Kindheit. Ich wußte jetzt, warum mir Gras immer so komisch vorgekommen war wie der grüne Bart eines Menschenfressers und warum ich daheim hatte Heimweh empfinden können.

VI

DIE PARADOXA DES CHRISTENTUMS

Das wirklich Vertrackte an der irdischen Welt ist weder, daß sie vernunftwidrig, noch gar, daß sie vernunftgemäß ist. Am häufigsten zu schaffen macht uns, daß sie der Vernunft beinahe, aber nicht ganz entspricht. Das Leben ist kein Verstoß gegen die Logik – und dennoch eine Fallgrube für Logiker. Es sieht einfach nur ein klein wenig mathematischer und regelhafter aus, als es tatsächlich ist; seine Genauigkeit springt ins Auge, seine Ungenauigkeit bleibt verborgen; seine Ungezähmtheit lauert im Hinterhalt. Hier ein vereinfachendes Beispiel für das, was ich meine. Angenommen, ein mathematisch denkender Mondbewohner stellte Berechnungen über den menschlichen Körper an; er würde sofort sehen, daß dieser etwas Doppeltes ist. Jeder Mensch besteht aus zwei Menschen, der rechte gleicht dem linken aufs Haar. Er wird nicht nur feststellen, daß es rechts einen Arm und links einen Arm, rechts ein Bein und links ein Bein gibt, sondern vermutlich darüber hinaus entdecken, daß es auf jeder Seite dieselbe Anzahl Finger und dieselbe Anzahl Zehen und daß es Augen, Ohren, Nasenflügel, ja sogar Hirnlappen immer paarweise gibt. Zu guter Letzt würde er darin eine Gesetzmäßigkeit sehen; und findet er dann auf der einen Seite ein Herz vor, käme er zu dem Schluß, daß auf der anderen Seite auch eines sein muß. Aber gerade jetzt, da er am meisten glaubt, recht zu haben, hätte er unrecht.

Eben diese verborgene Abweichung, die sich nur wenig von der Genauigkeit entfernt, macht das Unheimliche an allen Dingen aus. Sie wirkt im Universum wie ein stiller Verrat. Ein Apfel oder eine Orange sind rund genug, um die Bezeichnung rund zu verdienen – und doch sind beide nicht eigentlich rund. Selbst die Erde hat die Form einer Orange – nur damit ein einfältiger Astronom sich dazu verleiten läßt, sie als Kugel zu bezeichnen. Eine Tannennadel wird so genannt, weil sie spitz ist wie eine Nadel; sie ist es aber gar nicht. Überall an den Dingen findet man dieses Heimliche und Unberechenbare. Dem Rationalisten entzieht es sich, aber immer erst im letzten Moment. Aus der Krümmung unseres Erdballs ließe sich leicht der Schluß ziehen, daß jeder Zoll auf ihm gekrümmt sein muß. Ferner wäre es ganz vernunftgemäß, wenn der Mensch, der auf jeder Seite ein Hirn hat, auch auf jeder Seite ein Herz hätte. Und gleichwohl veranstalten die Forscher noch heute Expeditionen zum Nordpol, denn sie lieben das flache Land. Sie veranstalten noch heute Expeditionen zum Herzen des Menschen; und beim Versuch, es zu finden, erwischen sie ihn auf der falschen Seite – und auf dem falschen Fuß.

Wirkliche Einsicht oder Eingebung läßt sich am besten daran erkennen, ob sie solche geheimen Deformationen oder Überraschungen ahnt. Unser Mathematiker vom Mond, der zwei Arme und Ohren sieht, kann deduzieren, daß es zwei Schulterblätter und Hirnhälften gibt. Ahnt er aber zugleich, daß der Mensch das Herz auf dem rechten Fleck hat, dann ist er, meine ich, mehr als ein Mathematiker. Genau dies behaupte ich von der christlichen Religion: Sie erschließt nicht bloß logische Wahrheiten; sie entdeckt auch – immer dann, wenn sie plötzlich unlogisch wird – gleichsam unlogische Wahrheiten. Beim Blick auf die Dinge liegt sie nicht nur richtig; sie liegt auch sozusagen daneben – immer dann, wenn die Dinge selbst danebenliegen. Ihr Plan rechnet mit verborgenen Regelwidrigkeiten und erwartet das Unerwartete. Bei einfachen Wahrheiten fügt sie sich, bei komplizierten Wahrheiten widersetzt sie sich. Sie räumt jederzeit ein, daß der Mensch zwei Hände hat, bestreitet aber (auch wenn alle Modernisten es bejammern) den naheliegenden Schluß, daß er zwei Herzen hat. Nichts anderes will ich in diesem Kapitel zeigen: Wann immer wir an der christlichen Theologie etwas verquer finden, können wir feststellen, daß etwas verquer an der Wahrheit ist.

Weiter oben war die Rede von der sinnlosen Behauptung, in unserer Zeit ließe sich dies oder jenes nicht mehr glauben. Natürlich stimmt das nicht; denn zu allen Zeiten läßt sich alles und jedes glauben. Sinnvoll dagegen ist der Satz: Wenn überhaupt etwas geglaubt wird, kann es in einer komplexen Gesellschaft unverrückbarer geglaubt werden als in einer einfachen Gesellschaft. Entdeckt einer in Birmingham die Wahrheit des Christentums, dann hat er dafür eindeutigere Gründe, als wenn er sie im alten Königreich Mercia entdeckt hätte. Je komplizierter die Übereinstimmung ist, desto weniger kann sie bloß zufällige Übereinstimmung sein. Fiele Schnee in der Form jenes großen Gefängnisses, das man »Heart of Midlothian« nannte, wäre es vielleicht reiner Zufall. Fiele jedoch Schnee in der exakten Form des Labyrinths im Hampton Court, dann könnte man es wohl ein Wunder nennen. Als ein solches Wunder betrachte ich die Philosophie des Christentums. Unsere heutige komplizierte Welt beweist die Wahrheit der Religion viel schlagender als eines der schlichten Probleme aus den Zeiten des Glaubens. In Nottingham und Battersea ging mir auf, daß das Christentum wahr ist. Eben darum hält der Glaube an jenen kunstvoll ausgefeilten Dogmen und detaillierten Lehrsätzen fest, die allen nichtgläubigen Bewunderern des Christentums so sehr zu schaffen machen. Wer etwas glaubt, ist stolz auf die Komplexität seines Glaubens (so wie Wissenschaftler stolz sind auf die Komplexität der Wissenschaft). Sie zeigt, welche Fülle von Entdeckungen er enthält. Wenn der Glaube irgend recht hat, ist es ein Kompliment zu sagen, er hat auf differenzierte Weise recht. Ein Stock kann rein zufällig in ein Loch passen oder ein Stein in einen Hohlraum. Aber Schlüssel und Schloß sind beide etwas Kompliziertes. Und paßt ein Schlüssel in ein Schloß, dann weiß man, es ist der richtige.

Aber diese komplexe Genauigkeit bedeutet auch, daß ich vor einer schwierigen Aufgabe stehe; ich muß darstellen, wie eine solche geballte Wahrheit aussieht. Es fällt immer schwer, etwas zu verteidigen, wovon man restlos überzeugt ist. Relativ leicht fällt es, wenn man nur teilweise überzeugt ist; das heißt, wenn man diesen oder jenen Beweis für die Sache gefunden hat. Aber niemand ist wirklich von einer Philosophie überzeugt, solange er meint, sie werde durch etwas Bestimmtes bewiesen. Wirklich überzeugt ist man nur, wenn man sieht, daß sie durch alles bewiesen wird. Und je mehr dieser konvergierenden Gründe man für die eigene Überzeugung findet, um so verwirrter ist man, wenn man sie plötzlich alle aufzählen soll. Würde ein normaler, intelligenter Mensch unversehens gefragt: »Warum gibst du der Zivilisation den Vorzug vor der Barbarei?«, so würde er seinen Blick haltlos von einem Gegenstand zum andern wandern lassen und könnte nur vage zur Antwort geben: »Also, es gibt eben den Bücherschrank da ... und die Kohlen im Kohleneimer ... und Klaviere ... und Polizisten.« Für die Zivilisation spricht einfach, daß so viel Verschiedenes für sie spricht. Was hat sie nicht alles zuwege gebracht! Aber gerade die zahllosen Beweise, die die Antwort so überwältigend machen sollten, machen sie schlichtweg unmöglich.

Daher leidet jede hundertprozentige Überzeugung an unendlicher Hilflosigkeit. Der Glaube ist so groß, daß es lange braucht, ehe er sich zur Geltung bringen kann. Und dieses Zögern entspringt kurioserweise vor allem dem Gefühl, daß es gleichgültig ist, wo man anfängt. Alle Wege führen nach Rom, und darin liegt einer der Gründe, warum viele Leute nie dort ankommen. Mein Plädoyer für den christlichen Glauben könnte ich in der Tat mit einer beliebigen Sache beginnen: mit einer Rübe oder einer Droschke. Aber da mir daran liegt, mich verständlich zu machen, greife ich lieber meinen Gedankengang aus dem fünften Kapitel auf, wo es erstmals um eine dieser mystischen Übereinstimmungen – oder vielmehr: Bestätigungen – ging. Was immer ich bis dahin über christliche Theologie gehört hatte, hatte mich von ihr entfernt. Mit zwölf war ich ein Heide, mit sechzehn ein kompletter Agnostiker; und ich kann nicht begreifen, wie jemand älter als siebzehn werden kann, ohne sich eine so einfache Frage zu stellen. Gewiß, ich bewahrte mir eine nebulöse Ehrfurcht vor einer kosmischen Gottheit und starkes historisches Interesse am Begründer des Christentums. Aber natürlich betrachtete ich Ihn als einen Menschen; obwohl ich fand, selbst darin habe Er manchem Seiner modernen Kritiker noch etwas voraus. Ich las die wissenschaftliche und skeptizistische Literatur meiner Zeit – zumindest alles, was ich auf Englisch finden konnte und was mir unter die Finger kam; und sonst nichts, das heißt nichts, was weltanschaulich in eine andere Richtung gegangen wäre. Die Schauerromane, die ich auch las, entstammten zwar der gesunden und heroischen Tradition des Christentums; aber das wußte ich damals nicht. Nie las ich eine Zeile christlicher Apologetik. Auch heute lese ich davon so wenig wie möglich. Den Weg zur orthodoxen Theologie wiesen mir Huxley, Spencer und Bradlaugh.* Sie säten die

* Thomas Huxley (1825–1895), englischer Zoologe und Naturforscher, bereiste Australien und setzte sich für Darwins Abstammungslehre

ersten heftigen Zweifel am Zweifel in meinem Kopf. Unsere Großmütter hatten ganz recht mit ihrer Warnung, Tom Paine* und die Freidenker brächten uns nur den Verstand durcheinander. Das stimmt. Meinen brachten sie ganz schrecklich durcheinander. Ausgerechnet der Rationalist brachte mich auf die Frage, ob Vernunftdenken eigentlich zu etwas nütze ist, und nach der Lektüre von Herbert Spencer war ich (zum ersten Mal) im Zweifel, ob die Evolution überhaupt stattgefunden hat. Als ich den letzten von Colonel Ingersolls** atheistischen Vorträgen beiseite legte, schoß mir der grauenvolle Gedanke durch den Kopf: »Fast machst du mich schon zum Christen!« Ich war ganz verzweifelt.

Für diese sonderbare Wirkung der großen Agnostiker – daß sie Zweifel wecken, die tiefer reichen als ihre eigenen – ließen sich viele konkrete Beispiele anführen. Ich beschränke mich auf eines. Als ich all diese nicht- oder antichristlichen Darstellungen des Glaubens, von Huxley bis Bradlaugh, las und immer wieder las, gewann ich langsam, aber spürbar den schrecklichen Eindruck, das Christentum müsse etwas ganz Außergewöhnliches sein. Denn nicht bloß besaß es besonders gefährliche Laster, sondern offen-

---

ein. – Herbert Spencer (1820–1903), englischer Philosoph und Soziologe, Mitarbeiter des *Economist*, vertrat noch vor Darwin eine evolutionistische Fortschrittstheorie. – Charles B. Bradlaugh (1833–1891), Begründer der Zeitung *National Reformer*, plädierte für soziale Reformen, unter anderem auch für die Drosselung des Bevölkerungswachstums durch Geburtenkontrolle.

* Thomas Paine (1737–1809), englischer revolutionärer Schriftsteller und Unterstützer der amerikanischen Unabhängigkeit, später Deist.

** Robert Green Ingersoll (1833–1899), amerikanischer Jurist und Redner, berühmt durch seine öffentlichen Angriffe auf die Bibel.

bar (wie mir klar wurde) auch eine mystische Gabe, angeblich unvereinbare Laster zusammenzubringen. Attackiert wurde es von allen Seiten und aus den gegensätzlichsten Gründen. Kaum hatte einer der Rationalisten bewiesen, daß es zu weit im Osten liege, bewies ein anderer nicht weniger klar, es liege zu weit im Westen. Kaum hatte sich meine Empörung ob seiner schroffen und aggressiven Kantigkeit etwas gelegt, da wurde mein kritischer Blick auf seine verweichlichende und sinnesfreudige Rundheit gelenkt. Für den Fall, daß jemand unter meinen Lesern dem hier Geschilderten nie begegnet ist, will ich an ein paar willkürlich herausgegriffenen Beispielen veranschaulichen, wie dieser dem Angriff der Skeptiker innewohnende Widerspruch aussieht. Ich beschränke mich auf vier oder fünf; es gibt aber noch fünfzig weitere.

Sehr erregt hat mich etwa die wortgewaltige Anklage, das Christentum sei geprägt von unmenschlicher Schwarzseherei; denn aufrichtigen Pessimismus empfand ich (und empfinde ich noch heute) als unverzeihliches Vergehen. Unaufrichtiger Pessimismus ist eine soziale Errungenschaft, und zwar eine eher angenehme; und glücklicherweise ist fast jeder Pessimismus unaufrichtig. Wäre das Christentum tatsächlich, wie diese Leute behaupten, durch und durch schwarzseherisch und lebensfeindlich, würde ich sofort St. Paul's Cathedral in die Luft jagen. Aber nun kommt das Erstaunliche. Im ersten Kapitel bewies man mir (zu meiner großen Genugtuung), daß das Christentum zu pessimistisch ist; im zweiten Kapitel bewies man mir dann, daß es viel zu optimistisch ist. Einerseits warf man dem Christentum vor, mit seinem gräßlichen Heulen und Zähneklappern hindere es die Menschen, am Busen der Natur Freude und Freiheit zu suchen. Andererseits warf man ihm vor, mit seiner frei erfundenen Vorsehung lulle es die Menschen nur ein und verbanne sie in eine rosa-weiße Kinderwelt. Der eine Agnostiker monierte die christliche Ansicht, die Natur sei von sich aus nicht schön und es falle so schwer, frei zu sein. Ein anderer wandte sich gegen den christlichen Optimismus (»das von frommen Händen gewobene Kleid der Heuchelei«), der uns die Tatsache verberge, daß die Natur häßlich und daß es unmöglich ist, frei zu sein. Kaum hatte der eine Rationalist das Christentum als Alptraum bezeichnet, kam schon ein anderer und nannte es das Paradies des Toren. Das gab mir zu denken; die Vorwürfe vertrugen sich nicht miteinander. Die christliche Religion, so fand ich, kann nicht gleichzeitig eine schwarze Maske vor einer weißen Welt und eine weiße Maske vor einer schwarzen Welt sein. Die Lage des Christen kann nicht gleichzeitig so behaglich sein, daß es feige ist, daran zu hängen, und so unbehaglich, daß es töricht ist, sie zu ertragen. Wenn das Christentum das Weltbild der Menschen verfälscht, geht das nur auf die eine oder die andere Weise; es kann nicht sowohl eine grüne als auch eine rosa Brille sein. Damals ließ ich mir, wie alle jungen Männer, Swinburnes höhnisch herausgebrüllte Verse über den Trübsinn der Religion genußvoll auf der Zunge zergehen:

Du hast gesiegt, oh bleicher Galiläer,
die Welt ist heute grau von Deinem Atem.

Aber als ich las, was derselbe Dichter (etwa in *Atalanta*) über das Heidentum schreibt, begriff ich, daß die Welt wohl noch grauer war, bevor der Atem des Galiläers sie streifte. Dort behauptet Swinburne *in abstracto*, das Leben schlechthin sei stockfinster. Und dennoch soll das Christentum es verfinstert haben. Ihm hielt er vor, es sei pessimistisch, und dabei war er selbst ein Pessimist. Da konnte doch etwas nicht stimmen. Und einen schwindelerregenden Augenblick lang schoß mir der Gedanke durch den Kopf, daß das Verhältnis zwischen Religion und Glück von denen, die nach eigenem Bekunden weder das eine noch das andere besitzen, nicht gerade am besten beurteilt werden kann.

Um Mißverständnisse zu vermeiden: ich bin damals nicht spornstreichs zu dem Schluß gelangt, die Anklagen seien falsch oder die Ankläger Einfaltspinsel. Ich habe nur gefolgert, das Christentum müsse sehr viel unheimlicher und verruchter sein, als sie es darstellten. Mag sein, daß etwas tatsächlich zwei so entgegengesetzte Laster hat; aber dann ist es einigermaßen sonderbar. Wenn jemand einerseits zu dick und andererseits zu dünn ist, macht er eine seltsame Figur. Zum damaligen Zeitpunkt dachte ich nur an die seltsame Figur der christlichen Religion; ich schloß nicht auf eine seltsame Figur im rationalistischen Denken.

Hier ein zweites Beispiel. Als schlagendes Argument gegen das Christentum empfand ich den Vorwurf, alles »Christliche« habe etwas Ängstliches, Schwächliches und Unmännliches an sich, besonders in seiner Einstellung zum Sich-Wehren und Kämpfen. Die großen Skeptiker des 19. Jahrhunderts waren in der Regel gestandene Männer: Bradlaugh auf seine überschwengliche, Huxley auf seine reservierte Art. Im Vergleich zu ihnen waren die christlichen Maximen tatsächlich gekennzeichnet durch Schwäche und übermäßige Langmut. Das Evangelium mit seinem Paradox von der anderen Wange, die Tatsache, daß Geistliche nie mit der Waffe kämpfen, – dies und vieles andere stützte den Vorwurf, das Christentum sei ein Versuch, Männern das Aussehen von Lämmern zu geben. Ich las ihn und glaubte ihn, und hätte ich sonst nichts gelesen, dann hätte ich ihn auch weiterhin geglaubt. Aber plötzlich las ich etwas ganz anderes. Ich schlug eine Seite in meinem Handbuch für Agnostiker um, und mein Verstand war plötzlich auf den Kopf gestellt. Da erfuhr ich nämlich, ich müsse das Christentum hassen, nicht weil es zu wenig, sondern weil es zu viel kämpfe. Die christliche Religion, so hieß es nun, sei die Mutter aller Kriege. Sie habe die Welt mit Blut überschwemmt. Bisher war ich zornig auf den Christen, weil er nie in Zorn gerät. Und jetzt las ich, ich müsse zornig auf ihn sein, weil sein Zorn das Gigantischste und Schrecklichste sei, was die menschliche Geschichte je gesehen habe; weil sein Zorn die Erde getränkt und die Sonne geschwärzt habe. Dieselben, die dem Christentum vorwarfen, daß seine Klöster auf Gewalt und Widerstand verzichten, hielten ihm zugleich vor, daß seine Kreuzzüge Gewalttätigkeit und Heldenmut forderten. Ihnen zufolge war das arme alte Christentum gleichermaßen daran schuld, daß Eduard der Bekenner nicht gekämpft und daß Richard Löwenherz gekämpft hat. Die Quäker, so lasen wir, sind die einzig typischen Christen; und dennoch sind die von Cromwell und Alba veranstalteten Massaker typisch christliche Verbrechen. Was sollte das alles heißen? Was mochte das für ein Christentum sein, das unablässig Kriege verbietet und unablässig Kriege zeugt? Wie mochte etwas beschaffen sein, wenn man ihm einerseits vorhalten kann, es kämpfe nicht, und andererseits, es kämpfe unaufhörlich? Aus welcher Rätselwelt stammte diese monströse Mordlust und diese monströse Sanftmut? Von Minute zu Minute sah das Christentum wunderlicher aus.

Und hier ein drittes Beispiel, das sonderbarste von allen, weil es dabei um den einzigen echten Einwand gegen den Glauben geht. Der einzige echte Einwand gegen die christliche Religion lautet schlicht, daß sie eine Religion unter anderen ist. Die Welt ist groß und voll von Menschen verschiedenster Art. Das Christentum (so kann man argumentieren) ist etwas Bestimmtes und auf bestimmte Menschen begrenzt; es begann in Palästina und kam praktisch über Europa nicht hinaus. In meiner Jugend hat mich dieses Argument gehörig beeindruckt, und ich war fasziniert von der in den »Ethischen Gesellschaften« oft gepredigten Doktrin, alle Menschen seien, ohne es zu wissen, vereint in einer einzigen großen Religionsgemeinschaft, die sich auf die Allgegenwart des menschlichen Gewissens gründet. Glaubenslehren, so hieß es, spalten die Menschheit; die Sittlichkeit hingegen eint sie. Mag die Seele in die fremdartigsten und fernsten Länder und Zeiten ausschwärmen – immer wird sie auf das dem Menschen innewohnende sittliche Gefühl stoßen. Mag sie Konfuzius unter fernöstlichen Bäumen antreffen – er wird dort schreiben: »Du sollst nicht stehlen.« Mag sie die rätselhafteste Hieroglyphe in der ältesten Wüste entziffern – einmal enträtselt, wird sie bedeuten: »Knaben müssen die Wahrheit sagen.« Damals glaubte ich an den Grundsatz, daß alle Menschen als sittlich empfindende Wesen Brüder sind, und ich glaube noch heute daran – wenn es um andere Dinge geht. Und ich war zutiefst empört, weil (wie ich annahm) das Christentum unterstellt, ganze Menschenalter und Reiche hätten dieses Licht der Gerechtigkeit und Vernunft nie gekannt. Aber dann entdeckte ich etwas Erstaunliches. Ich entdeckte, daß dieselben Leute, die behaupteten, die Menschheit sei – von Platon bis Emerson – eine einzige Religionsgemeinschaft, zugleich behaupteten, die Sittlichkeit habe sich von Grund auf gewandelt und was in der einen Epoche richtig sei, sei in einer anderen falsch. Fragte ich zum Beispiel nach einem Altar, bekam ich zu hören, wir brauchten keinen, denn die Menschen, unsere Brüder, hätten uns mit ihren allgemeinen Sitten und Idealen unmißverständliche Orakel und einen einheitlichen Glauben hinterlassen. Wies ich jedoch sachte darauf hin, daß es zu diesen allgemeinen Sitten der Menschen gehöre, einen Altar zu haben, vollzogen meine agnostischen Lehrmeister eine schlichte Kehrtwendung und behaupteten, die Menschen hätten immer in Unwissenheit und im Aberglauben der Wilden gelebt. Täglich hörte ich sie höhnen, das Christentum habe nur ein einziges unter den Völkern erleuchtet und lasse die übrigen unwissend dahinsterben. Aber zugleich hörte ich sie prahlerisch verkünden, Wissenschaft und Fortschritt gebe es nur bei einem einzigen unter den Völkern und die übrigen seien unwissend dahingestorben. Der Hauptvorwurf, den sie dem Christentum machten, war zugleich das Hauptkompliment, das sie sich selber machten, und ihre Gewichtung der beiden Seiten fiel merkwürdig ungerecht aus, denn was sie forderten, war dies: Beim Blick auf einen Heiden oder Agnostiker dürfen wir nicht vergessen, daß alle Menschen eine einheitliche Religion besitzen; beim Blick auf einen Mystiker oder Spiritualisten sollen wir lediglich feststellen, daß manche Menschen abstruse Religionen haben. Der Sittenlehre von Epiktet* können wir vertrauen, weil sich die Sittlichkeit bis heute nicht geändert hat. Auf die Sittenlehre von Bossuet** dürfen wir nicht bauen, weil sich die Sittlichkeit seither geändert hat. Geändert hat sie sich in zweihundert Jahren, nicht aber in zweitausend.

Ich begann aufzuhorchen. Es schien, als sei nicht das Christentum schlecht genug, um alle erdenklichen Laster auf sich zu vereinigen, sondern jeder Stock gut genug, um damit auf das Christentum einzuschlagen. Was mochte das für ein erstaunliches Etwas sein – etwas, dem die Leute mit so viel Feuereifer widersprechen, daß es sie nicht kümmert, wenn sie sich selber widersprechen? Überall sah ich dasselbe. Für eine detaillierte Erörterung fehlt mir hier zwar der Raum; aber damit niemand annimmt, ich hätte mir drei für mich günstige Beispiele herausgepickt, will ich kurz ein paar weitere anführen. So schrieben etwa die einen Skeptiker, das große Verbrechen des Christentums sei sein Angriff auf die Familie gewesen; es habe die Frauen weggelockt von Haus und Kindern,

---

* Philosoph der griechischen Antike, Stoiker; seiner Lehre zufolge ist der Mensch von Geburt an ein sittliches Wesen.

** Jacques-Bénigne Bossuet (1627–1704), französischer Geistlicher und Theologe, von 1670 bis 1681 Erzieher des Dauphins am Hofe Ludwigs XIV., danach Bischof von Meaux. Bossuet betrieb die Aufhebung des Edikts von Nantes, 1682 verfaßte er die Deklaration des Klerus über die gallikanischen Freiheiten.

weg in die Einsamkeit und das kontemplative Leben des Klosters. Andere (kaum klügere) Skeptiker hingegen meinten, das große Verbrechen des Christentums bestehe darin, daß es uns Familie und Ehe aufzwingt; es verurteile die Frauen dazu, sich mit Haus und Kindern abzuplacken, und untersage ihnen Einsamkeit und Kontemplation. Der Vorwurf wurde nur umgedreht. Dann wieder haben Gegner des Christentums behauptet, in manchen Formulierungen des Evangeliums oder der Hochzeitsmesse äußere sich Verachtung gegenüber dem weiblichen Verstand. Ich aber entdeckte, daß sie selber den weiblichen Verstand geringschätzen; denn mit spöttischem Grinsen betrachten sie die Kirche auf dem Kontinent, weil dorthin »nur Frauen« gehen. Oder man rügte das Christentum wegen seiner kargen und dürftigen Lebensweise, wegen seines Sackleinens und seiner getrockneten Erbsen. Im nächsten Augenblick jedoch rügte man es wegen seines Pomps und Zeremoniells; wegen seiner Porphyrschreine und goldenen Roben. Man tadelte es gleichermaßen, weil es zu farblos und weil es zu farbenprächtig sei. Ein alter Vorwurf gegen das Christentum lautet, es lege der Sexualität zu viele Fesseln an; der Malthusianer* Bradlaugh hingegen entdeckte, es lege ihr zu wenige Fesseln an. Oft kritisiert man im selben Atemzug steife Wohlanständigkeit und religiöse Ausschweifung. In ein und derselben atheistischen Streitschrift fand ich den Glauben gleich doppelt getadelt: sowohl wegen

* Anhänger des Ökonomen Thomas Robert Malthus (1766–1834), der die These vertrat, gemessen an den vorhandenen Nahrungsmitteln wachse die Bevölkerung zu schnell, und für späte Ehe und sexuelle Enthaltsamkeit plädierte.

Uneinigkeit (»Der eine denkt so, der andere so«) als auch wegen Einigkeit (»Nur Meinungsvielfalt kann die Welt vor dem Niedergang bewahren«). In ein und demselben Gespräch mit mir hielt ein befreundeter Freidenker dem Christentum vor, es verachte die Juden, und bekannte dann selber, er verachte es, weil es eine jüdische Religion sei.

Damals wollte ich gerecht sein, und das möchte ich auch jetzt; ich zog nicht einfach den Schluß, daß die Attacke auf das Christentum von Grund auf falsch ist. Ich sagte mir lediglich, das Christentum müsse, wenn es denn irrt, ganz erheblich irren. Mag sein, daß in ein und derselben Sache derart gegensätzliche Scheußlichkeiten zusammentreffen können, aber dann muß sie überaus befremdlich und einzigartig sein. Es gibt Menschen, die Geizkragen und Verschwender in einem sind; aber sie kommen selten vor. Es gibt Menschen, die sinnenfreudig und asketisch in einem sind; aber auch sie kommen selten vor. Doch gäbe es diese Ansammlung wahnwitziger Widersprüche tatsächlich – etwas, das gleichzeitig quäkerhaft und blutrünstig ist, viel zu prachtstrotzend und viel zu dürftig, karg und doch übertrieben dem Auge schmeichelnd, Feind der Frauen und zugleich deren lächerliche Zuflucht, ernsthafter Pessimist und einfältiger Optimist –, gäbe es so etwas Schlimmes wirklich, dann wäre es etwas über die Maßen und unvergleichlich Schlimmes. Bei meinen rationalistischen Lehrern fand ich nämlich keinerlei Erklärung für eine so außergewöhnliche Verderbnis. In ihren Augen gehörte das Christentum zu den gewöhnlichen Mythen und Irrtümern, denen Sterbliche anhängen. *Sie* konnten mir daher nicht sagen, wie ich diese verdrehte und unnatürliche Schlechtigkeit zu deuten hätte. Ein derart paradoxes Übel hatte etwas Übernatürliches. Ja, es war fast so übernatürlich wie die Unfehlbarkeit des Papstes. Eine geschichtliche Institution, die niemals recht hat, ist im Grunde genauso ein Wunder wie eine Institution, die niemals unrecht haben kann. Die einzige Erklärung, die mir sofort einfiel, war die, daß das Christentum nicht aus dem Himmel, sondern aus der Hölle kommt. Wenn Jesus von Nazareth nicht Christus war, muß er der Antichrist gewesen sein.

Und dann durchfuhr mich in stiller Stunde wie ein lautloser Blitzschlag ein seltsamer Gedanke. Mit einem Mal ging mir eine ganz andere Erklärung durch den Kopf. Angenommen, wir hören viele Leute von einem unbekannten Mann sprechen; und wir hören mit einiger Verblüffung, wie die einen sagen, er sei zu groß, und die anderen, er sei zu klein; wie die einen ihm seinen zu dicken Körper, die anderen seinen zu dünnen Körper vorwerfen; wie die einen ihn für zu dunkelhaarig, die anderen für zu blond halten. Wir könnten das (wie bereits erwähnt) damit erklären, daß er eine etwas seltsame Figur macht. Aber es gibt noch eine andere Erklärung. Er könnte genau die richtige Figur machen. Übergroße Männer mögen ihn als klein empfinden. Besonders kleine Männer mögen ihn als groß empfinden. Ein alter Stutzer, der langsam Fett ansetzt, mag meinen, er habe zu wenig auf den Knochen; ein alter Beau, der allmählich hager wird, mag meinen, er sei schon über die engen Grenzen der Eleganz hinaus. Vielleicht würden Schweden (mit ihrem strohblonden Haar) ihn dunkelhaarig nennen, während Neger ihn für entschieden blond halten.

Kurzum: vielleicht ist das Außergewöhnliche im Grunde das Gewöhnliche; oder wenigstens das Normale, die Mitte. Vielleicht ist gerade das Christentum bei Verstand, während all seine Kritiker ihn – auf verschiedenste Weise – verloren haben. Die Probe auf diesen Gedanken machte ich mit der Frage, ob vielleicht einer der Ankläger etwas Krankhaftes an sich hat, das seine Anklage erklären könnte. Mit Verblüffung stellte ich fest, daß dieser Schlüssel ins Schloß paßt. Merkwürdig ist, daß die Moderne dem Christentum sowohl leibliche Genügsamkeit als auch künstlerisches Gepränge vorhält. Ebenso merkwürdig (und zwar äußerst merkwürdig) ist aber, daß diese Moderne ihrerseits extreme leibliche Ausschweifung mit extremem Mangel an künstlerischem Gepränge vereint. Für den Menschen der Moderne sind Thomas Beckets Gewänder zu luxuriös und seine Speisen zu dürftig. Aber dieser Mensch ist eine historische Ausnahme: Niemand vor ihm hat so erlesene Mahlzeiten in so häßlichen Kleidern zu sich genommen. Für den Modernen ist die Kirche genau dort zu einfach, wo das moderne Leben zu kompliziert ist; und genau dort zu prachtvoll, wo das moderne Leben zu schäbig ist. Er mag weder schlichtes Fasten noch einfache Festmähler – und ist verrückt nach Vorspeisen. Er mag keine Meßgewänder – und trägt groteske Hosen. Wenn hier etwas irrwitzig ist, dann mit Sicherheit die Hosen, nicht der schlicht herabfallende Ornat. Wenn etwas irrwitzig ist, dann die üppigen Vorspeisen, nicht Brot und Wein.

Ich ging nun alle Beispiele durch und entdeckte, daß der Schlüssel immer paßt. Wenn es Swinburne ärgert, daß die Christen so unglücklich sind, und mehr noch ärgert, daß sie so glücklich sind, dann läßt sich das jetzt leicht erklären. Nicht beim Christentum kommen zwei Krankheiten zusammen, sondern bei Swinburne. Daß Christen sich mäßigen, betrübte ihn, weil er hedonistischer war, als ein gesunder Mensch sein sollte. Daß Christen auf Gott vertrauen, ärgerte ihn, weil er pessimistischer war, als ein gesunder Mensch sein sollte. Ebenso emotional war der Angriff der Malthusianer gegen das Christentum; nicht weil das letztere besonders gegen den Malthusianismus gerichtet, sondern weil der Malthusianismus ein bißchen gegen den Menschen gerichtet ist.

Dennoch leuchtete mir nicht ein, daß das Christentum bloß etwas Vernünftiges und Mittleres darstellen soll. Wohnt ihm doch eine Emphase – ja sogar Ekstase – inne, die den Antiklerikalen in ihrer oberflächlichen Kritik recht gibt. Die christliche Religion mag Weisheit besitzen – und das fand ich immer mehr bestätigt –, aber sie besitzt nicht bloß weltliche Weisheit; nicht bloß Zurückhaltung und Wohlanständigkeit. Grimmige Kreuzzügler und sanftmütige Heilige mögen sich die Waage halten; aber die Kreuzzügler waren sehr grimmig und die Heiligen sehr sanftmütig, sanftmütig über die Grenzen des Anstands hinaus. An diesem Punkt meiner Überlegungen fiel mir ein, was ich zum Thema Märtyrer und Selbstmörder gesagt habe. Auch hier war ich auf eine Verbindung zwischen zwei fast wahnwitzigen Standpunkten gestoßen, die dann doch von gesundem Verstand zeugte. Jetzt stieß ich erneut auf einen solchen Widerspruch – und hatte ihn bereits als wahr erkannt. Jetzt stieß ich erneut auf eines jener Paradoxa, mit denen die Skeptiker belegen, daß der Glaube irrt –

und hatte es bereits als richtig erkannt. Bis zum Wahnsinn hatten die Christen den Märtyrer geliebt oder den Selbstmörder gehaßt, aber nie konnten sie diese Affekte wahnsinniger empfunden haben, als ich selbst sie empfand, ehe ich auch nur im Traum an das Christentum dachte. Dann kam der schwierigste und interessanteste Teil des inneren Prozesses, und ich fing an, in sämtlichen großen Gedanken unserer Theologie nach jener Idee zu fahnden, die ich beim Thema Optimist und Pessimist skizziert habe: daß wir weder Amalgamierung noch Kompromiß wollen, sondern immer beide Seiten in voller Stärke, glühende Liebe und glühenden Zorn. Hier interessiert mich diese Idee nur mit Rücksicht auf die Ethik. Aber jeder meiner Leser weiß, daß es sich bei ihr um einen zentralen Gedanken der orthodoxen Theologie handelt. Denn immer hat diese darauf bestanden, daß Christus weder ein Wesen jenseits von Gott und Mensch war (wie etwa eine Elfe) noch ein halb menschliches, halb nichtmenschliches Wesen (wie ein Kentaur), sondern Mensch und Gott zugleich, beides ganz und von Grund auf. Im folgenden will ich zeigen, wie ich zu der neuen Idee gekommen bin.

Alle Menschen mit gesundem Verstand wissen, daß gesunder Verstand so etwas wie ein Gleichgewicht ist; daß es verrückt ist, wenn man zu viel oder wenn man zu wenig ißt. Einige Moderne haben jedoch vage Fortschritts- und Evolutionstheorien präsentiert, die das *meson*, die Balance des Aristoteles, außer Kraft zu setzen suchen. Ihren Andeutungen zufolge ist es unser Schicksal, entweder nach und nach zu verhungern oder bis ans Ende der Zeiten jeden Morgen ein immer größeres Frühstück zu verzehren. Gleichwohl bleibt das *meson* für alle denkenden Menschen eine spontane Wahrheit, und diese Modernen haben nur ein einziges Gleichgewicht zerstört: ihr eigenes. Wenn es nun stimmt, daß wir alle eine Balance wahren müssen, dann lautet die wirklich interessante Frage, wie diese Balance gewahrt werden kann. Darin nämlich besteht jenes Problem, welches das Heidentum zu lösen suchte und das Christentum, scheint mir, gelöst hat – und zwar auf höchst wunderliche Art und Weise.

Das Heidentum hat verkündet, Tugend sei Ausgleich; das Christentum hat verkündet, sie sei Konflikt: ein Zusammenprall zweier anscheinend entgegengesetzter Affekte. Natürlich sind sie nicht wirklich unvereinbar; aber doch so geartet, daß es schwerfällt, gleichzeitig an ihnen festzuhalten. Lassen wir uns für einen Augenblick von den Überlegungen zu Märtyrer und Selbstmörder leiten, und zwar am Beispiel des Wagemuts. Kein Charakterzug hat jemals so viel Verwirrung in die Köpfe getragen und die Definitionen des bloßen Vernunftwissens so sehr durcheinandergebracht. Mut ist fast ein Widerspruch in sich. Er meint einen starken Lebenswillen in Form einer Todesbereitschaft. »Der aber sein Leben verliert …, der wird's erhalten« – das ist keine Mystik für Heilige und Helden. Es ist eine Alltagsmaxime für Seeleute und Bergsteiger. Sie könnte in einem Alpenführer oder einem Handbuch stehen. In diesem Paradox steckt das ganze Prinzip des Mutes; selbst des völlig profanen oder völlig gefühllosen Mutes. Ein Mensch, dem das Meer den Rückweg abgeschnitten hat, kann sein Leben retten, wenn er es an den Klippen aufs Spiel setzt.

Dem Tod entkommt er nur, indem er sich immer dicht neben ihm hält. Ein von Feinden umzingelter Soldat kämpft sich nur dann den Weg frei, wenn er neben unbändigem Lebenswillen auch eine seltsame Achtlosigkeit gegenüber dem Sterben beweist. Er darf sich nicht einfach ans Leben klammern, denn dann wäre er ein Feigling und würde nicht davonkommen. Er darf nicht einfach auf den Tod warten, denn dann wäre er ein Selbstmörder und würde nicht davonkommen. Er muß sein Leben wollen, aber in einer Art wütender Gleichgültigkeit; er muß das Leben lieben wie Wasser und doch den Tod trinken wie Wein. Kein Philosoph, so vermute ich, hat dieses romantische Rätsel je mit der nötigen Klarsicht in Worte gefaßt, natürlich auch ich nicht. Das Christentum aber hat mehr getan als das: Mit den grauenerregenden Gräbern des Selbstmörders und des Helden hat es die Extrempunkte abgesteckt und gezeigt, wie weit entfernt derjenige, der um des Lebens willen stirbt, von dem ist, der um des Todes willen stirbt. Und das Banner, das es von jeher über den europäischen Lanzen schwingt, ist das Mysterium der Rittertugend: nicht der chinesische Mut, der das Leben geringachtet, sondern der christliche Mut, der den Tod geringachtet.

Und nun ging mir auf, daß in dieser zwieschlächtigen Leidenschaft der christliche Schlüssel zur Ethik liegt. Aus dem lautlosen Zusammenprall zweier haltloser Gefühle macht der Glaube allenthalben ein »Sowohl-Als auch«. Man nehme zum Beispiel die Demut, die Balance zwischen reinem Stolz und reiner Unterwerfung. Der normale Heide (und Agnostiker) würde einfach sagen, er sei zwar mit sich zufrieden, aber nicht in anmaßender Weise selbstzufrieden, es gebe viele, die besser, und viele, die schlechter seien als er, seine Verdienste seien begrenzt, aber er achte darauf, daß er sie gelohnt bekomme. Kurz, er trage zwar das Haupt, aber nicht unbedingt die Nase hoch. Das ist ein mannhafter und rationaler Standpunkt, doch er muß sich den Einwand gefallen lassen, den wir schon gegen den Kompromiß zwischen Pessimismus und Optimismus – die »Abgeklärtheit« von Matthew Arnold – vorgebracht haben. Da sie zwei Dinge mischt, verwässert sie beide; keines von ihnen bringt seine volle Kraft oder seinen vollen Farbton ein. Ein derart gemäßigter Stolz läßt das Herz nicht höher schlagen wie das Schmettern der Trompeten; er kleidet uns nicht in Rot und Gold. Und eine derart zahme, vernünftige Demut reinigt die Seele nicht im Feuer, macht sie niemals kristallklar; sie verwandelt uns nicht (wie es die strikte und unbeirrbare Demut tut) in das Kind, das am Fuße eines Grashalms sitzen kann. Sie läßt uns nicht aufblicken und Wunderdinge schauen; denn Alice muß klein werden, wenn sie Alice im Wunderland sein soll. So büßt die Demut beides ein: die Poesie des Stolzseins und die Poesie des Demütigseins. Um beides zu retten, griff das Christentum zu einem seltsamen Mittel.

Es schied die zwei Ideen voneinander und spitzte sie zu. Einerseits sollte der Mensch hochmütiger sein als je zuvor; andererseits sollte er demütiger sein als je zuvor. Als *Mensch* bin ich das größte aller Geschöpfe. Als Mensch bin ich der größte aller Sünder. Mit jener Demut, die Pessimismus meinte, die bedeutete, daß der Mensch sein Schicksal unklar oder wertlos findet – mit einer solchen Demut sollte es vorbei sein: vorbei sein mit der Klage Salomos, der Mensch sei um nichts besser dran als das Vieh, oder mit dem furchtbaren Aufschrei Homers, von allen Arbeitstieren sei der Mensch nur das traurigste. Der Mensch – so das Christentum – ist ein Ebenbild Gottes, das im Garten umherwandelt. Der Mensch steht über dem Vieh; traurig ist er nur, weil er kein Tier ist, sondern ein unvollkommener Gott. Bei den Griechen hieß es von den Menschen: Sie kriechen auf der Erde, als klammerten sie sich daran fest. Nun aber sollte der *Mensch* aufrecht auf der Erde wandeln, um sie sich untertan zu machen. Das Christentum hatte eine Vorstellung von der Würde des Menschen, die sich nur mit Strahlenkronen und Fächern aus Pfauenfedern zum Ausdruck bringen läßt. Zugleich aber hatte es eine Vorstellung von der jämmerlichen Winzigkeit des Menschen, die sich nur mit Fasten und ekstatischer Unterwerfung, mit dem Aschgrau des heiligen Dominikus und dem Schneeweiß des heiligen Bernhard zum Ausdruck bringen läßt. Beim Nachdenken über *sich selber* hat man Weite und Leere genug, um in finsterer Entsagung und bitterer Wahrheit zu schwelgen. Da kann der vornehme Realist sich gehenlassen – solange es nur um ihn selbst geht. Da findet der glückliche Pessimist einen Tummelplatz. Alles mögliche darf er gegen sich vorbringen, aber nichts Lästerliches über den Urzweck seines Daseins sagen; einen Toren, ja einen verdammten Toren darf er sich nennen (auch wenn das calvinistisch ist), aber nicht behaupten, Toren seien es nicht wert, erlöst zu werden. Er darf nicht behaupten, ein Mensch könne, nur weil er Mensch ist, ohne Wert sein. Kurz, das Christentum löste das Problem, wie man die krassesten Gegensätze zusammenbringt, indem es an beiden festhielt und beide in ihrer ganzen Kraßheit festhielt. Zu jeder Seite sagte die Kirche ja. Das eigene Selbst kann man kaum gering genug schätzen. Die eigene Seele kann man kaum hoch genug schätzen.

Und noch ein Beispiel: das komplizierte Problem der christlichen Liebe, die einige höchst lieblose Idealisten für etwas ganz Leichtes halten. Nächstenliebe ist ein Paradox, genau wie Demut und Tapferkeit. In aller Knappheit gesagt, meint diese Liebe zweierlei: daß man unverzeihliche Handlungen verzeiht oder nicht liebenswerte Menschen liebt. Von Grund auf aber begreifen wir sie, wenn wir (wie beim Stolz) danach fragen, was ein normal denkender Heide sich darunter vorstellt. Er würde antworten, es gebe Menschen, denen man verzeihen, und andere, denen man nicht verzeihen kann: Über einen Sklaven, der Wein stiehlt, könne man lachen; einen Sklaven, der seinen Wohltäter hintergeht, könne man töten und zusätzlich verfluchen. Sei die Tat verzeihlich, so sei auch dem Menschen zu verzeihen. Wieder ein rationaler – und sogar erfrischender – Standpunkt; aber er verwässert. Er läßt keinen Raum für jenen blanken Abscheu vor allem Unrechten, der die großartige Schönheit des Unschuldigen ausmacht. Und er läßt keinen Raum für jene reine, den Menschen als Menschen bewiesene Zärtlichkeit, die das ganze Faszinosum dessen ausmacht, der seinen Nächsten liebt. Hier griff das Christentum genauso ein wie in den übrigen Fällen. Urplötzlich war es da mit seinem Schwert und schied eines vom anderen. Es spaltete das Verbrechen vom Verbrecher ab. Dem Verbrecher müssen wir hundertmal verzeihen. Das Verbrechen dürfen wir nie verzeihen. Es reicht nicht, daß wir dem Sklaven, der Wein stiehlt, teils mit Zorn, teils mit Freundlichkeit begegnen. Der Diebstahl muß uns sehr viel zorniger und der Dieb sehr viel freundlicher machen. Der christliche Glaube ließ Raum, wo Zorn und Liebe sich austoben können. Und je länger ich ihn betrachtete, desto mehr kam es mir vor, als habe er zwar Gesetz und Ordnung geschaffen, aber das Hauptziel dieser Ordnung sei es, Raum zu gewähren, wo alles Gute sich austoben kann.

Weder geistige noch emotionale Freiheit sind so einfach, wie sie aussehen. Im Grunde erfordern sie eine ebenso sorgfältige Balance zwischen Gesetzen und Gegebenheiten wie die soziale und politische Freiheit. Der landläufige ästhetische Anarchist, der alles ohne jeden Zwang empfinden will, verstrickt sich in einem Paradox, das ihn schließlich daran hindert, überhaupt noch etwas zu empfinden. Er reißt sich los von der Heimat und folgt der Poesie. Aber mit dem Gefühl für die Heimat ist ihm auch das Gefühl für die *Odyssee* abhanden gekommen. Er wird nicht eingeengt durch nationale Vorurteile und steht jenseits des Patriotismus. Aber jenseits des Patriotismus heißt auch jenseits von *Heinrich V.* Ein derartiger Literaturliebhaber steht außerhalb aller Literatur; und so hat er mehr vom Gefangenen als jeder Bigotte. Denn wenn zwischen uns und der Welt eine Mauer ist, macht es wenig Unterschied, ob wir uns eingeschlossen oder ausgeschlossen nennen. Was wir Christen wollen, ist nicht das Allgemeinmenschliche außerhalb aller normalen Gefühle, sondern das Allgemeinmenschliche innerhalb aller normalen Gefühle. Die Freiheit, die wir hier suchen, hat nichts von der

Freiheit außerhalb eines Gefängnisses; sie hat etwas von der Freiheit innerhalb einer Stadt. Wie kann der Mensch großartige Gefühle frei entfalten, sie im eingegrenzten Raum weit auspendeln lassen, ohne etwas zu zerbrechen oder falsch zu machen? Eben dies hat das christliche Paradox, das Nebeneinander der Leidenschaften, zustande gebracht. Solange das grundlegende Dogma vom Krieg zwischen Gott und Teufel, von der Auflehnung und vom Niedergang der Welt unangetastet bleibt, können wir Optimismus und Pessimismus, wie reine Poesie, gleich Sturzbächen ungehemmt fließen lassen.

Der heilige Franziskus war, mit seiner Hymne auf alles Gute, ein stimmgewaltigerer Optimist als Walt Whitman. Der heilige Hieronymus hat, mit seiner Anklage gegen alles Böse, die Welt schwärzer gemalt als Schopenhauer. Beide Leidenschaften waren frei, weil sie an ihrem Platz blieben. Fröhliche Marschmusik, goldblitzende Trompeten und purpurfarbene Banner beim Auszug in die Schlacht konnte der Optimist nach Belieben lobpreisen. Aber er durfte den Kampf nicht zwecklos nennen. Ermüdende Märsche oder blutige Wunden konnte der Pessimist nach Belieben schwarz zeichnen. Aber er durfte den Kampf nicht hoffnungslos nennen. Nicht anders ging es mit allen übrigen ethischen Problemen: Stolz, Protest und Mitleid. Weil die Kirche ihr Dogma unverrückbar festlegte, konnte sie offenkundige Gegensätze nicht bloß nebeneinander bestehen lassen, sondern ihnen zudem eine künstlerische Gewalt verleihen, wie es sonst nur Anarchisten tun. Sanftmut wurde dramatischer als Wahnsinn. Das historische Christentum wurde zu einem heftigen und seltsamen *coup de théâtre* der Sittlichkeit – und war für die Tugend etwa das, was Neros Verbrechen für das Laster sind. Der Geist des Zorns und der Geist der Nächstenliebe nahmen gigantische und verführerische Formen an, angefangen bei jenem Ingrimm der Mönche, die den ersten und größten der Plantagenets* wie einen Hund züchtigten, bis zum erhabenen Mitleid der heiligen Katharina, die im Leichenhaus das blutige Haupt des Verbrechers küßte. Poesie war nicht nur Erdichtetes, sondern konnte in die Tat umgesetzt werden. Zusammen mit der übernatürlichen Religion, der Offenbarungslehre, ist auch diese heroische und monumentale Sittlichkeit spurlos verschwunden. Die Demütigen konnten sich zur Schau stellen; wir hingegen sind zu stolz, um uns sichtbar herauszuheben. Mit aller Vernünftigkeit plädieren unsere Sittenlehrer für die Gefängnisreform; doch kaum zu erwarten ist, daß Mr. Cadbury** oder ein anderer berühmter Philanthrop ins Gefängnis von Reading geht und die Leiche des Erhängten umarmt, bevor sie in die Kalkgrube geworfen wird. Mit aller Behutsamkeit argumentieren unsere Sittenlehrer gegen die Macht der Millionäre; doch kaum zu erwarten ist, daß Mr. Rockefeller oder ein anderer Tyrann unserer Zeit in Westminster Abbey öffentlich ausgepeitscht wird.

So bescheren die doppelten Anklagen der Kirchenfeinde ihnen selbst zwar nur Dunkel und Konfusion, auf den Glauben aber werfen sie helles Licht. Es

---

* Graf Gottfried V. von Anjou (1113–1151), dessen Beiname sich von seiner Helmzier, einem Ginsterbusch (lat. *Planta genista*), ableitete. Sein Sohn bestieg als Heinrich II. im Jahre 1154 den englischen Thron.

** Cadbury, englische Industriellenfamilie aus Birmingham, philanthropisch gesonnene Quäker.

stimmt, daß die historische Kirche ebensoviel Wert auf den Zölibat wie auf die Familie gelegt, daß sie sich (wenn man so sagen kann) gleichermaßen vehement für das Kinderkriegen und gegen das Kinderkriegen ausgesprochen hat. Beides hat sie nebeneinandergesetzt wie zwei starke Farben, Rot und Weiß, wie das Rot und das Weiß auf dem Schild des heiligen Georg. Sie hatte stets einen gesunden Haß auf die Farbe Rosa. Sie haßt jene Verbindung zweier Farben, in der die Philosophen ihren kläglichen Ausweg sehen. Sie haßt jenen Übergang von Schwarz zu Weiß, der nur auf ein schmutziges Grau hinausläuft. Ja, die gesamte kirchliche Theorie der Jungfräulichkeit ließe sich veranschaulichen in dem Satz: Weiß ist eine Farbe – und nicht etwa ein Mangel an Farbe. Um das, worauf es mir hier ankommt, auf eine kurze Formel zu bringen: Fast immer will das Christentum, daß zwei Farben rein nebeneinander bestehen bleiben. Nie ist es eine Mischfarbe wie Rotbraun oder Purpur; vielmehr gleicht es changierender Seide, denn ihre zwei Farben stehen rechtwinklig zueinander und zeichnen das Muster des Kreuzes.

Nicht anders verhält es sich mit dem in den Anklagen der Christenfeinde festgehaltenen Widerspruch von Unterwerfung und Blutbad. In der Tat hat die Kirche manchen Männern befohlen zu kämpfen und anderen, nicht zu kämpfen; und die, die gekämpft haben, waren wie Blitz und Donner, und die, die nicht gekämpft haben, waren wie Statuen. All das heißt nur, daß die Kirche ihre Übermenschen ebenso einsetzen wollte wie ihre Tolstoianer. *Etwas* muß gut sein am Kämpferleben, wenn so viele wackere Männer mit Freude Soldaten waren. *Etwas* muß gut sein am

Sich-nicht-Wehren, wenn so viele wackere Männer mit Freude Quäker zu sein scheinen. Was die Kirche getan hat, war nur, (soweit irgend möglich) zu verhindern, daß das eine Gute das andere Gute verdrängt. Beides bestand nebeneinander. Die Tolstoianer mit ihren mönchischen Skrupeln wurden Mönche. Die Quäker wurden ein Verein und keine Sekte. Die Mönche sagten alles, was auch Tolstoi gesagt hat; sie ergingen sich in scharfsichtigem Wehklagen über die Greuel der Schlacht und die Nichtigkeit der Rache. Aber die Tolstoianer haben nicht soviel recht, daß sie allein über die Welt bestimmen könnten; und in den Zeiten des Glaubens durften sie es überhaupt nicht. Der Welt entging weder der letzte Angriff von Sir James Douglas* noch das Banner der Jungfrau von Orléans.

Und mitunter trafen reine Sanftmut und reiner Ingrimm zusammen und bewiesen, wie richtig ihr Zusammentreffen war; das Paradox aller Propheten erfüllte sich, und in der Brust Ludwigs des Heiligen lag der Löwe neben dem Lamm. Dieses Bild wird immer zu oberflächlich ausgedeutet. Stets wird behauptet – zumal auf seiten der Tolstoianer –, wenn der Löwe neben dem Lamm liege, werde er wie ein Lamm. Aber das hieße gewaltsame Annexion und Imperialismus von seiten des Lamms. Es hieße, daß nicht zwar der Löwe das Lamm, aber das Lamm den Löwen verschlingt. Das wirkliche Problem ist hin-

---

* James Douglas, Earl of Morton (1516–1581), 1572 bis 1578 Regent von Schottland. Als Führer der protestantischen Lords gegen Maria Stuart schlug er 1568 deren Heer. 1581 wurde er wegen angeblicher Mitschuld an der Ermordung Lord Darnleys, des zweiten Gatten von Maria Stuart, hingerichtet.

gegen: Kann der Löwe neben dem Lamm liegen und gleichwohl seine königliche Wildheit bewahren? Genau dies hat die Kirche versucht; genau dieses Wunder hat sie vollbracht.

Und genau dies nannte ich: erahnen, was am Leben insgeheim exzentrisch ist; wissen, daß das Herz des Menschen links sitzt und nicht in der Mitte; nicht bloß wissen, daß die Erde rund ist, sondern auch, wo genau sie flach ist. Die christliche Lehre machte die Punkte ausfindig, an denen das Leben von der Norm abweicht. Sie fand nicht nur das Gesetz, sondern sah auch die Ausnahmen voraus. Wer behauptet, das Christentum habe die Barmherzigkeit entdeckt, unterschätzt es; die Barmherzigkeit kann jeder beliebige entdecken – und jeder beliebige hat es getan. Aber einen Plan zu finden, nach dem man zugleich barmherzig und streng sein kann – das war Vorsorge für ein seltsames Bedürfnis der Menschennatur. Denn kein Mensch möchte Verzeihung für ein großes Vergehen, ganz als wäre es bloß ein kleines. Jeder beliebige kann sagen, wir dürften weder ganz unglücklich noch ganz glücklich sein. Aber zu erkennen, inwiefern man ganz unglücklich sein *kann*, ohne daß es unmöglich wird, ganz glücklich zu sein – das war eine psychologische Entdeckung. Jeder beliebige kann fordern: »Seid weder prahlerisch noch unterwürfig«; und damit setzt er Grenzen. Aber zu sagen: »Hier kannst du prahlerisch und dort kannst du unterwürfig sein« – das war Befreiung.

Dies war das Hauptstück der christlichen Ethik: die Entdeckung der neuen Balance. Das Heidentum glich einer Marmorsäule, es stand aufrecht, weil es symmetrisch gebaut war. Das Christentum gleicht einem riesigen, zerklüfteten, romantischen Felsblock, der zwar bei jeder Berührung auf seinem Sockel hin und her schwankt, aber dennoch, weil seine enormen Auswüchse einander genau die Waage halten, seit tausend Jahren dort thront. In einem gotischen Dom sind alle Säulen verschieden, aber alle notwendig. Jedes Stützelement scheint zufälliges Phantasieprodukt; alle Strebepfeiler sind luftige Strebebögen. In der christlichen Welt haben scheinbar zufällige Dinge sich ausbalanciert. Unter dem Gold und Rot seiner Gewänder trug Becket ein härenes Hemd, und für diese Kombination spricht vieles; denn das härene Hemd kam Becket zugute, Rot und Gold hingegen den Menschen auf der Straße. Zumindest war es besser als das, was der Millionär von heute tut: Schwarz und Graubraun trägt er außen, für andere, das Gold jedoch darunter, an seinem Herzen. Nicht immer freilich war die Balance, wie bei Becket, auf den Körper eines einzelnen beschränkt; oft verteilte sie sich über den gesamten Korpus der Christenheit. Weil der eine im Schnee des Nordens betete und fastete, konnten in den Städten des Südens an dem ihm gewidmeten Festtag Blumengirlanden aufgehängt werden; und weil religiöse Schwärmer im syrischen Wüstensand Wasser tranken, konnten die Menschen in englischen Obstgärten Apfelwein trinken. Eben deshalb ist die christliche Welt einerseits so viel verwirrender und andererseits so viel interessanter als das Reich des Heidentums; die Kathedrale von Amiens ist zwar nicht besser als der Parthenon, aber interessanter. Und wer Belege aus der Neuzeit sucht, werfe einen Blick auf die sonderbare Tatsache, daß Europa unter dem Christentum zwar eine Einheit geblieben, aber dennoch in Einzelstaaten zerfallen ist. Der Patriotismus ist ein prächtiges Beispiel für dieses bewußte Ausbalancieren eines Extrems gegen das andere. Das heidnische Weltreich hätte instinktiv gesagt: »Ihr sollt allesamt römische Bürger und einander gleich werden, die Deutschen weniger langsam und ehrfürchtig, die Franzosen weniger experimentierfreudig und fix.« Das christliche Europa aber sagt instinktiv: »Sollen die Deutschen doch langsam und ehrfürchtig und die Franzosen fix und experimentierfreudig bleiben. Aus zweierlei Übermaß machen wir ein Gleichgewicht. Das Abstruse, das sich Deutschland nennt, soll Gegengewicht sein zum Närrischen, das sich Frankreich nennt.«

Vor allem aber erklärt gerade dies etwas, was den modernen Kritikern der Geschichte des Christentums so unerklärlich erscheint. Ich meine die fürchterlichen, um winzige Fragen der Theologie geführten Kriege, all die vielen, von einer Geste oder einem Wort angestoßenen emotionalen Erdbeben. Dabei ging es immer nur um einen Zoll; aber ein Zoll ist alles, wenn man die Balance halten muß. Wollte die Kirche ihr großartiges und gewagtes Experiment, ihren Versuch eines unregelmäßigen Gleichgewichts fortsetzen, konnte sie sich bei manchen Dingen keine Abweichung leisten, nicht einmal um Haaresbreite. Läßt man die eine Idee schwächer werden, dann macht man eine andere zu stark. Der christliche Hirte hütete keine Schafherde, sondern eine Horde Stiere und Tiger, einen Haufen furchterregender Ideale und gefräßiger Dogmen, von denen jedes stark genug war, um zur falschen Religion zu werden und die Erde zu verwüsten. Der Kirche lag ja speziell an gefährlichen Gedanken; sie war eine Löwenbändigerin. Die Zeugung durch einen Heiligen Geist, der Tod eines göttlichen Wesens, die Vergebung der Sünden oder die Erfüllung von Prophezeiungen – all das sind Ideen, die beim geringsten Antasten gotteslästerlich oder grausam werden können. Schon als das winzigste Kettenglied fehlte – fallengelassen von den Erfindern der Mitte, des Mittellandes –, konnte der Löwe des überkommenen Pessimismus in den vergessenen Wäldern des Nordens seine Fesseln sprengen. Von diesem theologischen Ausgleichen soll später die Rede sein. Hier mag die Feststellung genügen, daß der geringste Fehler in den Dogmen die schlimmsten Folgen für das Glück der Menschen hätte. Ein falsch formulierter Lehrsatz über das Wesen der Symbolik hätte die schönsten Statuen Europas zum Einsturz gebracht. Ein kleines Versehen bei den Definitionen könnte alle Tänze beenden, es könnte alle Weihnachtsbäume verdorren und alle Ostereier zerspringen lassen. In strengen Grenzen mußten die Dogmen definiert werden, damit der Mensch sich der allgemeinsten menschlichen Freiheiten erfreuen konnte. Die Kirche mußte sorgsam sein, damit die Welt sorglos sein konnte.

Dies ist das fesselnde, romantische Abenteuer der Orthodoxie. Viele Menschen sind in die alberne Gewohnheit verfallen, Orthodoxie für etwas Schwerfälliges, Langweiliges und Gefahrloses zu halten. Aber nie gab es etwas Riskanteres und Packenderes als sie. Sie war der gesunde Verstand – und bei Verstand zu sein ist dramatischer, als verrückt zu sein. Sie war das Gleichgewicht eines von wild galoppierenden Pferden gezogenen Wagenlenkers, der sich hierhin zu beugen und dorthin zu neigen scheint, aber in jeder Lage die Anmut der Statue und die Genauigkeit der Arithmetik wahrt. In der Frühzeit geriet die Kirche bei jedem Schlachtroß völlig außer sich; dennoch ist es einfach unhistorisch zu behaupten, sie sei nur von einer einzigen Idee besessen gewesen, wie der gewöhnliche Fanatismus. Sie schwenkte nach links und rechts aus, gerade als wollte sie gewaltigen Hindernissen ausweichen. Sie machte einen Bogen um den Riesenleib des Arianismus, weil er das Christentum im Verein mit allen weltlichen Mächten zu sehr verweltlichen wollte; und im nächsten Augenblick einen Schlenker um den Orientalismus, weil er es zu sehr entweltlicht hätte. Nie ging die orthodoxe Kirche den einfachen Weg oder beugte sich den Konventionen; nie war sie wohlanständig. Es wäre leichter gewesen, die irdische Macht der Arianer zu akzeptieren. Es wäre leicht gewesen, im calvinistischen 17. Jahrhundert in die bodenlose Grube der Prädestination zu fallen. Es ist leicht, ein Verrückter, und leicht, ein Häretiker zu sein. Es ist immer leicht, der Epoche ihren Kopf zu lassen; schwer ist es, den eigenen zu bewahren. Es ist immer leicht, ein Modernist zu sein – genauso wie ein Snob. In die eine oder andere dieser offenen Fallgruben des Irrtums und der Übertreibung zu geraten, mit denen alle Moden und alle Sekten den historischen Weg der Christenheit gesäumt haben – das wäre doch einfach gewesen. Fallen ist immer einfach; es gibt unzählige Punkte, wo man fällt, aber nur einen, wo man steht. In die eine oder andere der vielen Moden von der Gnosis bis zur Christian Science zu verfallen – das wäre doch naheliegend und gefahrlos gewesen. Aber sie alle umgangen zu haben, das war ein einziges wirbelndes Abenteuer. Und so sehe ich den himmlischen Streitwagen mit Donnern durch die Zeiten stürmen: Während die kraftlosen Ketzereien am Boden hingestreckt liegen, steht die ungestüme Wahrheit schwankend, aber aufrecht.

VII

DIE EWIGE REVOLUTION

Wir haben bislang folgende Thesen vertreten: erstens, daß wir einen gewissen Glauben an unser Leben brauchen, um es überhaupt verbessern zu können; zweitens, daß wir mit den Dingen, so wie sie sind, in gewissem Maße unzufrieden sein müssen, damit wir überhaupt zufrieden sind; drittens, daß wir, um uns diese notwendige Zufriedenheit und gleichermaßen notwendige Unzufriedenheit zu verschaffen, mehr brauchen als das oberflächliche Gleichgewicht des Stoikers. Denn bloße Abgeklärtheit besitzt weder die ungeheure Leichtigkeit der Lust noch die großartige Unduldsamkeit des Schmerzes. Gegen den Ratschlag, gute Miene zum bösen Spiel zu machen, mit einem Grinsen durchzuhalten, gibt es einen entscheidenden Einwand. Er lautet: Wer bloß durchhält, grinst nicht. Griechische Heroen grinsen nicht; aber die grotesken Wasserspeier der Kathedralen tun es – weil sie christlich sind. Und wenn ein Christ Lust empfindet, empfindet er (im Wortsinn) grauenvolle Lust; seine Lust steckt voller Grauen. Als Christus hörte, wie sich etliche Pharisäer (dieselben, die sich heute über die mechanischen Orgeln ereifern) in Jerusalem über den lauthals betenden Haufen der Jünger ereiferten, prophezeite Er die gesamte gotische Architektur. Er sprach: »Wo diese werden schweigen, so werden die Steine schreien.« In diesem Seinem Geist entstanden wie lärmende Chöre die Fassaden der mittelalterlichen Dome, an denen es von laut rufenden Gesichtern und offenen Mündern nur so wimmelt. Damit hat sich die Prophezeiung erfüllt: Die Steine schreien.

Setzen wir dies alles einmal voraus (und sei's nur zum Zweck der Beweisführung), dann können wir den Gedankengang des natürlichen Menschen, den die Schotten (leider allzu vertraulich) den »Alten Adam« nennen, dort wieder aufnehmen, wo wir ihn unterbrochen haben. Wir können die nächste Frage stellen, die so unabweisbar vor uns liegt. Um überhaupt etwas zu verbessern, brauchen wir ein gewisses Maß an Zufriedenheit. Aber was heißt das: etwas verbessern? Das meiste, was heute zu diesem Punkt gesagt wird, ist bloßer Zirkelschluß – beschreibt jenen Zirkel, in dem wir bereits das Symbol des Wahnsinns und des Rationalismus erkannt haben. Die Evolution ist nur gut, wenn sie Gutes hervorbringt; Gutes ist nur gut, wenn es die Evolution befördert. Der Elefant steht auf der Schildkröte und die Schildkröte auf dem Elefanten.

Ganz offenkundig ist es unmöglich, unser Ideal aus einem Naturprinzip abzuleiten; und zwar einfach deshalb, weil es – sieht man einmal von menschlicher oder göttlicher Theorie ab – in der Natur kein Prinzip gibt. Der heutige wohlfeile Gegner der Demokratie erklärt uns feierlich, in der Natur gebe es keine Gleichheit. Er hat recht, aber er sieht nicht die logische Ergänzung dieses Satzes. In der Natur gibt es keine Gleichheit; in der Natur gibt es auch keine Ungleichheit. Ungleichheit und Gleichheit setzen einen Wertmaßstab voraus. Wer in die Anarchie der Lebewesen ein aristokratisches Prinzip hineindeutet, ist nicht weniger gefühlsduselig als der, der ein demokratisches Prinzip in sie hineinliest. Beide – Demokratie und Aristokratie – sind menschliche Ideale; das eine besagt, daß alle Menschen gleichen Wert, das andere, daß manche Menschen mehr Wert besitzen. Aber die Natur behauptet nicht, Katzen seien wertvoller als Mäuse; die Natur äußert sich dazu gar nicht. Sie sagt nicht einmal, die Katze sei beneidenswert oder die Maus bedauernswert. Wir halten die Katze nur deshalb für überlegen, weil wir (oder die meisten von uns) ein bestimmtes Weltbild besitzen, dem zufolge Leben besser ist als Sterben. Wäre die Maus jedoch eine deutsche Pessimisten-Maus, fände sie vielleicht gar nicht, daß die Katze einen Sieg über sie errungen hat. Sie fände womöglich, daß sie einen Sieg über die Katze errungen hat, weil sie als erste unter die Erde kommt; oder daß sie gar der Katze, die am Leben geblieben ist, eine schreckliche Strafe auferlegt hat. Nicht anders als die Mikrobe, die stolz darauf sein mag, die Pest zu verbreiten, könnte die Maus jauchzen bei dem Gedanken, daß sie der Katze erneut die Qual des bewußt durchlittenen Daseins aufgebürdet hat. Alles hängt ab von der Weltsicht der Maus. Nur wer über eine Lehre verfügt, die festsetzt, welche Dinge höheren Wert besitzen, kann behaupten, in der Natur gebe es Sieg oder Überlegenheit. Nur wer ein Punktesystem hat, kann sagen, die Katze mache Punkte. Nur wer weiß, was das Beste ist, kann behaupten, die Katze sei am besten dran.

Das Ideal finden wir also nicht in der Natur; und da wir uns hier der ersten und natürlichen Spekulation widmen, wollen wir (vorläufig) den Gedanken beiseite lassen, daß wir es bei Gott finden. Wir müssen unsere eigene Vision haben. Doch die Versuche der meisten Modernen, sie in Worte zu fassen, bleiben mehr als vage.

Die einen halten es einfach mit der Uhr. Sie tun so, als verschaffe der bloße Durchgang durch die Zeit irgendeinen höheren Wert; und selbst ein Mann von hohem geistigem Format spricht achtlos davon, der menschliche Sittenkodex sei nie zeitgemäß. Wie kann etwas zeitgemäß sein? – ein Zeitpunkt hat keinerlei Eigenschaft. Wie kann man sagen, die Weihnachtsfeier passe nicht zum fünfundzwanzigsten Tag eines Monats? Was der Autor meinte, war natürlich, daß die große Mehrheit der Menschen der von ihm favorisierten Minderheit hinterherhinkt – oder ihr vorauseilt. Andere dieser unentschiedenen Modernen nehmen Zuflucht zu konkreten Metaphern; ja darin besteht eigentlich das Hauptmerkmal der unentschiedenen Modernen. Da sie sich nicht trauen, ihre Lehre von dem, was gut ist, klar zu formulieren, greifen sie halt- und schamlos zu Vergleichen aus dem Reich der Physis; und – was am schlimmsten ist – sie scheinen anzunehmen, diese billigen Analogien seien etwas exquisit Geistiges und der alten Sittenlehre überlegen.

So sehen sie eine Denkleistung darin, von Dingen zu sagen, sie seien »hoch«. Das ist doch eher das Gegenteil von Denken; ein Ausdruck, der sich von Kirchturmspitzen oder Wetterhähnen herleitet. »Tommy war ein guter Kerl« ist ein durch und durch philosophischer Satz, der eines Platon oder Thomas von Aquin würdig wäre. »Tommy lebte das höhere Leben« ist eine platte Metapher, die vom Zollstock herkommt.

In diesem Punkt übrigens zeigt Nietzsche, den manche als kühnen und starken Denker darstellen, seine entscheidende Schwäche. Niemand bestreitet, daß er ein poetischer und anschaulicher Denker war, aber er war alles andere als kraftvoll. Und er war mitnichten kühn. Nie hat er sich das, was er meinte, in kargen, abstrakten Worten vor Augen gestellt, wie es Aristoteles und Calvin und sogar Karl Marx getan haben, die harten, furchtlosen Männer des Geistes. Fast jeder Frage wich Nietzsche mit einer der Physis entlehnten Metapher aus, als wäre er ein munter drauflos schreibender Dichterling. Er sagte »Jenseits von Gut und Böse«, weil er nicht den Mut hatte zu sagen: »mehr Gutes als Gut und Böse« oder »mehr Böses als Gut und Böse«. Hätte er seinen Gedanken ohne Metaphern ins Auge gefaßt, so hätte er gesehen, daß er unsinnig ist. Deshalb wagt er nicht, seinen Helden als den »reineren Menschen«, den »glücklicheren Menschen« oder »traurigeren Menschen« zu beschreiben; denn all das sind Ideen, und Ideen sind beängstigend. Er nennt ihn »den Übermenschen«, mit einer konkreten Metapher, die sich von Akrobaten oder Bergsteigern herleitet. Im Grunde ist Nietzsche ein äußerst furchtsamer Denker. Eigentlich weiß er überhaupt nicht, welchen Menschen er sich denn nun von der Evolution wünschen soll. Und wenn *er* es nicht weiß, dann wissen es die gewöhnlichen Evolutionisten, die immer davon reden, was alles »höher« sei, mit Sicherheit ebensowenig.

Andere wiederum halten es mit schlichter Unterwerfung und Stillsitzen. Irgendwann wird die Natur etwas tun; niemand weiß, was, und niemand weiß, wann. Wir haben weder einen Grund zu handeln noch einen, nicht zu handeln. Geschieht etwas, so ist es richtig; geschieht etwas nicht, so war es falsch. Noch andere versuchen, der Natur vorzugreifen, indem sie selbst etwas tun, irgend etwas. Da uns vielleicht ja noch Flügel wachsen, hacken sie sich die Beine ab. Doch all ihrem Wissen zum Trotz könnte die Natur versuchen, sie zu Tausendfüßlern zu machen.

Schließlich gibt es noch eine vierte Gruppe; diese Leute nehmen, was sie sich gerade wünschen, und erklären, eben darin bestehe der Endzweck der Evolution. Und sie sind die einzigen mit gesundem Verstand. Denn dies ist der allein sinnvolle Umgang mit dem Wort Evolution: sich tatkräftig für etwas Gewünschtes einzusetzen und genau das Evolution zu nennen. Fortschritt oder Höherentwicklung beim Menschen kann nur den einen einsehbaren Sinn haben, daß wir im Besitz einer klaren Vision sind und ihr die ganze Welt gleichzumachen suchen. Im Kern besagt diese Lehre, wenn Sie so wollen, daß alles, was uns umgibt, nur Mittel zu und Vorbereitung auf etwas ist, das wir erst schaffen müssen. All das ist keine fertige Welt, sondern Material für den Aufbau einer Welt. Gott gab uns nicht die Farben eines Bildes, sondern die Farben einer Palette. Aber zugleich gab er uns einen Gegenstand, ein Modell, eine unverrückbare Vision. Wir müssen genau wissen, was wir malen wollen. Zu den bisherigen Prinzipien kommt also noch eines. Weiter oben hieß es, wir müßten diese Welt lieben, um sie überhaupt verändern zu können. Nun setze ich hinzu: Wir müssen eine andere (reale oder phantastische) Welt lieben, um etwas zu haben, wozu wir sie verändern können.

Ob wir besser Evolution oder Fortschritt sagen sollten, will ich hier nicht lange debattieren; ich persönlich spreche lieber von Reform. Denn in Reform steckt die Form. Das heißt, daß wir die Welt nach einem bestimmten Bild gestalten, sie zu etwas machen wollen, das wir im Geist schon vor uns sehen. Evolution ist eine Metapher, die vom (bloß automatischen) Ab- oder Ausrollen herkommt. Fortschritt ist eine Metapher, die vom schlichten Gehen auf einem Weg – im Zweifelsfall dem falschen – herkommt. Reform hingegen ist eine Metapher für vernunftbegabte und entschlossene Menschen; sie besagt, daß wir etwas sehen, was aus der Form geraten ist, und es in Form bringen wollen. Und daß wir wissen, in welche Form.

In diesem Punkt aber hat unsere Epoche gänzlich versagt und danebengegriffen. Wir haben zwei verschiedene, zwei gegensätzliche Dinge miteinander vermengt. Fortschritt *müßte* heißen, daß wir beständig die Welt verändern, damit sie sich der Vision angleicht. Faktisch bedeutet er (heute), daß wir beständig die Vision verändern. Fortschritt müßte heißen, daß wir den Menschen langsam, aber sicher Gerechtigkeit und Barmherzigkeit bringen. Faktisch bedeutet er, daß wir allzu schnell daran zweifeln, ob Gerechtigkeit und Barmherzigkeit überhaupt wünschenswert sind – und diesen Zweifel vermag schon ein preußischer Sophist mit einer einzigen wirren Buchseite zu wecken. Fortschritt müßte heißen, daß wir uns beständig auf das Neue Jerusalem zubewegen. Faktisch bedeutet er, daß sich das Neue Jerusalem beständig von uns fortbewegt. Wir ändern nicht die Wirklichkeit, um sie dem Ideal gleichzumachen. Wir ändern das Ideal – denn das ist leichter.

Einfältige Beispiele sind immer verständlich; nehmen wir also an, jemand wünsche sich eine Welt ganz spezieller Art, etwa eine blaue. Über Leichtigkeit oder Schnelligkeit seiner Arbeit hätte er nicht zu klagen; vermutlich brauchte er lange Zeit für die Umgestaltung. Er könnte wie wild arbeiten, bis alles blau ist. Er könnte heroische Abenteuer bestehen: wenn er einem blauen Tiger die letzten Pinselstriche verpaßt. Er könnte Märchenträume durchleben: wenn er einen blauen Mond aufgehen sieht. Doch dank seiner harten Arbeit hinterläßt dieser hochgesinnte Reformer die Welt tatsächlich (aus seiner Sicht) besser und blauer, als er sie vorgefunden hat. Selbst wenn er täglich nur einen einzigen Grashalm in seiner Lieblingsfarbe anmalte, er käme doch allmählich voran. Malte er indessen täglich mit einer neuen Lieblingsfarbe, dann käme er überhaupt nicht voran. Malte er nach der Lektüre eines neuen Philosophen nun alles rot oder gelb, dann wäre seine bisherige Arbeit vergeblich; es bliebe nichts davon als ein paar umherstreunende blaue Tiger, Musterstücke seines schlechten Frühstils. Genau dies ist der Standpunkt des normalen modernen Denkers. Man wird einwenden, das Beispiel sei, wie ich selbst eingeräumt habe, völlig absurd. Dennoch erzählt es buchstäblich ein Stück neuerer Geschichte. Alle großen und tiefgreifenden Veränderungen unseres politischen Lebens stammen aus dem frühen – und nicht aus dem späten – 19. Jahrhundert. Sie stammen aus der Schwarz-Weiß-Epoche, als fast alle Menschen steif und fest an Toryismus, Protestantismus, Calvinismus, Reform und nicht selten auch Revolution glaubten. Wer etwas glaubte, arbeitete unermüdlich daran, ohne jeden Anflug von Skeptizismus; und so gab es eine Zeit, in der die Staatskirche hätte gestürzt werden können und das Oberhaus um ein Haar gestürzt worden wäre. Einfach deshalb, weil die Radikalen so klug waren, beharrlich und konsequent zu sein; weil sie so klug waren, konservativ zu sein. Aber unter den heutigen Verhältnissen fehlt es den Radikalen an Zeit und Tradition, um irgend etwas zum Einsturz zu bringen. Es steckt viel Wahrheit in dem Gedanken, den Lord Hugh Cecil in einer schönen Rede vortrug: daß nämlich die Zeit des Wandels vorüber ist und wir in einer Zeit des Bewahrens und des Stillstands leben. Aber vermutlich wäre Lord Hugh Cecil zutiefst betrübt, wenn er sähe (was er sicherlich tut), daß unsere Zeit nur deshalb eine Epoche des Bewahrens ist, weil sie eine Epoche des totalen Unglaubens ist. Wer will, daß Institutionen unverändert bleiben, braucht nur dafür zu sorgen, daß feste Überzeugungen rasch und in großer Zahl verschwinden. Je mehr das Leben des Geistes aus den Fugen gerät, um so mehr bleibt der Mechanismus der Materie sich selbst überlassen. Das Endergebnis all unserer politischen Projekte – Kollektivismus, Tolstoianismus, Neofeudalismus, Kommunismus, Anarchie oder gar »Wissenschaftliche Bürokratie« –, ihr einziges unmittelbares Resultat, besteht darin, daß Monarchie und Oberhaus erhalten bleiben.

Das Endergebnis aller neuen Religionen wird sein, daß die anglikanische Kirche (weiß der Himmel, für wie lange) ihre zentrale Stellung nicht verliert. Karl Marx, Nietzsche, Tolstoi, Cunninghame Graham, Bernard Shaw und Auberon Herbert* – sie alle trugen auf ihren riesigen gebeugten Rücken den Thron des Erzbischofs von Canterbury.

Generell läßt sich sagen: Freies Denken ist der beste Schutz vor Freiheit. Die Emanzipation des Sklaven verhindert man am ehesten, wenn man sich in moderner Manier der Emanzipation seines Denkens widmet. Man lehre ihn, sich zu fragen, ob er frei sein will oder nicht, und er wird sich nicht befreien. Auch hier könnte man einwenden, das Beispiel sei weit hergeholt oder zu drastisch. Es gilt jedoch genauso für den normalen Mann auf der Straße. Gewiß, der Negersklave wird – als ein seiner Würde beraubter Barbar – entweder eine ganz menschliche Liebe zur Treuepflicht oder eine ganz menschliche Liebe zur Freiheit empfinden. Aber der Mann, den wir täglich sehen – der Arbeiter in Mr. Gradgrinds** Fabrikhalle, der kleine Angestellte in Mr. Gradgrinds Büro –, macht sich so viele Gedanken, daß er gar nicht an die Freiheit glauben kann. Mit revolutionären Büchern wird er stillgestellt. Mit einem endlosen Reigen wirrer Philosophien wird er beschwichtigt und auf seinem Platz gehalten. Den einen Tag ist er Marxist, den

---

* Robert Cunninghame Graham (1852–1936), schottischer Politiker, Abenteurer und Reiseschriftsteller. 1888 wurde er erster Präsident der Scottish Labour Party, 1928 erster Präsident der Scottish National Party. – Auberon Herbert (1838–1906), englischer Politiker und Förderer der sogenannten voluntaristischen, antistaatlichen Bewegung.

** Figur aus Charles Dickens' Roman *Hard Times. For These Times.*

nächsten Nietzscheaner, wieder den nächsten vermutlich ein Übermensch; und jeden Tag ein Knecht. Das einzige, was nach all den Philosophien bleibt, ist die Fabrik. Der einzige, der von all den Philosophien profitiert, ist Gradgrind. Es wäre lohnend für ihn, seine Industriesklaven ständig mit skeptizistischer Literatur zu versorgen. Und dabei fällt mir prompt ein, daß Gradgrind sich als Stifter von Bibliotheken einen Namen gemacht hat. Damit beweist er Verstand. Alle modernen Bücher sind auf seiner Seite. Solange die Vision vom Himmel ständig wechselt, bleibt die Vision von der Erde unverändert. Kein Ideal hat heute lange genug Bestand, um verwirklicht zu werden, nicht einmal in Ansätzen. Niemals wird der junge Mann von heute etwas an seiner Umwelt ändern; immer wird er bloß sein Denken ändern.

Unsere erste Forderung an das Ideal, auf das der Fortschritt zustrebt, lautet daher: Es muß unverrückbar, etwas Fixes sein. Whistler pflegte von ein und demselben Modell viele rasche Arbeitsskizzen zu machen; und selbst wenn er zwanzig Porträts anfertigte, änderte das nichts an der Sache. Ändern aber würde es etwas, wenn er zwanzig Mal aufblickte und jedes Mal ein andere Person sähe, die ihm geduldig Modell sitzt. Auf die Menschheit übertragen hieße dies: Unerheblich ist, wie oft sie ihr Ideal verfehlt; denn alle alten Fehlschläge sind nützlich. Sehr erheblich aber ist, wie oft sie ihr Ideal ändert; denn dann sind alle alten Fehlschläge nutzlos. Daher die Frage: Was können wir tun, damit der Maler mit seinen Bildern unzufrieden bleibt und doch nicht unzufrieden mit seiner Kunst wird? Was können wir tun, damit ein Mensch nie aus der fertigen Arbeit, aber stets aus dem Arbeiten Befriedigung schöpft? Wie können wir sichergehen, daß der Porträtmaler das Porträt aus dem Fenster wirft, statt den natürlichen und allzumenschlichen Weg einzuschlagen und das Modell aus dem Fenster zu werfen?

Strenge Maßstäbe braucht man nicht nur zum Regieren; man braucht sie auch zum Rebellieren. Ein festgelegtes und vertrautes Ideal ist unverzichtbar für Revolutionen jeglicher Art. Langsam handeln kann man auch mal auf Grund neuer Ideen, schnell handeln kann man nur auf Grund alter Ideen. Soll ich bloß dahintreiben oder allmählich vergehen oder werden, mag das Ziel getrost anarchisch sein; soll ich mich auflehnen, muß das Ziel altehrwürdig sein. Hier liegt der Schwachpunkt mancher Denkschulen, die an Fortschritt und moralische Höherentwicklung glauben. Ihnen zufolge gibt es eine stetige und langsame Annäherung an das Sittengesetz, und jedes Jahr oder gar jeden Augenblick vollzieht sich in der Sittlichkeit unmerklich ein Wandel. Doch diese Theorie hat einen großen Nachteil. Sie spricht von einer langsamen Annäherung an die Gerechtigkeit; eine rasche Annäherung läßt sie nicht zu. Demnach darf man nicht einfach aufspringen und den Stand der Dinge für schlechthin unerträglich erklären. Um deutlich zu machen, was ich meine, greife ich lieber zu einem Beispiel. Manche idealistischen Vegetarier – wie etwa Mr. Salt* – behaupten, die Zeit sei gekommen, kein Fleisch mehr zu essen; damit sagen sie, daß

---

* Henry Stephens Salt, englischer Autor (u. a. einer biographischen Studie über Shelley) und Anhänger des Vegetarismus; unter dem Titel *The Creed of Kinship* schrieb er ein Plädoyer für die vegetarische Lebensweise.

es irgendwann einmal richtig war, Fleisch zu essen, und deuten an (ich könnte wörtlich zitieren), daß es vielleicht eines Tages auch falsch sein wird, Milch und Eier zu verzehren. Ich will hier nicht der Frage nachgehen, was Gerechtigkeit gegenüber Tieren bedeutet. Ich sage nur, daß für Gerechtigkeit, wie immer sie beschaffen sein mag, so schnell wie möglich gesorgt werden sollte. Wenn einem Tier Unrecht geschieht, müssen wir in der Lage sein, ihm im Nu zu Hilfe zu eilen. Aber wie können wir eilen, wenn wir unserer Zeit vielleicht voraus sind? Wie sollen wir eilen, wenn wir einen Zug bekommen wollen, der vielleicht mehrere Jahrhunderte lang nicht eintrifft? Wie soll ich jemanden, der den Katzen das Fell über die Ohren zieht, an den Pranger stellen, wenn er derzeit nur so ist, wie ich selbst womöglich noch sein werde, wenn ich ein Glas Milch trinke? Eine phantastische und verrückte russische Sekte zog irgendwann umher und spannte überall das Vieh aus den Wagen. Woher nehme ich den Mut, das Pferd aus meinem Hansom zu spannen, wenn ich nicht weiß, ob meine Evolutionsuhr bloß ein wenig vor- oder die des Kutschers ein wenig nachgeht?

Oder angenommen, ich sage zu einem Ausbeuter: »Sklaverei paßte nur zu einer bestimmten Stufe der Evolution.« Und er antwortet dann: »Ausbeutung paßt aber zur jetzigen Stufe der Evolution.« Wie soll ich ihm entgegnen ohne einen ewig gültigen Maßstab? Wenn Ausbeuter hinter der gerade geläufigen Moral herhinken können, warum sollten Philanthropen ihr nicht vorauseilen? Was in aller Welt ist die geläufige Moral anderes als das, was sie im Wortsinn bedeutet: die Moral, die immer davonläuft?

Wir können also sagen, daß ein unveränderliches Ideal für den Neuerer ebenso unerläßlich ist wie für den Konservativen: unerläßlich, egal ob wir wollen, daß jeder Befehl des Königs sofort exekutiert, oder ob wir wollen, daß der König sofort exekutiert wird. Die Guillotine hat viele Fehler, aber gerechterweise muß man sagen, daß sie nichts Evolutionäres an sich hat. Die beste Antwort auf das Lieblingsargument des Evolutionisten ist das Beil. Wenn er sagt: »Wo ziehst du die Grenze?«, antwortet der Revolutionär: »Ich ziehe sie *hier*, genau zwischen deinem Kopf und deinem Körper.« Soll eine Bresche geschlagen werden, muß es jederzeit ein abstrakt Richtiges und ein abstrakt Falsches geben; soll es Plötzliches geben, muß Ewiges sein. Voraussetzung alles nur denkbaren menschlichen Strebens – ob wir die Dinge verändern oder sie bewahren wollen, ob wir (wie in China) ein immerwährendes System gründen oder es (wie in der Französischen Revolution) jeden Monat umbauen – ist die unverrückbar festgelegte Vision. Dies also unsere erste Forderung.

Kaum hatte ich das niedergeschrieben, merkte ich wieder, daß sich da noch etwas anderes vernehmen ließ: so wie jemand über den Straßenlärm hinweg eine Kirchenglocke hört. Irgend etwas schien zu sagen: »Mein Ideal ist unverrückbar; festgelegt wurde es noch vor der Erschaffung der Welt. Meine Vision der Vollkommenheit läßt sich niemals verändern: sie heißt Eden. Man kann wohl den Ort ändern, auf den man zugeht, aber nicht den, von dem man herkommt. Für den Orthodoxen gibt es immer einen Grund zur Revolution; denn im Herzen des Menschen wurde Gott unter Satans Herrschaft gebracht. Im Jenseits erhob sich einst die Hölle gegen den Himmel; doch im Diesseits erhebt sich der Himmel gegen die Hölle. Für den Orthodoxen gibt es immer die Möglichkeit der Revolution, denn Revolution heißt Restauration. Jederzeit könnt ihr euch stark machen für jene Vollkommenheit, die seit Adam niemand mehr gesehen hat. Weder der immer gleiche Brauch noch die immer neue Evolution machen aus dem ursprünglich Guten etwas anderes als das Gute. Mag der Mensch Konkubinen haben, seit die Kuh Hörner hat; sie sind doch kein Teil von ihm, wenn sie Sünde sind. Mögen die Menschen unterdrückt sein, seit es Fische im Wasser gibt; sie dürften es nicht sein, wenn Unterdrückung Sünde ist. Mag die Kette dem Sklaven oder die Schminke der Hure so natürlich erscheinen wie die Feder dem Vogel oder die Höhle dem Fuchs; sie sind es doch nicht, wenn sie Sünde sind. Mit meiner vorgeschichtlichen Sage trotze ich eurer ganzen Geschichte. Eure Vision ist nichts Fixiertes, sie ist etwas Gemachtes.« Ich hielt inne, um die erneute Übereinstimmung mit dem Christentum zu konstatieren; aber dann überlegte ich weiter.

Ich kam nun zur zweiten Forderung, die wir an ein Fortschrittsideal stellen. Wie gesagt scheinen manche Leute zu glauben, in allen Dingen wirke ein automatischer und unpersönlicher Fortschritt. Doch klar ist, daß man mit dem Satz, Fortschritt sei naturgegeben und unvermeidlich, niemanden zu politischer Betätigung ermuntert; er bietet ja keinen Grund, sich zu betätigen, sondern eher einen, sich auf die faule Haut zu legen. Wenn wir ganz von allein immer besser werden, warum sollen wir uns dann Mühe geben, besser zu werden. Die bloße Lehre vom Fortschritt bietet den besten aller Gründe, nicht für den Fortschritt zu kämpfen. Aber um solche Selbstverständlichkeiten geht es mir hier gar nicht in erster Linie.

Der einzig interessante Punkt ist folgender: Wenn wir unterstellen, daß die Entwicklung zum Besseren von Natur aus stattfindet, dann muß sie etwas ganz Einfaches sein. Denkbar ist, daß die Welt von sich aus auf einen einheitlichen Endzustand, nicht aber, daß sie auf eine bestimmte Anordnung vieler Merkmale hinarbeitet. Um noch einmal unser erstes Beispiel zu nehmen: Blauer kann die Natur von ganz allein werden; das wäre ein so einfacher Prozeß, daß er unpersönlich ablaufen könnte. Aber ein sorgfältig komponiertes Bild mit vielen erlesenen Farben, das bringt nur eine personal verfaßte Natur fertig. Wäre das Ende der Welt reine Finsternis oder reines Licht, könnte es so langsam und unvermeidlich kommen wie Abend- und Morgendämmerung. Soll das Ende der Welt jedoch ein raffiniertes künstlerisches Chiaroscuro sein, dann muß es einer – menschlichen oder göttlichen – Absicht entstammen. Der plane Zeitablauf mag die Welt schließlich schwarz werden lassen wie ein altes Bild oder weiß wie ein altes Haarkleid; wird sie jedoch zu einem Schwarz-Weiß-Kunstwerk, dann gibt es auch einen Künstler.

Sollte der Unterschied noch nicht klar sein, hier ein profanes Beispiel. Die modernen Humanitätsapostel liegen uns mit einer besonders kosmischen Glaubenslehre in den Ohren (das Wort Humanität verwende ich im landläufigen Sinn und meine mit ihren Anhängern diejenigen, die die Ansprüche aller Geschöpfe gegen die der Menschheit vertreten). Sie behaupten, wir seien mit der Zeit immer humaner geworden, was heißen soll, daß Gruppen oder Untergruppen von Lebewesen (Sklaven, Kinder, Frauen, Kühe und was nicht noch alles) sukzessive der Barmherzigkeit oder Gerechtigkeit teilhaftig wurden. Sie behaupten auch, wir hätten es einstmals für richtig gehalten, Menschen zu verzehren. Das stimmt nicht im mindesten; aber hier geht es mir nicht um ihre – höchst ungeschichtliche – Geschichtsschreibung. (Kannibalismus ist nichts Ursprüngliches, sondern etwas Dekadentes. Daß die Menschen der Moderne irgendwann Menschenfleisch verzehren werden, weil sie so snobistisch sind, ist viel wahrscheinlicher, als daß die Urmenschen es sich einverleibt haben, weil sie so unbedarft waren.) Hier will ich nur ihrem Gedanken nachgehen, der Mensch sei immer sanftmütiger geworden: zuerst gegenüber den Mitbürgern, dann gegenüber den Sklaven, den Tieren und dereinst (wahrscheinlich) gegenüber den Pflanzen. Ich halte es für unrecht, auf einem Menschen zu sitzen. Bald werde ich es für unrecht halten, auf einem Pferd zu sitzen. Schließlich (so vermute ich) werde ich es für unrecht halten, auf einem Stuhl zu sitzen. Das jedenfalls ist die dem Gedanken innewohnende Dynamik. Und hierbei läßt sich tatsächlich von Evolution oder unvermeidlichem Fortschritt sprechen. Eine anhaltende Tendenz, immer weniger Dinge zu berühren, könnte durchaus unbewußt wirken, vergleichbar der Tendenz einer biologischen Art, immer weniger Nachkommen hervorzubringen. Dieser Trend kann im Wortsinn evolutionär sein, weil er schwachsinnig ist.

Der Darwinismus legitimiert gleich *zwei* Sittenlehren *ohne* Sinn und Verstand – aber nicht *eine* einzige *mit* Sinn und Verstand. Die Vorstellung von

Verwandtschaft und Konkurrenzkampf der Lebewesen begründet nicht nur wahnwitzige Grausamkeit, sondern auch wahnwitzige Gefühlsduselei – niemals jedoch gesunde Tierliebe. Mit Berufung auf die Evolution läßt sich Inhumanität oder groteske Humanität, nicht aber Menschlichkeit entwickeln. Daß wir und der Tiger ein und dasselbe sind, könnte einerseits dazu auffordern, sanft gegenüber einem Tiger zu sein. Es könnte andererseits dazu auffordern, so grausam wie ein Tiger zu sein. Auf dem einen Wege bringen wir dem Tiger bei, uns zu imitieren; auf dem anderen, kürzeren, imitieren wir den Tiger. Aber in keinem der beiden Fälle sagt uns die Evolution, wie man mit einem Tiger vernünftig umgeht: daß man seine Streifen bewundert und sich doch von seinen Pranken fernhält.

Will man vernünftig mit einem Tiger umgehen, muß man bis zum Garten Eden zurückgehen. Denn immer wieder stoßen wir darauf: Nur der übernatürliche Glaube besitzt ein sinnvolles Bild der Natur. Pantheismus, Evolutionslehre und die kosmische Religion der Moderne laufen im Kern auf die Aussage hinaus, daß die Natur unsere Mutter sei. Wer aber die Natur als Mutter sieht, muß leider die Entdeckung machen, daß sie eine Stiefmutter ist. Das Christentum verkündete: Die Natur ist nicht unsere Mutter, sie ist unsere Schwester. Auf ihre Schönheit können wir stolz sein, da wir denselben Vater haben; Gewalt jedoch hat sie nicht über uns. Wir sollen sie bewundern, aber nicht nachahmen. Die typische Freude des Christen an dieser unserer Erde hat daher etwas seltsam Leichtes, fast schon Frivoles. Eine ehrwürdige Mutter war die Natur für alle, die Isis und Kybele anbeteten.

Auch für Wordsworth oder Emerson. Überhaupt nicht ehrwürdig ist sie für Franz von Assisi oder George Herbert*. Und der heilige Franziskus sieht sie als Schwester, ja sogar als jüngere Schwester: eine kleine, umherspringende Schwester, die wir anlachen und lieben können.

All dies aber ist gar nicht mein Hauptgedanke; ich habe es nur eingeschoben, um zu zeigen, wie regelmäßig und beinahe zufällig der Schlüssel noch zu den kleinsten Türen paßt. Der Hauptgedanke war: Sollte es in der Natur eine unpersönliche Entwicklung zum Besseren geben, dann müßte es wohl eine einfache Entwicklung sein, in der etwas Einfaches obsiegt. Vorstellbar ist eine spontane biologische Tendenz zu immer längeren Nasen. Aber die Frage ist doch: Wollen wir immer längere Nasen haben? Ich denke nicht; ich vermute, daß die meisten von uns lieber zu ihrer Nase sagen: »Bis hierhin und nicht weiter; genau da soll deine stolze Spitze stehen.« Wir wollen eine Nase, die gerade so lang ist, daß sie für ein interessantes Gesicht sorgt. Aber einen biologischen Trend zu interessanten Gesichtern können wir uns nicht vorstellen; ein interessantes Gesicht besteht ja in der unverwechselbaren Anordnung von Augen, Nase und Mund, in ihrem hochkomplexen Verhältnis zueinander. Die richtige Proportion kann keine bloße Tendenz sein; entweder ist sie Zufall oder Absicht. Nicht anders verhält es sich mit dem Idealbild menschlicher Sittlichkeit und den Vorstellungen der Humanitätsapostel und Humanitätsgegner.

---

* George Herbert (1593–1633), englischer Geistlicher und religiöser Dichter.

Angenommen, wir lassen zunehmend unsere Finger von den Dingen, wir reiten weder ein Pferd, noch pflücken wir Blumen. Mag sein, daß wir schließlich nicht einmal mehr das Denken anderer Menschen durch ein Argument oder den Schlaf der Vögel durch Husten stören dürfen. Die Krönung des Ganzen wäre dann der Mensch, der gänzlich stillsitzt und weder wagt, sich zu rühren (aus Angst, eine Fliege zu stören) noch etwas zu essen (aus Angst, einer Mikrobe zu nahe zu treten). Vielleicht steuern wir tatsächlich, ohne es zu wissen, auf einen derart simplen Endzustand zu. Aber wollen wir einen derart simplen Zustand? Vielleicht schlagen wir auch, ohne es zu wissen, die ganz entgegengesetzte Richtung – die Richtung à la Nietzsche – ein und werden schließlich an den Punkt kommen, wo sich in einer einzigen großen Tyrannenfestung die Übermenschen gegenseitig zermalmen, bis auch das Universum zum bloßen Vergnügen in Stücke geschlagen wird. Aber wollen wir, daß das Universum zum bloßen Vergnügen in Stücke geschlagen wird? Ist denn nicht klar, daß wir in Wahrheit auf eine einzigartige Handhabung und Umsetzung beider Tendenzen hoffen; daß wir einerseits einen bestimmten Grad von Zurückhaltung und Achtung, andererseits einen bestimmten Grad von Tatkraft und Bemächtigung anstreben? Sollte unser Leben jemals wirklich so schön sein wie ein Märchen, dürfen wir nicht vergessen, worin die ganze Schönheit des Märchens besteht: daß der Königssohn ein Verwundern kennt, das nie bis zur Furcht geht. Ängstigt er sich vor dem Riesen, so bedeutet das sein Ende; kann er jedoch nicht über den Riesen staunen, so bedeutet dies das Ende des Märchens. Alles hängt davon ab, daß er zwar demütig genug ist, um sich zu wundern, aber zugleich stolz genug, um zum Kampf anzutreten. Auch wir dürfen gegenüber dem Riesen der Welt nicht nur das eine oder das andere empfinden: immer mehr Zartgefühl oder immer mehr Geringschätzung. Gefordert ist vielmehr ein einzigartiges Verhältnis zwischen beiden – die gerade richtige Proportion. Vor jedem Ding der Außenwelt müssen wir so viel Ehrfurcht haben, daß wir mit Bangen über das Gras gehen. Und für jedes müssen wir so viel Verachtung empfinden, daß wir auch mal die Sterne anspucken. Beides muß (wenn wir denn gut oder glücklich sein sollen) miteinander verknüpft werden, und zwar nicht irgendwie, sondern auf unvergleichliche Art und Weise. Das vollkommene irdische Glück der Menschen wird (wenn es je kommt) nichts Planes und Festes sein wie der tierische Zustand der Befriedigung. Es wird eine präzise und heikle Balance sein – wie die eines tollkühnen Abenteuers. Der Mensch muß gerade so viel an sich glauben, daß er Abenteuer erlebt, und gerade so viel an sich zweifeln, daß er sie genießt.

Dies also unsere zweite Forderung an ein Fortschrittsideal. Es soll nicht bloß etwas Unverrückbares, sondern auch etwas Vielfältiges sein. Es darf (wenn es uns innerlich befriedigen soll) nicht im Sieg einer einzigen Sache bestehen, die alles andere – Liebe oder Stolz oder Frieden oder Abenteuer – einfach verschlingt; es muß ein ganz bestimmtes Bild sein, in dem all diese Einzeldinge im optimalen Verhältnis zueinander angeordnet sind. Ich will hier nicht gegen den Gedanken antreten, daß der Menschheit eine solche unübertreffliche Komposition der Welt vorbestimmt sein könnte. Ich mache nur geltend, daß diese für uns festgelegte komplexe Glückseligkeit durch einen bewußten Willen festgelegt worden sein muß; denn nur er kann die genauen Proportionen einer komplexen Glückseligkeit bestimmen. Ist die Menschheitsbeglückung nur ein Werk der Natur, muß sie etwas so Einfaches sein wie Einfrieren oder Abbrennen. Ist sie jedoch ein Werk der Kunst, braucht es einen Künstler. Und hier wurden meine Betrachtungen ein weiteres Mal von der Stimme aus der Vergangenheit unterbrochen, die sprach: »All das hätte ich euch schon vor langer Zeit sagen können. Wenn irgend es sicheren Fortschritt gibt, dann ist es der meine, der Weg zu einer himmlischen Stadt der Tugenden und Herrschaften, wo Gerechtigkeit und Friedfertigkeit sich umarmen. Eine unpersönliche Macht kann euch in eine Wüste von vollendeter Flachheit oder auf einen Gipfel von vollendeter Höhe bringen. Doch nur ein persönlicher Gott kann euch in eine Stadt führen (wenn ihr denn geführt werdet), deren Straßen gerade richtig gezogen und deren Bauwerke gerade richtig proportioniert sind und wo jeder von euch genau die richtige Menge der eigenen Farbe zum bunten Rock des Joseph beitragen kann.«

Schon zum zweiten Mal hatte mir also das Christentum exakt die Antwort gegeben, die ich suchte. Ich hatte gesagt: »Das Ideal muß unverrückbar sein«, worauf die Kirche antwortete: »Mein Ideal ist im Wortsinn unverrückbar, denn es war früher da als alles andere.« Dann sagte ich: »Es muß kunstvoll komponiert sein, wie ein Gemälde«, und die Kirche erwiderte: »Mein Ideal ist im Wortsinn ein Gemälde, denn ich weiß, wer es gemalt hat.« Nun wandte ich mich dem dritten Merkmal zu, das ein Utopia oder

Fortschrittsziel meiner Ansicht nach unbedingt haben muß. Und von allen dreien ist dieses ganz besonders schwer in Worte zu fassen. Vielleicht könnte man es so formulieren: Selbst in Utopia müssen wir wachsam bleiben, damit wir nicht von ihm abfallen wie vom Garten Eden.

Wie wir schon sahen, lautet eines der Argumente, mit denen begründet wird, warum man für den Fortschritt eintreten soll: daß die Welt von Natur aus immer besser wird. Aber der einzig wahre Grund, ein Fortschrittsanhänger zu sein, besteht doch darin, daß die Welt von Natur aus immer schlimmer wird. Der allgemeine Verfall spricht nicht nur dafür, progressiv zu sein; er spricht auch als einziges dafür, nicht konservativ zu sein. Gegen den Konservativismus bliebe uns kaum eine Gegenkraft oder Erwiderung, gäbe es nicht dieses eine Faktum. Alles Konservative beruht auf der Vorstellung, daß man, wenn man die Dinge sich selbst überläßt, sie so läßt, wie sie sind. Das tut man aber mitnichten. Überläßt man etwas sich selbst, so überläßt man es einem rasanten Wandel. Überläßt man einen weißen Pfosten sich selbst, wird er bald schwarz sein. Möchte man unbedingt, daß er weiß bleibt, so muß man ihn immer wieder streichen; das heißt, man muß beständig für eine Revolution sorgen. Kurz, wer den alten weißen Pfosten will, muß für einen neuen weißen Pfosten sorgen. Trifft dies aber schon auf Unbelebtes zu, so in besonderem und zugespitztem Sinn auf alles Menschliche. Weil menschliche Institutionen so unglaublich schnell veralten, wird jedem Bürger eine fast unnatürliche Wachsamkeit abverlangt. In Groschenromanen und Zeitungsartikeln ist fast immer von Menschen die Rede, die unter einer alten Tyrannei leiden. In Wirklichkeit haben die Menschen aber meist unter neuen Tyranneien gelitten; unter Tyranneien, die kaum zwanzig Jahre zuvor noch bürgerliche Freiheiten waren. England zum Beispiel bejubelte die patriotische Monarchie Elisabeths – und dann fluchte es (fast unmittelbar danach) unter Karl I. in der Falle der Despotie. In Frankreich wiederum wurde die Monarchie nicht etwa untragbar, nachdem sie ertragen, sondern nachdem sie angebetet worden war. Der guillotinierte Ludwig war der Sohn des von allen geliebten Ludwig. Und im England des 19. Jahrhunderts galt der radikale Fabrikant als vertrauenswürdiger Sprecher des Volkes, bis plötzlich die Sozialisten aufschrien, er sei ein Tyrann, der sich vom Volk ernähre wie von Brot. Als letztes sei daran erinnert, daß wir noch unlängst die Zeitungen für vertrauenswürdige Organe der öffentlichen Meinung hielten. Erst jetzt haben manche (nicht allmählich, sondern mit einem Schlag) erkannt, daß davon nicht die Rede sein kann. Die Presse ist – und das liegt in der Natur der Sache – das Hobby einiger reicher Männer. Wir brauchen also nicht gegen das Alte zu rebellieren; wir müssen gegen das Neue rebellieren. Die neuen Herrschenden, der Kapitalist oder der Verleger, sind die Stützen der Moderne. Es besteht keine Gefahr, daß heutzutage ein König versuchen könnte, die Verfassung außer Kraft zu setzen; wahrscheinlicher ist, daß er sie ignoriert und hinter ihrem Rücken handelt; zugute kommen wird ihm dabei nicht seine königliche Macht, sondern seine königliche Machtlosigkeit, die Tatsache, daß Kritik und Öffentlichkeit ihn nicht erreichen. Denn der König ist die privateste Privatperson unserer

Zeit. So erübrigt sich auch der Kampf gegen die gesetzlich geplante Pressezensur. Pressezensur brauchen wir nicht, wir haben die Zensur durch die Presse.

Daß populäre Systeme sich so erschreckend schnell in repressive verwandeln, ist also das dritte Faktum, das unsere perfekte Fortschrittstheorie berücksichtigen sollte. Stets muß sie im Blick haben, wo ein Privileg mißbraucht und wo geltendes Recht zu Unrecht wird.

In dieser Frage stehe ich ganz auf seiten der Verfechter der Revolution. Eigentlich haben sie recht mit ihrem ständigen Mißtrauen gegenüber menschlichen Institutionen; sie haben recht, weder Fürsten noch Menschen überhaupt zu vertrauen. Der politische Führer, der gewählt wurde, um ein Freund des Volkes zu sein, wird zum Feind des Volkes; die Zeitung, die gegründet wurde, um die Wahrheit auszusprechen, ist jetzt dazu da, das Aussprechen der Wahrheit zu verhindern. In diesem Punkt sah ich mich wirklich auf seiten des Revolutionärs. Und dann hielt ich erneut den Atem an, denn mir fiel ein, daß ich auch diesmal auf seiten des Orthodoxen stand.

Wieder sprach das Christentum und sagte: »Immer habe ich geltend gemacht, daß die Menschen von Natur aus rückfällig sind; daß die menschliche Tugend von sich aus zu verkümmern und verrotten droht; immer habe ich gepredigt, daß die Menschen als solche sündig sind, besonders die glücklichen Menschen, besonders die stolzen und wohlhabenden Menschen. Diese ewige Revolution, diesen durch die Jahrhunderte hindurch wachgehaltenen Argwohn, nennst du (als unentschiedener Moderner) die Lehre vom Fortschritt. Wärst du ein Philosoph, würdest du es wie ich die Lehre von der Erbsünde nennen. Nenne es kosmischen Fortschritt, so viel du magst; ich bezeichne es als das, was es ist: Sündenfall.«

Weiter oben sagte ich, die Orthodoxie habe gewirkt wie ein Schwert; jetzt gestehe ich, daß sie wirkte wie ein Kriegsbeil. Denn faktisch hat (soweit ich sehen kann) nur noch das Christentum wirklich das Recht, die Macht der Wohlgenährten oder Wohlerzogenen in Frage zu stellen. Wie oft habe ich Sozialisten oder gar Demokraten sagen hören, der geistige und moralische Wert der Armen werde zwangsläufig durch ihre Lebensverhältnisse beeinträchtigt. Ich hörte Wissenschaftler sagen (auch wenn sie keine Gegner der Demokratie waren), daß Laster und Verbrechen verschwinden würden, wenn wir den Armen gesündere Lebensbedingungen verschafften. Ich hörte ihnen mit grauenvoller Gebanntheit, mit schrecklicher Faszination zu. Denn es war, als sägte einer mit aller Kraft den Ast ab, auf dem er sitzt. Könnten diese prächtigen Demokraten ihre These beweisen, würden sie der Demokratie den Todesstoß versetzen. Sind die Armen wirklich moralisch so tief gesunken, dann mag es vielleicht etwas bringen, wenn man sie aus dem Elend holt. Mit Sicherheit aber bringt es etwas, wenn man ihnen das Wahlrecht entzieht. Wenn jemand, der ein armseliges Schlafzimmer hat, nicht richtig abstimmen kann, dann muß der erste und schnellste Schluß lauten, daß er gar nicht abstimmen sollte. Nicht zu Unrecht könnten die Machthaber sagen: »Sein Schlafzimmer umzugestalten kann längere Zeit dauern. Aber wenn er tatsächlich der rohe Mensch ist, von dem ihr sprecht, dann dauert es nur kurze Zeit, bis er unser Land ruiniert hat. Wir greifen daher euren

Hinweis auf und geben ihm gar nicht erst die Gelegenheit dazu.« Es erfüllt mich mit grauenvoller Heiterkeit, wenn ich sehe, wie der aufrechte Sozialist emsig am Fundament der Aristokratie baut, indem er sich ungerührt darüber ausläßt, daß die Armen doch offenkundig außerstande seien zu regieren. Es ist, als hörte man, wie sich jemand auf einer Abendgesellschaft entschuldigt, weil er nicht im Abendanzug erschienen sei, und dazu erklärt, er sei kürzlich betrunken gewesen, hätte die Angewohnheit, sich auf der Straße auszuziehen, und habe überdies gerade erst die Häftlingskleidung abgelegt. Jeden Augenblick könnte, so findet man, der Gastgeber sagen, wenn es wirklich so schlimm stünde, sollte er lieber gar nicht erst hereinkommen. Genauso wirkt es, wenn der Sozialist mit strahlender Miene den Beweis führt, daß die Armen, die so viel Niederschmetterndes erleben müssen, nicht wirklich vertrauenswürdig sein können. Jederzeit könnten die Reichen sagen: »Nun denn, so wollen wir ihnen gar nicht erst trauen« – und ihm die Tür vor der Nase zuschlagen. Ginge es nach Mr. Blatchfords Ansicht über Vererbung und Milieu, dann spräche unglaublich viel für die Aristokratie. Wenn saubere Wohnungen und saubere Luft für ein sauberes Gemüt sorgen, warum sollte man dann nicht (zumindest einstweilen) die Macht an jene abtreten, die unzweifelhaft die saubere Luft haben? Wenn bessere Lebensbedingungen es den Armen einmal erleichtern werden, sich selbst zu regieren, warum sollten sie es nicht jetzt schon den Reichen erleichtern, die Armen zu regieren? Nach der gängigen Milieutheorie ist die Sache ganz klar: Die Wohlhabenden müssen in Utopia unsere Avantgarde sein.

Gibt es auf diese These – daß diejenigen, die die besten Chancen hatten, voraussichtlich auch unsere besten politischen Führer sein werden – eine Entgegnung? Gibt es eine Entgegnung auf das Argument, daß diejenigen, die saubere Luft geatmet haben, besser für jene mitentscheiden sollten, die schlechte geatmet haben? Meines Wissens gibt es nur eine einzige: das Christentum. Nur die christliche Kirche liefert einen rationalen Einwand gegen das rückhaltlose Vertrauen in die Reichen. Denn von Anfang an hat sie geltend gemacht, daß die Gefahr nicht in der Umwelt des Menschen, sondern im Menschen selbst zu suchen sei; und daß ferner, wenn schon von gefährlicher Umwelt die Rede ist, am gefährlichsten doch die behagliche Umwelt sei. Ich weiß, daß man mit modernsten Fertigungsmethoden versucht hat, eine abnorm große Nadel zu produzieren. Ich weiß auch, daß allerneueste Biologen sich intensiv darum bemüht haben, ein besonders winziges Kamel zu entdecken. Aber selbst wenn wir das Kamel bis zum äußersten verkleinern und das Nadelöhr bis zum äußersten vergrößern, also kurz gesagt, den Worten Jesu nur eine minimale Aussagekraft zugestehen, so bedeuten sie immer noch dies, daß reiche Menschen moralisch in aller Regel nicht vertrauenswürdig sind. Selbst wenn man das Christentum gänzlich verwässert, ist es immer noch heiß genug, um die ganze heutige Gesellschaft zu Brei zu kochen. Schon das kleinste bißchen Glauben wäre ein tödliches Ultimatum an die Welt. Denn die gesamte Moderne beruht auf dem Axiom, daß die Reichen zwar nicht notwendig – was noch vertretbar wäre –, aber vertrauenswürdig sind – eine (für Christen) unvertretbare Annahme.

In allen Diskussionen über Zeitungen, Unternehmen, Aristokratie oder Parteipolitik hört man immer und ewig dasselbe Argument: der Reiche könne nicht bestochen werden. Faktisch ist es aber so, daß der Reiche bestochen wird, ja daß er bereits bestochen wurde. Deshalb ist er schließlich reich. Für das Christentum steht einfach fest, daß ein Mensch, der von den Reichtümern des Diesseits abhängt, käuflich ist – moralisch, politisch und finanziell käuflich. Denn eines haben Christus und sämtliche christlichen Heiligen mit grausamer Monotonie beständig wiederholt: daß gerade der Reiche der Gefahr des Sittenverfalls besonders leicht erliegt. Es ist weder nachweisbar unchristlich, die Reichen umzubringen, weil sie gegen wohldefinierte Gerechtigkeit verstoßen. Noch ist es nachweisbar unchristlich, den Reichen die Krone aufzusetzen, weil sie die Gesellschaft richtig regieren. Es ist weder unchristlich, sich gegen die Reichen zu erheben, noch unchristlich, sich ihnen zu unterwerfen. Aber mit Sicherheit ist es unchristlich, den Reichen zu trauen, sie für moralisch verläßlicher zu halten als die Armen. Ohne in Widerspruch mit sich selbst zu geraten, kann ein Christ sagen: »Ich achte den Stand dieses Mannes, auch wenn er Schmiergeld nimmt.« Aber ein Christ kann nicht sagen (wie es alle Leute am Mittags- und Frühstückstisch tun): »Ein Mann seines Standes würde kein Schmiergeld nehmen.« Denn die christliche Lehre besagt, daß Menschen aller Stände Schmiergeld nehmen können. Dies lehrt nicht bloß das Christentum, sondern – welch seltsamer Zufall – in aller Deutlichkeit auch die menschliche Geschichte. Wer behauptet, ein Mann »in dieser Position« sei unbestechlich, braucht gar nicht erst vom Christentum anzufangen. War Lord Bacon ein Schuhputzer? War der Herzog von Marlborough ein Straßenfeger?* Noch im schönsten Utopia muß ich darauf gefaßt sein, daß jedermann in jeder Position und jedem Augenblick moralisch straucheln kann; und besonders gefaßt sein muß ich auf meinen Abfall von der Position, die ich gerade vertrete.

In zahllosen unklaren und sentimentalen Artikeln wird die Ansicht geäußert, das Christentum sei der Demokratie eng verwandt; aber als Beweis gegen die Tatsache, daß beide oft im Streit miteinander lagen, taugen diese unentschiedenen oder nebulösen Texte kaum. Der wahre Grund, warum Christentum und Demokratie eins sind, liegt viel tiefer. Durch und durch unchristlich ist der Gedanke, den Carlyle formuliert hat: Regieren solle derjenige, der meint, er könne es. Was immer sonst christlich heißen mag, dies jedenfalls ist heidnisch. Wenn unser Glaube überhaupt etwas zum Problem des Regierens zu sagen hat, so kommt nur eines in Frage: Regieren soll derjenige, der *nicht* meint, er könne es. Carlyles Held mag verkünden: »Ich will König sein.« Der christliche Heilige hingegen muß verkünden: »Nolo episcopari.«** Wenn das große Paradox des Christentums überhaupt etwas bedeutet, dann dies: daß wir die Krone in die Hand nehmen und in allen öden und dunklen Winkeln der Erde nach dem einen Menschen suchen müssen, der

* Der englische Philosoph und Politiker Francis Bacon (1561–1626) wurde wegen Bestechlichkeit verurteilt. – Der englische Feldherr und Staatsmann John Churchill, Herzog von Marlborough (1650–1722), wechselte opportunistisch die politischen Fronten und stand wegen Unterschlagung vor Gericht.

** »Ich will nicht zum Bischof ernannt werden.«

sich für unfähig hält, sie zu tragen. Carlyle hatte unrecht; unsere Pflicht ist es nicht, den einzigartigen Menschen zu krönen, der weiß, daß er regieren kann. Krönen müssen wir den noch viel einzigartigeren Menschen, der weiß, daß er es nicht kann.

Damit beschreibe ich eine von zwei oder drei lebenswichtigen Schutzmaßnahmen der wirklich funktionierenden Demokratie. Die reine Wahlprozedur ist nicht gleichbedeutend mit Demokratie – obwohl es derzeit schwerfiele, eine demokratische Methode zu finden, die einfacher wäre. Aber selbst die Wahlprozedur ist zutiefst christlich in dem praktischen Sinn, daß sie die Meinung jener einholen will, die zu bescheiden sind, um sie von selbst zu äußern. Sie ist ein mystisches Abenteuer; sie vertraut gerade denen, die kein Selbstvertrauen haben. Etwas so Rätselhaftes gibt es nur bei den Christen. An der Selbstverleugnung des Buddhisten ist nichts wirklich Demütiges; der geduldige Hindu ist geduldig, aber nicht sanftmütig. Nur aus christlichem Empfinden kann der Entschluß kommen, die Meinung der kleinen Leute einzuholen, statt den naheliegenden Weg zu gehen und sich der Meinung der Prominenten anzuschließen. Es mag seltsam anmuten, wenn man sagt, Wahlen seien etwas spezifisch Christliches. Und es mag irrwitzig klingen, wenn man sagt, Wahlkampf sei etwas Christliches. Der ursprünglichen Idee nach ist er etwas sehr Christliches. Er ermuntert den Demütigen, er sagt zu dem Bescheidenen: »Lieber Freund, komm herauf.« Der einzige kleine Makel, der seine perfekte und vollendete Gottgefälligkeit trüben mag, besteht darin, daß er es versäumen könnte, den Wahlkämpfer selbst zur Bescheidenheit zu ermuntern.

Die Aristokratie ist keine Institution, sondern eine Sünde, in aller Regel eine höchst läßliche. Sie bedeutet nichts anderes, als daß die Menschen in natürliche Prunksucht und Lobpreisung der Mächtigen abgleiten – also etwas überaus Leichtes und Naheliegendes.

Einer der zahllosen Einwände gegen die modische, verdrehte Auffassung von »Kraft« lautet: Unter allen tätigen Wesen sind die raschesten und kühnsten zugleich die zartesten oder empfindsamsten; die schnellsten sind auch die weichsten. Ein Vogel ist aktiv, weil er weich ist. Ein Stein ist hilflos, weil er hart ist. Der Stein bewegt sich von Natur aus abwärts, denn Härte bedeutet Schwäche. Der Vogel bewegt sich von Natur aus aufwärts, denn Zartheit bedeutet Kraft. In vollkommener Kraft steckt etwas Frivoles, etwas Luftig-Schwebendes, das sich aus eigenen Stücken in der Luft hält. Heutige Forscher, die sich mit der Geschichte der Wunder befassen, gestehen in aller Form zu, daß eine typische Gabe großer Heiliger das leichte Schweben (die Levitation) war. Sie könnten hinzufügen, daß eine weitere Gabe großer Heiliger die schwebende Leichtigkeit (das Leichtnehmen) war. Engel können fliegen, weil sie sich selbst leicht nehmen. Mit sicherem Gespür hat die Christenheit – und vor allem die christliche Kunst – dies zu allen Zeiten erkannt. Man denke daran, wie Fra Angelico seine Engel malte: nicht nur als Vögel, sondern fast als Schmetterlinge. Man denke daran, daß noch in der ernstesten mittelalterlichen Kunst überall Licht und wehende Faltenwürfe, flinke und hüpfende Füße zu finden sind. Genau das konnten die modernen Präraffaeliten sich von den echten Präraffaeliten nicht abschauen. Nie hat Burne-Jones die schwebende

Leichtigkeit des Mittelalters erreicht. Auf den alten christlichen Gemälden gleicht der Himmel über jeder Figur einem blauen oder goldenen Fallschirm. Jede Figur scheint jederzeit in die Höhe fliegen und durch die Lüfte schweben zu können. Gleich wird der zerschlissene Mantel des Bettlers ihn emportragen wie die Strahlenflügel der Engel. Doch die Könige in ihrem schweren Gold und im Stolz ihrer Purpurgewänder werden allesamt herabsinken, denn Stolz bringt es weder zu schwebender Leichtigkeit noch zu leichtem Schweben. Stolz ist das, was nach unten zieht, was die Dinge herabzieht in eine bequeme Gesetztheit. Im selbstverliebten Stolz läßt man sich »nieder«; zu fröhlicher Selbstvergessenheit aber muß man aufsteigen. In trüben Gedanken ist man »versunken«; zum blauen Himmel reicht man hinauf. Der Ernst gehört nicht zu den Tugenden. Daß er ein Laster ist, wäre ein ketzerischer Gedanke, aber einer, der sehr viel mehr einleuchtet. Ernst sein ist ein natürlicher Hang, ein Abrutschen in die Gewohnheit, sich selbst ernst zu nehmen, da uns das am leichtesten fällt. Ein guter Leitartikel in der *Times* ist leichter zu schreiben als ein guter Witz im *Punch*. Denn gesetzt sind die Menschen von Natur aus; Lachen hingegen erfordert einen Sprung. Es ist leicht, schwer zu sein; es ist schwer, leicht zu sein. Satans Fall folgte der Schwerkraft.

Dem christlichen Europa gereicht es zu besonderer Ehre, daß es die Aristokratie, auch wenn es selbst eine hatte, im Grunde seines Herzens stets als Schwäche betrachtet hat – meist als zulässige Schwäche. Um zu begreifen, was das heißt, braucht man nur das Christentum hinter sich zu lassen und sich einer anderen

Weltanschauung zuzuwenden. Man vergleiche etwa die europäischen Klassen mit den indischen Kasten. Die dortige Aristokratie ist viel furchtbarer, weil sie viel mehr vom Verstand geprägt wird. Man nimmt allen Ernstes an, daß die Stufenleiter der Klassenzugehörigkeit eine Stufenleiter des geistigen Wertes, daß der Bäcker in einem geheimen und religiösen Sinn besser ist als der Schlachter. Aber keine christliche Lehre, auch nicht die dümmste oder perverseste, hat je behauptet, ein Baron sei in diesem Sinn besser als ein Schlachter. Keine Lehre, auch nicht die dümmste oder überspannteste, hat je behauptet, ein Herzog könnte der Verdammnis entgehen. In der heidnischen Gesellschaft hat es vielleicht eine vergleichbar strenge Unterscheidung zwischen Freien und Sklaven gegeben. Aber unsere christliche Gesellschaft hat den Adligen immer für eine Art Scherz gehalten, obgleich er, wie ich zugeben muß, sich in einigen großen Kreuzzügen und Konzilien das Recht erworben hat, ein nützlicher Scherz genannt zu werden. Wir Europäer haben die Aristokratie nie wirklich und mit Überzeugung ernst genommen. Nur ein nichteuropäischer Fremder (wie Dr. Oscar Levy, der einzige intelligente Nietzscheaner) bringt das fertig. Es mag ein patriotisches Vorurteil sein (obgleich ich es nicht glaube), aber mir scheint, als sei der englische Adel nicht bloß der Prototyp, sondern auch Krone und Zierde der heutigen Aristokratie; er versammelt in sich alle oligarchischen Tugenden und Mängel. Er ist zwanglos, liebenswürdig und in selbstverständlichen Dingen mutig; aber über diese Verdienste hinaus besitzt er ein besonders großes Plus. Das große und unübersehbare Plus des englischen Adels besteht darin, daß niemand auf die Idee käme, ihn ernst zu nehmen.

Kurz, ich hatte – wie üblich eher langsam – erkannt, daß in Utopia ein für alle gleiches Gesetz herrschen muß; und wie üblich entdeckte ich, daß das Christentum bereits vor mir da war. Die ganze Geschichte meines Utopia ist von immer derselben komischen Traurigkeit durchzogen. Jedesmal nämlich, wenn ich mit den Plänen für ein neues Türmchen aus meinem Architektenbüro stürzte, fand ich es bereits da oben vor: im Sonnenlicht glänzend und tausend Jahre alt. Ohne eitel sein zu wollen, bin ich der Überzeugung, daß es einen Moment gab, in dem ich aus eigenen Stücken auch das Ehegelübde (als Institution) hätte erfinden können; aber mit einem Seufzer entdeckte ich, daß es bereits erfunden war. Da es freilich zu langwierig wäre zu zeigen, wie mein eigenes Bild von Utopia Punkt für Punkt und Zoll für Zoll im Neuen Jerusalem seine Entsprechung fand, will ich am Beispiel der Ehe vorführen, wie diese Konvergenz, die eher einem Zusammenprall als einem Zusammenfließen glich, jedesmal aussah.

Wenn die gewöhnlichen Gegner des Sozialismus zu definieren suchen, was für die menschliche Natur nie in Frage kommt und was an ihr verändert werden kann, vergessen sie stets eine wichtige Unterscheidung. In den heutigen Idealvorstellungen von der Gesellschaft gibt es gewiß einige Wunschträume, die kaum erfüllbar sind; aber es gibt auch einige, die nicht wünschenswert sind. Daß alle Menschen in gleich schönen Häusern wohnen sollen, ist ein Traum, von dem wir nicht sagen können, ob er einmal realisiert wird. Aber daß alle Menschen im selben schönen Haus leben sollen, ist gar kein Traum, sondern ein Alptraum. Daß man alle alten Frauen lieben soll, ist ein Ideal, das vielleicht nie realisiert wird. Aber daß man für alle alten Frauen dasselbe empfinden soll wie für seine Mutter, ist nicht bloß ein unrealisierbares Ideal, sondern auch eines, das nicht realisiert werden sollte. Ich weiß nicht, ob der Leser in diesen Punkten mit mir übereinstimmt; ich will aber noch das Beispiel anfügen, das mich immer am meisten beeindruckt hat. Nie konnte ich mir ein Utopia vorstellen oder gestatten, das mir nicht jene Freiheit läßt, an der mir besonders liegt: die Freiheit, mich zu binden. Totale Anarchie würde uns nicht nur die Gelegenheit zu Disziplin oder Treue, sondern auch jeden Spaß nehmen. Es würde – um ein einleuchtendes Beispiel anzuführen – nicht lohnen zu wetten, wenn die Wette nicht bindend wäre. Die Auflösung aller Verträge wäre nicht bloß das Ende der Moral, sondern auch das Ende des sportlichen Vergnügens. Ein Sport wie das Wetten bildet aber nur die verkümmerte und entstellte Form jenes menschlichen Urdrangs nach Abenteuer und Romanze, von dem in diesem Buch schon so häufig die Rede war. Und die Gefahren, Belohnungen, Strafen und Befriedigungen eines Abenteuers müssen real sein, sonst bleibt es nichts als ein flüchtiger und kleinmütiger Alptraum. Wenn ich wette, muß ich auch gezwungen sein zu zahlen, sonst hat das Wetten keinerlei Poesie. Wenn ich herausfordere, muß ich auch gezwungen sein zu kämpfen, sonst hat die Herausforderung keinerlei Poesie. Wenn ich Treue gelobe, muß ich im Fall der Untreue verflucht werden, sonst macht das Gelübde keinen Spaß. Nicht einmal ein Märchen könnte man aus den Erlebnissen eines Menschen machen, der vom Wal verschluckt wird und sich dann oben auf dem Eiffelturm wiederfindet oder der in einen Frosch verwandelt wird und sich dann verhält wie ein Flamingo. Selbst in der phantastischsten Romanze müssen die Folgen real sein; sie müssen unwiderruflich sein. Die christliche Ehe ist das große Beispiel für eine reale und unwiderrufliche Konsequenz; und eben deshalb ist sie Hauptgegenstand und Zentrum all unserer romantischen Literatur. Sie steht für das letzte, was ich hier – und zwar dringend – von einem gesellschaftlichen Paradies fordere: daß ich an meine Verträge gebunden bin, daß meine Gelübde und Verpflichtungen ernst genommen werden. Von Utopia fordere ich, daß es an mir meine Ehre rächt.

All meine modernen Utopistenfreunde sehen einander nur zweifelnd an: erhoffen *sie* sich doch gerade die Auflösung jeder konkreten Bindung. Aber auch diesmal ist mir, als hörte ich, gleichsam als Echo, eine Antwort aus dem Jenseits: »In meinem Utopia wirst du reale Verpflichtungen und daher reale Abenteuer haben. Die schwerste Verpflichtung und das unglaublichste Abenteuer besteht jedoch darin, überhaupt dorthin zu kommen.«

VIII

DAS ABENTEUER DER ORTHODOXIE

Es ist gang und gäbe geworden, über das rastlose und anstrengende Leben unserer Epoche zu klagen. In Wahrheit aber zeichnet sie sich durch völlige Trägheit und Mattigkeit aus; und gerade dieser realen Trägheit entspringt die scheinbare Hetze. Man nehme ein ganz äußerliches Beispiel: Durch die Straßen dröhnt der Lärm von Droschken und Automobilen; aber nicht etwa weil die Menschen tätig sind, sondern weil sie nichts tun. Es gäbe weniger Hetze, wenn mehr getan würde, wenn die Leute einfach zu Fuß gingen. Unsere Welt wäre stiller, wenn sie anstrengender wäre. Und was für die scheinbare körperliche Hetze gilt, trifft ebenso auf die scheinbare geistige Hetze zu. Das Instrumentarium der heutigen Sprache dient zum Großteil der Arbeitsersparnis;

aber sie erspart sehr viel mehr geistige Arbeit, als sie sollte. Wissenschaftliche Formulierungen werden benutzt wie Zahnräder und Kolbenstangen an der Wissenschaftsmaschine, damit die Bequemen noch schneller und sanfter vorankommen. Lange Wörter rattern an uns vorbei wie lange Eisenbahnzüge. Wir wissen, daß sie Tausende befördern, die zu müde oder zu träge sind, um selbst zu gehen und zu denken. Eine gute Übung besteht darin, einmal auszuprobieren, ob man seine Meinung in einsilbigen Wörtern ausdrücken kann. Wer sagt: »Die gesellschaftliche Nützlichkeit lebenslänglicher Haft gilt allen Kriminologen als ein Teil unserer soziologischen Höherentwicklung zu einer humaneren und wissenschaftlich besser fundierten Auffassung von der Strafe«, kann stundenlang so weiterreden, ohne daß die grauen Zellen im Kopf sich nennenswert regen. Wer aber so ansetzt: »Ich will, daß Jones in den Knast geht und Brown sagt, wie lang Jones drin bleibt«, der entdeckt mit einem Schreckensschauder, daß er nachdenken muß. Schwierig sind nicht die langen Wörter, sondern die kurzen. Es steckt weit mehr metaphysische Finesse im Wort »Fluch« als im Wort »Degeneration«.

Aber in einer Hinsicht sind diese langen, bequemen Wörter, die den heutigen Menschen die Mühe des Nachdenkens ersparen, ganz besonders verderblich und verwirrend. Und zwar wenn dasselbe lange Wort in verschiedenen Verbindungen benutzt wird, in denen es etwas ganz anderes bedeutet. Um ein sattsam bekanntes Beispiel zu nehmen: Das Wort »Idealist« hat eine bestimmte Bedeutung in der Philosophie und eine ganz andere in der Moralrhetorik. Auch die Materialisten auf dem Gebiet der Naturwissenschaft haben allen Grund gehabt, sich über diejenigen zu ereifern, die das Wort »materialistisch« im Sinn der Kosmologie durcheinanderbringen mit »materialistisch« im Sinn der moralischen Kritik. Und derselbe Mensch – um ein bequemeres Beispiel zu nehmen –, der in London die »Progressiven« haßt, nennt sich in Südafrika einen »Progressiven«.

Zu einer gleichermaßen sinnlosen Verwechslung kommt es beim Wort »liberal« – liberal in bezug auf die Religion und liberal in bezug auf Politik und Gesellschaft. Oft wird behauptet, jeder Liberale müßte Freidenker sein, weil er alles liebt, was frei ist. Ebensogut könnte man sagen, jeder Idealist müßte Anhänger der Hochkirche sein, weil er alles liebt, was hoch ist. Oder man könnte sagen, jeder Anhänger der Staatskirche müßte sich gerne in Staat werfen. Das Ganze ist eine zufällige Übereinstimmung von Wörtern. Im modernen Europa unserer Tage bezeichnet das Wort Freidenker nicht den, der selber nachdenkt. Man meint damit den, der selber nachgedacht hat und zu ganz bestimmten Schlüssen gekommen ist, wie etwa: materieller Ursprung aller Erscheinungen, Unmöglichkeit göttlicher Wunder, Zweifel an der persönlichen Unsterblichkeit und dergleichen mehr. Und keiner dieser Gedanken ist besonders liberal. Im Gegenteil, fast alle sind entschieden illiberal, und das soll in diesem Kapitel gezeigt werden.

Auf den folgenden Seiten will ich möglichst knapp darlegen, daß alle wichtigen Zielsetzungen derer, die die Theologie liberalisieren wollen, ganz und gar illiberale Auswirkungen auf die soziale Praxis hätten. Fast jeder heutige Versuch, Freiheit in der Kirche zu stiften, ist letztlich ein Versuch, Tyrannei in die Welt zu bringen. Denn Befreiung der Kirche meint heute nicht einmal, sie in ausnahmslos jeder Richtung zu befreien. Sie meint nichts anderes als die Befreiung nur jener Dogmen, die man im weiteren Sinne die wissenschaftlichen nennt: Monismus, Pantheismus oder Arianismus oder das Dogma der Notwendigkeit. Jedes dieser Dogmen (wir werden sie eins nach dem andern durchgehen) entpuppt sich beim näheren Hinsehen als natürlicher Verbündeter der Unterdrükkung. Erstaunlicherweise – obgleich man nach einigem Überlegen schon weniger staunt – sind die meisten Dinge Verbündete der Unterdrückung. Nur ein einziges kann in seinem Bündnis mit der Unterdrückung nicht über einen bestimmten Punkt hinausgehen – die Orthodoxie. Zwar kann ich sie so weit entstellen, daß sie den Tyrannen zum Teil legitimiert. Aber mit Leichtigkeit erfinde ich eine deutsche Philosophie, die ihn zur Gänze legitimiert.

Der Reihe nach wollen wir nun die Neuerungen durchgehen, mit denen die Neue Theologie oder der Modernismus wirbt. Eine von ihnen ist uns schon am Ende des letzten Kapitels begegnet. Dort sahen wir, daß ausgerechnet die als besonders altmodisch verschriene Lehre der einzige Garant aller neuen Demokratien ist und, wenngleich sie am wenigsten volksnah erscheint, als einzige dem Volk Mut macht. Wir sahen also, daß die Affirmation der Erbsünde die einzige logisch stimmige Negation der Oligarchie darstellt. Nicht anders, behaupte ich, verhält es sich auch in allen übrigen Fällen.

Als erstes das Beispiel, das sich besonders aufdrängt: die Wunder. Aus irgendeinem erstaunlichen Grund hält sich die fixe Idee, es sei liberaler, nicht an

Wunder zu glauben, als an sie zu glauben. Warum, kann ich mir nicht vorstellen, es kann mir auch niemand sagen. Aus irgendeinem unfaßbaren Grund versteht man unter dem »liberalen« Geistlichen immer denjenigen, der die Zahl der Wunder wenigstens zu verkleinern sucht; nie meint man damit denjenigen, der diese Zahl vergrößern möchte. Immer ist es jemand, der sich die Freiheit nimmt, nicht zu glauben, daß Christus Seinem Grab entstiegen ist; nie ist es einer, der sich die Freiheit nimmt zu glauben, daß seine Tante ihrem Grab entstiegen ist. Nicht selten entsteht Unruhe in einer Gemeinde, weil der Pfarrer nicht einräumen mag, daß Petrus auf dem Wasser wandelte; doch wie selten entsteht Unruhe in einer Gemeinde, weil der Geistliche sagt, sein Vater sei auf dem Serpentine* gewandelt? Und das nicht etwa, weil (wie der wendige Antiklerikale sofort entgegnen würde) man Wunder nicht aus Erfahrung glauben kann. Nicht etwa, weil »keine Wunder geschehen«, wie Matthew Arnold das Dogma treuherzig nachbetet. *Dem Vernehmen nach* geschieht in der heutigen Zeit mehr Übernatürliches, als man noch vor achtzig Jahren für möglich gehalten hätte. Wissenschaftler glauben leichter als früher an solche Wunderdinge: In der modernen Psychologie werden pausenlos die erstaunlichsten, ja schrecklichsten Wundertaten enthüllt, die Seele und Geist vollbracht haben sollen. Geschehnisse, die zumindest die alte Wissenschaft unverblümt als bloße Mirakel verworfen hätte, werden von der neuen Wissenschaft stündlich als Tatsache behauptet. Die einzige Lehre, die noch heute so alt-

---

* Ein See am Ende eines Kanals im Londoner Hyde Park.

modisch ist, daß sie Wunder verwirft, ist die Neue Theologie. Aber der Vorsatz, sich die »Freiheit« zur Ablehnung von Wundern zu nehmen, hat eigentlich nichts mit einer Beweisführung für oder gegen sie zu tun. Er ist ein lebloses, phrasenhaftes Vorurteil, das ursprünglich nicht aus der Freiheit des Denkens, sondern aus dem Dogma des Materialismus lebte. Der Mensch des 19. Jahrhunderts zweifelte an der Auferstehung nicht etwa deshalb, weil sein liberales Christentum ihm diesen Zweifel gestattete. Er tat es, weil sein übertrieben strenger Materialismus ihm nicht gestattete, daran zu glauben. Tennyson hat, als typischer Vertreter des 19. Jahrhunderts, eine der spontanen Wahrheiten seiner Zeitgenossen ausgesprochen, als er sagte, in ihrem redlichen Zweifel stecke ein fester Glaube. So ist es. Dieser Satz enthält eine abgrundtiefe, ja grauenvolle Wahrheit. In ihrem Zweifel an göttlichen Wundern steckte der Glaube an ein unverrückbares und gottloses Schicksal; der echte und aufrichtige Glaube an den unveränderlichen Gang des Kosmos. Die Zweifel des Agnostikers waren nichts anderes als die Dogmen des Monisten.

Von der empirischen Nachweisbarkeit des Übernatürlichen will ich weiter unten handeln. Hier geht es nur um den einen, klar umrissenen Punkt: Da sich die liberale Freiheitsidee in der Debatte über Wunder auf beiden Seiten finden läßt, ist sie offenkundig auf seiten der Wunder. Reform oder Fortschritt, im einzig zulässigen Sinn, heißt nichts anderes als die allmähliche Beherrschung der Materie durch den Geist. Ein Wunder ist nichts anderes als die plötzliche Beherrschung der Materie durch den Geist. Wer dem Volk zu essen geben will, mag die wundersame

Speisung der Menschen mitten in der Wüste für unmöglich halten – für illiberal aber kann er sie nicht halten. Wer dafür sorgen will, daß mittellose Kinder ans Meer fahren können, kann es nicht illiberal finden, wenn sie auf fliegenden Drachen reisen; er kann es bloß unwahrscheinlich finden. Ein Urlaubstag wie der Liberalismus bedeutet nichts als die Freiheit des Menschen. Ein Wunder bedeutet nichts als die Freiheit Gottes. Das eine wie das andere kann man aus Gewissensgründen ablehnen, aber diese Ablehnung läßt sich nicht als Sieg der liberalen Idee bezeichnen. Die katholische Kirche war überzeugt, daß Mensch und Gott ihre je besondere geistige Freiheit besitzen. Der Calvinismus hat dem Menschen die Freiheit genommen, sie Gott aber gelassen. Der wissenschaftliche Materialismus bindet selbst dem Schöpfer die Hände; er legt Gott in Fesseln, wie die Apokalypse den Teufel in Fesseln legte. Im ganzen Universum läßt er nichts Freies übrig. Und diejenigen, die diesen Prozeß noch befördern, nennt man die »liberalen Theologen«.

Dieses Beispiel ist, wie schon gesagt, noch das harmloseste und augenfälligste. Die Behauptung, Zweifel an Wundern hätten etwas mit Liberalität oder Reform zu tun, widerstreitet (im Wortsinn) der Wahrheit. Kann einer nicht an Wunder glauben, so hat sich die Sache schnell erledigt; er ist zwar nicht besonders liberal gesonnen, aber ein höchst ehrenwerter und konsequenter Mensch, was doch weitaus besser ist. Kann einer jedoch an Wunder glauben, so ist er von beiden der Liberalere; denn Wunder bedeuten nicht bloß innere Freiheit, sondern auch die Herrschaft des Innern über die Tyrannei der äußeren Bedingungen.

Manche Leute – sogar die fähigsten Männer – ignorieren diese Wahrheit auf seltsam unbekümmerte Weise. Mr. Bernard Shaw zum Beispiel spricht von den Wundern mit markiger, altmodischer Verachtung, als wären sie ein Vertrauensbruch von seiten der Natur: Er scheint seltsam blind für die Tatsache, daß Wunder nichts anderes sind als die Blüten seines eigenen Lieblingsbaumes, des Dogmas von der Allmacht des Willens. So bezeichnet er auch den Wunsch, unsterblich zu sein, als jämmerliche Selbstsucht und vergißt dabei, daß er den Wunsch zu leben doch gerade erst als gesunde und heroische Selbstsucht gelobt hat. Wie kann es edel sein, das eigene Leben verlängern zu wollen, und zugleich unedel, es unsterblich machen zu wollen? Nein, wenn es wünschenswert ist, daß der Mensch über die Grausamkeit von Natur oder Sitte triumphiert, dann sind Wunder unbedingt wünschenswert; mit der Frage, ob sie auch möglich sind, werden wir uns später noch befassen.

Nun aber zu den wichtigeren Beispielen für diesen seltsamen Irrtum, den Gedanken, eine »freisinnigere« Religion trage zur Befreiung der Welt bei. Unser zweiter Fall ist der Pantheismus – oder vielmehr jene moderne Denkrichtung, die häufig als Immanenzlehre bezeichnet wird und ebenso häufig nichts anderes ist als Buddhismus. Aber dieses Thema ist so viel schwieriger, daß es auch etwas mehr Vorbereitung erfordert.

Was unsere Progressiven vor riesigen Zuhörermassen mit ruhiger Gewißheit erzählen, ist meistens das Gegenteil der Tatsachen; gerade unsere Binsenwahrheiten sind unwahr. Hier ein Beispiel. In jeder »Ethischen Gesellschaft« und jedem »Religionsparlament« hört man die bequeme liberale Phrase: »Die

Religionen unserer Erde unterscheiden sich zwar in Riten und Formen, aber in dem, was sie lehren, stimmen sie überein.« Diese Aussage ist falsch; sie widerstreitet den Tatsachen. In Riten und Formen unterscheiden sich die Religionen unserer Erde gar nicht erheblich; erheblich jedoch unterscheiden sie sich in dem, was sie lehren. Es ist, als sagte man: »Laßt euch nicht täuschen von der Tatsache, daß die *Church Times* und der *Freethinker* völlig anders aussehen, daß die eine Zeitung auf Pergament gezeichnet und die andere in Marmor gemeißelt, daß die eine dreieckig und die andere sechseckig ist; lest sie, und ihr werdet sehen, daß sie dasselbe sagen.« Die Wahrheit ist natürlich die: daß sie sich in allem gleichen – bloß nicht dasselbe sagen. Ein atheistisch gesonnener Börsenmakler in Surbiton* sieht genauso aus wie ein für Swedenborg schwärmender Börsenmakler in Wimbledon. Man kann endlos um sie herumgehen und sie einer ganz persönlichen und eindringlichen Prüfung unterziehen, ohne etwas Swedenborgartiges am Hut oder etwas besonders Gottloses am Regenschirm zu entdecken. Was sie voneinander trennt, ist nämlich ihr Inneres. In Wahrheit sind also die Religionen unserer Erde gar nicht so beschaffen, wie es die billige Sentenz behauptet: daß sie in der Bedeutung übereinstimmen, im Prozedere jedoch nicht. Genau das Gegenteil ist der Fall. Im Prozedere stimmen sie überein; fast jede große Weltreligion arbeitet mit denselben Methoden, mit Priestern, heiligen Schriften, Altären, Mönchsgelübden und besonderen Festtagen. Die Form, das Wie der Lehre, ist überall

* Ein vornehmer Wohnbezirk am Londoner Stadtrand.

gleich; der Inhalt, das Was der Lehre, ist überall anders. Heidnische Optimisten und orientalische Pessimisten haben beide ihre Tempel, so wie Liberale und Torys beide ihre Zeitungen haben. Religionen, die dazu da sind, einander zu vernichten, haben jede ihre heiligen Schriften, so wie Armeen, die dazu da sind, einander zu vernichten, jede ihre Geschütze haben.

Als Hauptbeispiel für die angebliche Übereinstimmung der menschlichen Religionen gilt denen, die sie verfechten, die angebliche Übereinstimmung von Buddhismus und Christentum. Die Sittenlehre der meisten anderen Glaubenslehren lassen sie in der Regel beiseite, mit Ausnahme des Konfuzianismus, zu dem sie sich hingezogen fühlen, weil er kein Glaube ist. Sparsam hingegen sind sie mit Lob für den Islam, dessen Moralkodex sie fast nur zitieren, wenn sie den Unterschichten vorschreiben wollen, wie diese sich zu erfrischen und zu stärken haben. Selten empfehlen sie die muslimische Eheauffassung (für die sich eine ganze Menge sagen ließe), und Thugs und Fetischanbetern zeigen sie sogar regelrecht die kalte Schulter. Doch bei der großen Religion des Gautama entdecken sie echte Ähnlichkeiten.

Leute wie Mr. Blatchford, die sich mit Populärwissenschaft beschäftigen, können gar nicht genug beteuern, wie sehr sich gerade Christentum und Buddhismus gleichen. Im allgemeinen glaubt man ihnen, und ich selbst tat es, bis ich ein Buch las, das die Gründe dafür nennt: nämlich einerseits Ähnlichkeiten, die nichts bedeuten, weil sie für die gesamte Menschheit gelten, und andererseits Ähnlichkeiten, die gar keine sind. Feierlich erklärt der Autor, wie gleich beide Glaubenslehren in Punkten sind, in denen alle Religionen einander gleichen, oder er erklärt, wie gleich sie an einem Punkt sind, an dem sie sich unübersehbar voneinander unterscheiden. Was das erstere angeht, so schreibt er zum Beispiel, Christus und Buddha hätten beide eine göttliche Stimme vom Himmel gehört – ganz als erwartete jemand, daß eine göttliche Stimme aus dem Kohlenkeller kommt. Oder er macht allen Ernstes geltend, es sei eine einzigartige Koinzidenz, daß beide großen orientalischen Lehrer mit dem Füßewaschen zu tun hatten. Genausogut könnte man sagen, es sei eine erstaunliche Koinzidenz, daß beide Füße hatten, die gewaschen werden konnten. Und was die anderen Ähnlichkeiten angeht, so sind es schlicht und einfach keine. Da hebt dieser Religionsversöhner ernstlich hervor, daß bei bestimmten religiösen Festen das Gewand des Lama aus lauter Ehrerbietung in Stücke gerissen und den Überbleibseln hoher Wert beigemessen wird. Aber dies ist das genaue Gegenteil einer Ähnlichkeit, denn die Kleider Jesu wurden nicht aus Ehrerbietung, sondern zum Spott in Stücke gerissen, und die Überbleibsel galten gerade so viel, wie sie beim Lumpenhändler an Geld einbrachten. Es ist, als behauptete jemand den unverkennbaren Zusammenhang zwischen zwei feierlichen Schwertritualen: dem Moment, wo das Schwert eines Mannes Schulter berührt, und dem anderen, wo es sein Haupt abschlägt. Für den Mann hat das nicht die geringste Ähnlichkeit. Diese Gedankenfetzen eines kindischen Pedanten interessieren uns hier nur, weil die angeblichen Übereinstimmungen unter die zwei genannten Kategorien fallen, das heißt entweder zu viel oder überhaupt nichts beweisen. Daß der Buddhismus Milde oder Mäßigung gutheißt, bedeutet nicht, daß er besondere Ähnlichkeit mit dem Christentum hat; es bedeutet nur, daß er sich nicht grundsätzlich von der Lebensweise aller Menschen unterscheidet. Im Prinzip sind die Buddhisten gegen Grausamkeit oder Ausschweifung, weil alle zurechnungsfähigen Menschen im Prinzip gegen Grausamkeit oder Ausschweifung sind. Aber die Behauptung, Buddhismus und Christentum lehrten in diesen Fragen dasselbe, ist einfach falsch. Alle Menschen sind sich einig, daß wir in einem Netz der Sünde gefangen sitzen. Die meisten sind sich einig, daß es einen Ausweg gibt. Aber in der Frage, wie dieser Ausweg beschaffen ist, sind weltweit wohl kaum zwei Institutionen so gegensätzlicher Auffassung wie Buddhismus und Christentum.

Selbst als ich noch, wie die meisten anderen gebildeten Laien, der Meinung war, daß Buddhismus und Christentum sich gleichen, hat mich doch eines an ihnen immer verblüfft; ich meine die frappierenden Unterschiede ihrer religiösen Kunst, nicht den je eigenen Stil, sondern den von ihr dargestellten je eigenen Inhalt. Es gibt kaum gegensätzlichere Idealbilder als den christlichen Heiligen in einem gotischen Dom und den buddhistischen Heiligen in einem chinesischen Tempel. Der Gegensatz betrifft schlechthin alles an ihnen; aber vielleicht läßt er sich am knappsten zusammenfassen in der Feststellung, daß der buddhistische Heilige die Augen stets geschlossen, der christliche Heilige hingegen stets weit offen hat. Der buddhistische Heilige hat einen schlanken und ebenmäßigen Körper, aber seine Augenlider sind schwer von Schlaf. Der mittelalterliche Heilige hat einen bis auf die wackligen Knochen abgemagerten

Körper, aber seine Augen sind grauenvoll lebendig. Zwischen Triebkräften, die so unterschiedliche Symbole hervorbringen, kann es keine echte Geistesgemeinschaft geben. Selbst wenn man unterstellt, beide Bildwerke seien Übertreibungen, Abweichungen vom reinen Glauben, muß ein Unterschied da sein, der so gegensätzliche Übertreibungen hervorbringt. Der Buddhist blickt mit extremer Anspannung nach innen. Der Christ starrt mit fieberhafter Anspannung nach außen. Gehen wir diesem Hinweis nach, dann können wir ein paar interessante Entdeckungen machen.

Unlängst verkündete Mrs. Besant* in einer interessanten Abhandlung, es gebe nur eine einzige Weltreligion, alle Glaubenslehren seien Unter- oder Abarten dieses einen Glaubens, und sie mache sich anheischig zu erklären, worin er besteht. Mrs. Besant zufolge ist die Universalkirche nichts anderes als das Universal selbst. Nach diesem Dogma sind wir letztlich alle ein und dieselbe Person; die Trennwände der Individualität zwischen den einzelnen Menschen gibt es nicht. Mrs. Besant, so könnte man sagen, fordert uns nicht auf, unseren Nächsten zu lieben; sie fordert uns auf, unser Nächster zu sein. Genau dies ist ihre tiefschürfende und anregende Beschreibung jener Religion, in der alle Menschen sich einig sein sollen. Nie in meinem Leben bin ich auf eine These gestoßen, der ich so vehement widersprechen muß. Ich möchte meinen Nächsten lieben, nicht weil er ich ist, sondern gerade weil er nicht ich ist. Ich möchte die Welt

---

* Annie Besant (1847–1933), englische antiklerikale Sozialreformerin, Mitherausgeberin des *National Reformer*, auch Theosophin.

bewundern, nicht wie man ein Spiegelbild liebt, weil es das eigene Selbst ist, sondern wie man eine Frau liebt, weil sie vollkommen anders ist. Wenn die Seelen voneinander geschieden sind, gibt es auch Liebe. Wenn die Seelen vereint sind, gibt es das nicht. Nur im weiteren Sinne sagt man, ein Mensch liebe sich selbst; kaum denkbar aber ist, daß er in Liebe zu sich entbrennt; oder wenn er es doch tut, wird es eine eher eintönige Brautwerbung. Nur wenn jedes Selbst ein wirkliches Selbst ist, kann es recht eigentlich selbstlos sein. Mrs. Besant zufolge besteht aber der ganze Kosmos in einer einzigen, ungeheuer selbstverliebten Person.

Gerade in diesem Punkt steht der Buddhismus auf seiten des modernen Pantheismus und der Immanenzlehre. Und gerade in diesem Punkt steht das Christentum auf seiten der Menschheit, der Freiheit, der Liebe. Liebe will das Individuelle; Liebe will daher das Geschiedensein. Daß Gott die Welt in kleine Stücke zerbrochen hat, begrüßt das Christentum mit instinktiver Freude, denn es sind lebendige Stücke. Und ebenso instinktiv sagt es: »Kindlein liebet einander«, statt eine einzige gigantische Person aufzufordern, sie solle sich selbst lieben. Genau darin besteht die philosophische Kluft zwischen Buddhismus und Christentum; für den Buddhisten oder Theosophen ist die Persönlichkeit der Sündenfall des Menschen, für den Christen ist sie von Gott gewollt, der Kern seiner Idee des Kosmos. Die Weltseele der Theosophen will vom Menschen geliebt werden, damit er sich in sie hineinstürzt. Das göttliche Zentrum des Christentums hingegen hat den Menschen aus sich herausgeschleudert, damit er es lieben kann. Die orientalische Gottheit gleicht einem Riesen, der sein Bein oder seine Hand verloren hat und beständig danach sucht; die christliche Macht gleicht einem Riesen, der sich in seltsamer Großmut die rechte Hand abschlägt, damit sie ihm aus eigenem Antrieb die Hand schütteln kann. Hier stoßen wir erneut auf jene Unermüdlichkeit, die im Wesen des Christentums liegt: Alle modernen Philosophien sind Ketten, die binden und behindern; das Christentum hingegen ist ein Schwert, das scheidet und befreit. Keine andere Weltanschauung läßt zu, daß Gott über die Aufspaltung der Welt in lebendige Seelen frohlockt. Doch nach orthodoxer christlicher Lehre ist diese Spaltung zwischen Gott und Menschen heilig, weil sie ewig ist. Damit der Mensch Gott lieben kann, muß es nicht bloß einen Gott geben, der geliebt wird, sondern auch einen Menschen, der ihn liebt. Jene haltlosen theosophischen Denker, für die das Universum einen riesigen Schmelztiegel darstellt, verkriechen sich instinktiv vor dem alles erschütternden Satz unseres Evangeliums, der Sohn Gottes sei nicht gekommen, Frieden zu senden, sondern das Schwert. Dieser Satz ist durch und durch wahr, selbst wenn man nur seinen manifesten Inhalt nimmt: daß jemand, der echte Liebe predigt, zwangsläufig Haß säen muß. Für demokratische Brüderlichkeit gilt er ebenso wie für göttliche Liebe; falsche Liebe endet in Kompromiß und Allerweltsphilosophie; wahre Liebe endete seit jeher in Blutvergießen. Aber hinter dem manifesten Inhalt, den dieser Ausspruch unseres Herrn hat, gibt es noch eine andere und gewaltigere Wahrheit. Der Sohn nannte Sich Selbst ein Schwert, das den Bruder vom Bruder schied, damit sie einander auf lange Zeit hassen sollten. Aber auch der Vater war ein Schwert; am Urbeginn aller Zeiten schied es den Bruder vom Bruder, damit sie einander am Ende lieben sollten.

Nichts anderes bedeutet das beinahe wahnsinnige Glück in den Augen des mittelalterlichen Heiligen. Nichts anderes bedeuten die fest verschlossenen Augen der prachtvollen buddhistischen Figur. Der christliche Heilige ist glücklich, weil er von der Welt förmlich abgeschnitten wurde; er ist geschieden von allen Dingen und starrt sie mit erstaunten Augen an. Aber wieso sollte der buddhistische Heilige über die Dinge staunen? Gibt es im Grunde doch nur das Eine, das als etwas Unpersönliches schwerlich über sich staunen kann. Viele pantheistische Gedichte reden vom Staunen, aber keines hat wirklich Erfolg damit gehabt. Der Pantheist kann nicht staunen, da er weder Gott noch sonst etwas als ein von ihm unterschiedenes Ding lobpreisen kann. Hier freilich geht es uns um die Frage, wie sich die christliche (also nach außen, auf eine von dem Anbetenden getrennte Gottheit gerichtete) Verehrung auf das allgemeine Bedürfnis nach sittlicher Betätigung und gesellschaftlicher Reform auswirkt. *Daß* sie sich auswirkt, liegt wohl auf der Hand. Aus dem Pantheismus einen eigenständigen Impuls zu moralischem Handeln zu gewinnen ist eigentlich unmöglich. Bedeutet er doch im Kern, daß eines so gut ist wie das andere, während Handeln im Kern bedeutet, daß eines dem anderen erheblich vorzuziehen ist. Swinburne hat – in der Hochzeit seines Skeptizismus – vergeblich mit diesem Problem gerungen. In *Songs before Sunrise*, einem von Garibaldi und der Erhebung Italiens inspirierten Gedichtzyklus, verkündete er die modernere Religion und den reineren Gott, vor denen alle Priester der Welt vor Scham im Boden versinken sollten:

Was tust du da
Daß du aufblickst zu Gott und schreist
Ich bin ich, du bist du,
Ich bin klein, du bist groß,
Ich bin du, der du ihn zu finden suchst,
finde du nur dich selbst, du bist ich.

Woraus sich direkt und eindeutig ergeben müßte, daß Tyrannen ebenso Gotteskinder sind wie Garibaldis; daß König Bomba von Neapel*, der mit durchschlagendem Erfolg »sich selbst« gefunden hat, ununterscheidbar ist vom höchsten Guten in allen Dingen. In Wahrheit aber stammt die abendländische Tatkraft, die Tyrannen vom Thron stürzt, aus eben jener abendländischen Theologie, die sagt: »Ich bin ich, du bist du«. Derselbe trennende Glaube, der aufblickte und im Universum einen guten König sah, blickte auf und sah in Neapel einen schlechten König. Dieselben, die Bombas Gott anbeteten, stürzten Bomba vom Thron. Dieselben, die Swinburnes Gott anbeten, bewohnen Asien seit Jahrhunderten und haben nie einen Tyrannen vom Thron gestürzt. Zu Recht schließt der indische Heilige die Augen, denn er betrachtet etwas, das Ich und Du und Wir und Sie und Es ist. Eine Betätigung der Vernunft – aber weder theoretisch noch faktisch hilft sie dem Inder, ein wachsames Auge auf Lord Curzon** zu

* Schimpfname für Ferdinand II. wegen der Bombardierung Messinas (ital. »re bomba«).

** George Nathaniel Curzon, englischer Politiker, von 1899 bis 1904 britischer Gouverneur (Vizekönig) in Indien.

haben. Diese äußere Wachsamkeit, durch die sich das Christentum stets ausgezeichnet hat (daher die Aufforderung, wir sollten *wachen* und beten), prägte sowohl die typisch abendländische Orthodoxie als auch die typisch abendländische Politik; aber beide sind angewiesen auf die Idee einer transzendenten, von uns unterschiedenen Gottheit, einer Gottheit, die nicht erscheint. Besonders scharfsinnige Religionen könnten natürlich vorschlagen, wir sollten Gott in immer engeren Kreisen im Labyrinth unseres eigenen Ich suchen. Aber nur wir Christen haben gesagt, wir sollten Gott jagen, wie man einen Adler jagt über den Bergen. Und bei der wilden Verfolgungsjagd haben wir alle Ungeheuer getötet.

Auch hier also sehen wir, daß wir die Dinge, die uns so teuer sind – Demokratie und die (sich selbst erneuernde) Tatkraft des Abendlandes –, viel eher in der alten als in der neuen Theologie finden. Wollen wir Reform, müssen wir uns an die Orthodoxie halten; ganz besonders bei der (in den Empfehlungen des Mr. Reginald John Campbell so ausgiebig erörterten) Frage, ob man auf eine immanente oder eine transzendente Gottheit setzen muß. Setzen wir auf die Immanenz Gottes, so landen wir bei Introspektion, Selbstisolierung, Quietismus, sozialer Indifferenz – Tibet. Setzen wir auf die Transzendenz Gottes, landen wir bei Verwundern, Neugierde, moralischem und politischem Abenteuer, gerechtem Zorn – Christentum. Beharren wir darauf, daß Gott dem Menschen innewohnt, dann bleibt der Mensch stets bei sich. Beharren wir darauf, daß Gott über den Menschen hinausgeht, dann geht auch der Mensch über sich hinaus.

Dasselbe erwartet uns bei jedem anderen als überholt geltenden Dogma. Zum Beispiel beim schwierigen Problem der Dreifaltigkeit. Die Unitarier (eine Sekte, die man nie erwähnen sollte, ohne ihrem außerordentlichen, hohen intellektuellen Rang und Ansehen besonderen Respekt zu zollen) sind häufig deshalb Anhänger der Reform, weil der Zufall viele kleine Sekten wie die ihre in eine solche Haltung hineindrängt. Die Ersetzung der Dreifaltigkeit durch reinen Monotheismus hat jedoch nichts Liberales oder Reformerisches an sich. Dem Verstand mag der dreifaltige Gott des Athanasianischen Glaubensbekenntnisses ein Rätsel sein; aber das Geheimnisvolle und Grausame eines Sultans hat Er viel weniger an sich als der einsame Gott von Omar oder Mohammed. Dieser Gott, eine furchterregende Einheit, ist nicht bloß ein König, sondern ein orientalischer König. Das *Herz* der Menschheit, zumal der europäischen, findet gewiß mehr Befriedigung an den eigenartigen Vergleichen und Symbolen, die die Idee der Dreifaltigkeit umgeben: an ihr Bild eines Konsiliums, wo die Barmherzigkeit ebenso das Wort ergreift wie die Gerechtigkeit; an ihrer Vorstellung von einer Freiheit und Vielfalt, die es noch in der innersten Kammer, der Herzkammer der Welt gibt. Denn die abendländische Religion hat seit jeher mit Scharfblick gesehen: »Es ist nicht gut, daß der Mensch allein sei.« Allenthalben setzte der Geselligkeitstrieb sich durch, und die orientalische Idee der Eremiten wurde von der abendländischen Idee der Mönche vertrieben. Selbst die Askese wurde zu brüderlicher Gemeinschaft, und die Trappisten lebten miteinander, auch wenn sie schwiegen. Wenn wir diese Liebe zur lebendigen Vielfalt als

Maßstab nehmen, dann ist die Religion der Dreifaltigkeit eindeutig gesünder als die unitarische Lehre. Für uns Trinitarier (wenn ich das mit aller Ehrerbietung sagen darf), für uns ist Gott Selber etwas Geselliges. Seine Geselligkeit ist freilich ein unergründliches Mysterium der Theologie, und selbst wenn ich Theologe genug wäre, um mich direkt damit zu befassen, wäre es hier nicht ratsam. Uns mag die Feststellung genügen, daß die rätselhafte Dreifaltigkeit so erquickend ist wie Wein und so offen wie ein englischer Kamin; daß sie den Verstand zwar in Verwirrung stürzt, dem Herzen aber vollkommene Ruhe bringt. Aus der Wüste hingegen, aus der Dürre und der unbarmherzigen Sonnenhitze, kommen die grausamen Kinder des einsamen Gottes, die eigentlichen Unitarier, die mit dem Krummsäbel in der Hand die Welt verheert haben. Denn es ist nicht gut, daß Gott allein sei.

Das bisher Gesagte gilt auch in der schwierigen Frage des gefährdeten Seelenheils, die so vielen redlichen Menschen zu schaffen macht. Für alle Seelen zu hoffen gebietet sich von selbst; und man kann durchaus sagen, daß sie unvermeidlich erlöst werden. Man kann es sagen – aber Aktivität oder Fortschritt fördert es nicht unbedingt. Eine streitbare und schöpferische Gesellschaft wie die unsere müßte eher darauf insistieren, daß jeder in Gefahr ist, daß jeder an einem Faden oder einer steilen Felswand hängt. Der Satz, alles werde schon irgendwie gut werden, ist eine verständliche Bemerkung; einen Trompetenstoß aber kann man ihn nicht gerade nennen. Europa müßte eher auf den möglichen Untergang hinweisen; und eben das hat es seit jeher getan. Darin trifft sich seine erhabenste Religion mit seinen billigsten Abenteuergeschichten. Für den buddhistischen oder orientalischen Fatalisten ist das Leben Wissen oder Plan und hat ein vorbestimmtes Ende. Für den Christen hingegen ist das Leben eine *Geschichte*, die jedes nur denkbare Ende haben kann. In einem spannenden Roman (dieser ganz und gar christlichen Gattung) wird der Held zwar nicht von Kannibalen verzehrt; entscheidend für das Entstehen von Spannung ist aber, daß er von Kannibalen verzehrt werden *könnte*. Der Held muß sozusagen ein eßbarer Held sein. So hat auch die christliche Ethik von jeher den Menschen gemahnt: nicht daß er seine Seele verliert, sondern daß er achtgeben muß, um sie nicht zu verlieren. Nach der christlichen Morallehre ist es gottlos, von einem Menschen zu sagen, er sei »verdammt«; gottgefällig und weise hingegen ist es, von ihm zu sagen, daß er verdammt werden kann.

Im gesamten Christentum geht es immer um den Menschen am Scheideweg. Die weitgespannten und seichten Philosophien – gigantische Synthesen aus allem möglichen Unsinn – reden von Zeitaltern und Evolution und grundlegenden Entwicklungen. In der echten Philosophie geht es um den Augenblick. Schlägt einer diesen Weg oder jenen ein? – das ist das einzige, worüber man nachzudenken hat, wenn man es gern tut. Über Äonen läßt sich leicht nachdenken, jeder kann es. Das wahrhaft Furchterregende ist der Augenblick; und weil unsere Religion den Augenblick so stark empfindet, geht es in ihrer Literatur so viel um die Schlacht und in ihrer Theologie so viel um die Hölle. Diese Religion steckt voller *Gefahr*, wie das Buch eines Knaben; sie ist eine ewige Krise. In

Europa gibt es zwischen volkstümlicher Literatur und der Religion des Volkes allerhand Übereinstimmung. Wer behauptet, diese Literatur sei vulgär und geschmacklos, sagt nur das, was Langweiler und Besserwisser über die Kunstwerke in den katholischen Kirchen sagen. Das Leben, so sagt der Glaube, hat sehr viel Ähnlichkeit mit einem Zeitschriftenroman: Es endet mit dem Versprechen (oder der Drohung) »Fortsetzung folgt«. Und mit vornehmer Vulgarität bricht das Leben, genau wie die Fortsetzungsgeschichte, im spannendsten Augenblick ab. Denn der Tod ist unbestreitbar ein spannender Augenblick.

Worauf es hier jedoch ankommt: eine Geschichte ist spannend, weil sie stark vom Wollen geprägt ist, von etwas, das die Theologie den freien Willen nennt. Eine Additionsaufgabe kann man nicht abschließen, wie man möchte. Eine Geschichte aber kann man abschließen, wie man möchte. Als einer die Differentialrechnung entdeckte, konnte er nur eine einzige Differentialrechnung entdecken. Doch als Shakespeare Romeo umbrachte, hätte er ihn auch, wenn ihm das lieber gewesen wäre, mit Julias alter Kinderfrau verheiraten können. Gerade weil das Christentum am freien Willen der Theologie festhielt, hat es so überragende Romanzen hervorgebracht. Gewiß, das ist ein weites Feld, und da es uns zu sehr abbringen würde, kann ich es hier nicht gebührend erörtern; aber der freie Wille ist der Haupteinwand gegen das überbordende moderne Gerede all jener, die das Verbrechen als Krankheit behandeln, aus dem Gefängnis eine Art Hospital machen und das Böse langsam, auf wissenschaftlichem Wege, heilen wollen. Das Ganze verdankt sich einem Trugschluß, denn das Böse ist eine Sache der aktiven Entscheidung, die Krankheit jedoch nicht. Wer behauptet, er kuriere einen Liederjan, wie man einen Asthmatiker kuriert, dem gebe ich die einfache und selbstverständliche Antwort: »Dann fabriziere erst einmal den Menschen, der genauso Asthmatiker sein will, wie so mancher ein Liederjan sein will.« Man kann stilliegen und von einer Krankheit geheilt werden. Aber man kann nicht stilliegen, wenn man von einer Sünde geheilt werden will; im Gegenteil, man muß aufstehen und wild umherspringen. Worauf es hier ankommt, ist perfekt in dem Wort ausgedrückt, mit dem wir einen Menschen im Hospital bezeichnen: »Patient«. Während der »Duldende« dem Passiv entspricht, steht der »Sünder« für die Aktivform. Will jemand von der Grippe kuriert werden, so muß er Patient sein: geduldig und duldsam. Soll er von der Betrügerei geheilt werden, muß er ungeduldig und unduldsam sein. Er darf die Betrügerei nicht dulden. Jede moralische Wende muß mit dem Willen – aktiv, nicht passiv – beginnen.

Auch hier kommen wir zu demselben unwiderruflichen Schluß. Wenn wir die dramatischen Umgestaltungen und gefährlichen Revolutionen, durch die sich die europäische Zivilisation schon immer ausgezeichnet hat, wirklich wollen, sollten wir den Gedanken an den möglichen Untergang nicht unterdrücken, sondern vielmehr fördern. Möchten wir, wie die orientalischen Heiligen, einfach darüber nachsinnen, wie richtig alles ist, dann brauchen wir nur zu verkünden, daß es notwendig seinen richtigen Gang geht. Möchten wir aber selbst dafür sorgen, daß alles seinen richtigen Gang geht, müssen wir immer wieder betonen, daß es auch den falschen gehen kann.

Und schließlich gilt das bisher Gesagte auch, wenn wir uns die heute üblichen Versuche anschauen, die Göttlichkeit Christi zu schmälern oder wegzuerklären. Ob sie wahr ist oder nicht, werde ich an meinem Lebensende sehen. Wenn sie aber wahr ist, dann ist sie unglaublich revolutionär. Daß ein braver Mann mit dem Rücken zur Wand stehen kann, wußten wir längst; daß Gott mit dem Rücken zur Wand stehen kann, darauf können die Rebellen aller Zeiten stolz sein. Weltweit ist das Christentum die einzige Religion, die begriffen hat, daß einem allmächtigen Gott etwas fehlt. Nur das Christentum hat begriffen, daß Gott, um ganz und gar Gott zu sein, nicht nur König, sondern auch Rebell sein muß. Als einzige von allen Glaubenslehren hat das Christentum die Tugenden des Schöpfers um den Mut erweitert. Denn der einzige Mut, der seinen Namen verdient, besteht darin, daß die Seele über ihre Bruchgrenze hinausgeht – und doch nicht zerbricht. Das Problem, das ich hier berühre, ist so unergründlich und angsterregend, daß es nicht leicht zu erörtern ist; und ich bitte im voraus um Verzeihung, wenn eine meiner Formulierungen in die Irre geht oder respektlos erscheint angesichts eines Gegenstands, vor dem die größten Heiligen und Denker sich zu Recht gefürchtet haben. Aber in der dramatischen Geschichte vom Leidensweg Christi gibt es eine deutliche Gefühlsäußerung, die zeigt, daß der Schöpfer aller Dinge (obgleich es unausdenkbar scheint) nicht bloß Todesqualen, sondern auch Qualen des Zweifels gelitten hat. Es steht geschrieben: »Du sollst den Herrn deinen Gott nicht versuchen.« Du nicht, aber der Herr dein Gott kann Sich Selbst versuchen; und allem Anschein nach ist genau das in

Gethsemane geschehen. In einem Garten versuchte Satan den Menschen; in einem Garten versuchte Gott Gott. Auf eine übermenschliche Art und Weise durchlitt Er das menschliche Grauen des Pessimismus. Als die Erde erbebte und die Sonne am Himmel erlosch, geschah es nicht wegen der Kreuzigung, sondern wegen des Schreis, der vom Kreuz kam und der bekannte, daß Gott von Gott verlassen war. Und nun mögen sich die Anhänger der Revolution unter den Religionen einen Glauben und unter den Göttern der Welt einen Gott aussuchen, sie mögen alle Götter, deren Wiederkehr unausweichlich und deren Macht unwandelbar ist, sorgsam vergleichen. Sie werden keinen zweiten Gott finden, der selbst ein Rebell war. Mehr noch (und hier wird es zu schwer für die menschliche Sprache), auch die Atheisten mögen sich einen Gott aussuchen. Sie werden nur einen einzigen finden, der ihre Einsamkeit in Worte gefaßt hat, nur eine einzige Religion, in der Gott eine Sekunde lang Atheist zu sein schien.

All dies macht den Kern der alten Orthodoxie aus; ihr Hauptverdienst ist, daß sie den natürlichen Springquell von Revolution und Reform bildet; ihr Hauptmangel, daß sie beim abstrakten Feststellen bleibt. Ihr Hauptvorteil besteht darin, daß sie von allen Theologien die gewagteste und mannhafteste ist; ihr Hauptnachteil darin, daß sie eine Theologie ist. Man kann ihr stets vorhalten, sie sei ihrem Wesen nach willkürlich und hänge bloß in der Luft. So hoch freilich hängt sie nicht in der Luft, daß nicht große Bogenschützen ihr Leben damit verbringen, Pfeile auf sie abzuschießen – ja sogar ihre letzten Pfeile; es gibt Menschen, die sich selbst und ihre Zivilisation zugrunde richten, wenn sie nur diese alte phantastische Sage ebenfalls zugrunde richten können. Dies ist das letzte und Erstaunlichste, was sich über den christlichen Glauben sagen läßt: daß seine Feinde jede Waffe gegen ihn einsetzen, selbst das Schwert, das die eigenen Finger abschlägt, und das Feuer, das die eigenen Häuser verzehrt. Menschen, die die Kirche zunächst im Namen von Freiheit und Menschlichkeit bekämpfen, schleudern am Ende Freiheit und Menschlichkeit von sich, nur um die Kirche zu bekämpfen. Das ist keine Übertreibung; ich könnte ein ganzes Buch mit Beispielen füllen. Als zielstrebiger Bibelkritiker zog Mr. Blatchford aus, um zu beweisen, daß Adam sich nicht gegen Gott versündigt hat; während er sich noch trickreich mühte, diese These zu untermauern, bekannte er ganz nebenbei, kein einziger Tyrann, von Nero bis König Leopold, habe sich gegen die Menschheit versündigt. Ich kenne einen Mann, der fanatisch zu beweisen sucht, daß es für ihn kein persönliches Leben nach dem Tod geben wird, und der bei der Ansicht landet, für ihn gebe es auch jetzt kein persönliches Leben. Unter Berufung auf den Buddhismus behauptet er, alle Seelen gingen ineinander über; nur um zu beweisen, daß er nicht zum Himmel fahren kann, beweist er, daß er nicht nach Hartlepool fahren kann. Ich bin Leuten begegnet, die gegen religiöse Erziehung protestierten, indem sie Argumente gegen jedwede Erziehung vorbrachten und erklärten, Denken und Fühlen eines Kindes müßten sich ungehindert entfalten oder die Alten dürften den Jungen nichts beibringen. Und ich bin Leuten begegnet, die zeigten, daß es kein göttliches Urteil geben kann, indem sie nachwiesen, daß es kein menschliches Urteil geben kann, nicht einmal zu ganz praktischen Zwecken. Sie verbrannten ihr eigenes Getreide, nur um die Kirche in Brand zu stecken; sie zerschlugen ihr eigenes Werkzeug, nur um sie damit zu zerschlagen; jeder Stock war gut genug, um auf sie einzuprügeln, auch wenn es das letzte Stück ihres eigenen zerbrochenen Mobiliars war. Den Fanatiker, der das Diesseits aus Liebe zum Jenseits zugrunde richtet, bewundern wir ganz und gar nicht und würden ihn kaum entschuldigen. Aber was halten wir von dem Fanatiker, der das Diesseits aus Haß gegen das Jenseits zugrunde richtet? Der Nichtexistenz Gottes opfert er die Existenz der Menschheit. Seine Opfer legt er nicht auf den Altar, er schlachtet sie, damit der Altar ungenutzt und der Thron leer bleibt. Er ist bereit, noch jene Urethik zu zerstören, aus der alles irdische Leben kommt – nur um seine wunderliche, nicht endenwollende Rache an einem zu nehmen, der niemals gelebt hat.

Und dennoch hängt das Ganze unversehrt in himmlischen Höhen. Seinen Gegnern gelingt es nur, alles zu vernichten, was ihnen selber mit Recht lieb und teuer ist. Sie vernichten nicht die Orthodoxie, sondern den politischen und gemeinschaftlichen Wagemut. Sie beweisen nicht, daß Adam Gott keine Rechenschaft schuldig war; wie könnten sie das? Sie beweisen lediglich (von ihren Prämissen aus), daß der Zar dem Russischen Reich keine Rechenschaft schuldig ist. Sie beweisen auch nicht, daß Adam nie von Gott hätte gestraft werden dürfen; sie beweisen lediglich, daß der nächstbeste Ausbeuter nicht von Menschen gestraft werden darf. Mit ihrem orientalischen Argwohn gegenüber allem, was die Person ausmacht, erkennen sie nicht etwa zweifelsfrei, daß es für uns kein persönliches Leben nach dem Tod gibt; sie erkennen lediglich, daß es für uns kein fröhliches und erfülltes Leben im Diesseits gibt. Mit ihrem lähmenden Geraune, unterm Strich stehe immer nur Falsches, gelingt es ihnen nicht, das Große Buch, das der Engel in Händen hält, zu zerreißen; sie machen es nur etwas schwerer, die Bücher von Marshall & Snelgrove zu führen. Der Glaube ist die Mutter aller irdischen Tatkraft, seine Widersacher sind die Väter aller irdischen Konfusion. Das Heilige konnten seine Verächter nicht zugrunde richten; zugrunde gerichtet haben sie das Profane, und vielleicht tröstet sie das ja. Den Himmel konnten die Titanen nicht erklimmen; aber die Welt verwüsteten sie.

IX

DIE AUTORITÄT UND DER ABENTEURER

Im letzten Kapitel ging es um den Gedanken, daß die Orthodoxie nicht bloß (wie oft gesagt) die einzige zuverlässige Hüterin von Sitte und Ordnung, sondern auch die einzige konsequente Hüterin von Freiheit, Neuerung und Fortschritt ist. Wollen wir den reichen Unterdrücker entmachten, so gelingt uns das nicht mit dem modernen Dogma der menschlichen Perfektibilität; gelingen kann es uns nur mit dem alten Dogma der Erbsünde. Wollen wir eingewurzelte Grausamkeiten ausrotten oder verelendeten Volksschichten aufhelfen, gelingt uns das nicht mit der wissenschaftlichen Lehre, daß erst die Materie und dann der Geist kommt; es gelingt uns nur mit der übernatürlichen Lehre, die besagt, daß erst der Geist und dann die Materie kommt. Wollen wir Menschen aufrütteln und zu sozialer Wachsamkeit und unermüdlich praktischem Tun bewegen, gelingt uns das nur mäßig, wenn wir auf den »immanenten Gott« und das »innere Licht« setzen, denn beide bieten gute Gründe, sich zufriedenzugeben; es gelingt uns aber prächtig, wenn wir auf den transzendenten Gott und das flüchtige, ungreifbare Schimmern setzen, denn beides steht dafür, daß Gott sich nicht zufriedengibt. Wollen wir gegen das Bild einer grauenvollen Autokratie und für das Bild einer allgemeinen Balance eintreten, so werden wir instinktiv eher Trinitarier als Unitarier sein. Wollen wir, daß die europäische Zivilisation ein rettendes Floß ist, so werden wir eher darauf verweisen, daß die Seelen in echter Gefahr sind, als daran festhalten, daß es diese Gefahr eigentlich gar nicht gibt. Und wollen wir die Ausgestoßenen und Gekreuzigten emporheben, wird uns der Gedanke lieber sein, daß der Gekreuzigte ein wirklicher Gott und nicht nur ein Weiser oder ein Held war. Vor allem werden wir, wenn wir den Armen Schutz gewähren wollen, uns für feste Regeln und klare Dogmen aussprechen. Bei jedem Verein kommen *Regeln* im Zweifelsfall dem armen Mitglied zugute, während die Dinge treiben zu lassen nur dem reichen Mitglied nützt.

Und nun kommen wir zur Kernfrage, die das ganze Thema recht eigentlich abschließt. Ein vernunftbegabter Agnostiker, der mir vielleicht bis hierher gefolgt ist, könnte sich jetzt zu Recht anders besinnen und sagen: »Im Dogma des Sündenfalls haben Sie eine praktische Philosophie entdeckt; sehr gut. In der Erbsünde haben Sie etwas Demokratisches entdeckt, das heute bedenklicherweise vernachlässigt, dort aber klugerweise festgehalten wird; in Ordnung.

Im Dogma der Hölle haben Sie eine Wahrheit entdeckt; ich gratuliere Ihnen. Sie sind überzeugt, daß alle, die einen persönlichen Gott anbeten, den Blick auf die Außenwelt richten und progressiv sind; auch dazu gratuliere ich. Aber wenn die Dogmen tatsächlich solche Wahrheiten enthalten: warum nehmen Sie sich dann nicht die Wahrheiten und lassen die Dogmen fallen? Wenn die moderne Gesellschaft den Reichen wirklich zu sehr vertraut, weil sie nicht zugibt, daß der Mensch schwach ist; und wenn die Zeiten der Orthodoxie einfach besser gewesen sind, weil sie (mit ihrem Glauben an den Sündenfall) damit rechneten, daß der Mensch schwach ist: warum rechnen Sie nicht einfach damit, daß der Mensch schwach ist, ohne zugleich an den Sündenfall zu glauben? Wenn Sie erkannt haben, daß die Idee der Verdammnis den heilsamen Gedanken an die Gefahr enthält, warum nehmen Sie nicht einfach den letzteren und lassen die erstere fallen? Wenn Sie meinen, der gesunde Verstand stecke wie ein Kern in der Nuß der christlichen Orthodoxie, warum nehmen Sie nicht einfach den Kern und lassen die Schale liegen? Warum nehmen Sie nicht – um eine Zeitungsphrase zu zitieren, die ich als gelehrter Agnostiker nur mit leichtem Schamgefühl wiedergebe –, warum nehmen Sie nicht einfach das, was gut ist am Christentum, was Sie als wertvoll einstufen, was Sie begreifen können, und lassen das übrige, all jene absoluten, ihrem Wesen nach unbegreiflichen Dogmen, fallen?« Das ist die eigentliche Frage, die letzte Frage; und mit Vergnügen werde ich versuchen, eine Antwort darauf zu geben.

Die erste lautet schlicht: Ich bin ein Rationalist. Für meine spontanen Überzeugungen besitze ich gern eine Legitimation durch den Verstand. Wenn ich den Menschen als gefallene Kreatur betrachte, so erleichtere ich mir das Begreifen durch die Vorstellung, daß er irgendwann einmal fiel; und aus seltsamen psychologischen Gründen komme ich mit dem freien Willen eines Menschen besser zurecht, wenn ich mir vorstelle, daß er ihn irgendwann einmal erhalten hat. Doch Rationalist bin ich auch in einem noch bestimmteren Sinn. Nun will ich mein Buch zwar nicht zu einem Werk der gängigen christlichen Apologetik erklären; in dieser offeneren Arena stelle ich mich den Feinden des Christentums gern ein anderes Mal. Hier berichte ich ja nur, wie ich nach und nach zur Glaubensgewißheit kam. Aber ich kann doch einen Moment innehalten und feststellen, daß ich, je mehr rein abstrakte Argumente gegen die christliche Kosmologie mir vor die Augen kamen, um so weniger von ihnen hielt. Als ich nämlich erkannt hatte, daß in der Menschwerdung Gottes Sinn und Verstand steckt, besah ich mir die immer wieder gegen sie angestrengten Beweisführungen und entdeckte, daß sie voller Unsinn und Unverstand sind. Für alle, denen meine Argumentation ohne die herkömmliche Apologetik unzureichend erscheint, will ich kurz darlegen, was ich in dieser Sache von der rein objektiven oder wissenschaftlichen Wahrheit her vorzubringen habe und zu welchen Schlüssen ich gekommen bin.

Auf die rein intellektuelle Frage, warum ich ans Christentum glaube, kann ich nur antworten: »Aus demselben Grund, aus dem ein kluger Agnostiker nicht ans Christentum glaubt.« Mein Glaube stützt sich ganz rational auf Beweise. Beweise, das heißt aber in meinem Fall – genauso wie beim intelligenten

Agnostiker – nicht diese oder jene vermeintliche Beweisführung, sondern eine riesige Anhäufung kleiner Fakten, die alle dasselbe aussagen. Es gibt keinen Grund, dem Antiklerikalen vorzuhalten, daß seine Einwände gegen das Christentum so unendlich verschieden, ja zusammengestückelt sind; denn gerade diese zusammengestückelten Beweise überzeugen das Denken. Von einer Weltanschauung überzeugen läßt man sich nicht durch vier Bücher, sondern durch ein Buch, eine Schlacht, eine Landschaft und einen alten Freund. Gerade weil es sich um verschiedenartige Dinge handelt, bekommt die Tatsache, daß sie alle ein und denselben Schluß nahelegen, besonderes Gewicht. Daß der durchschnittlich Gebildete von heute kein Christ sein will, liegt zugegebenermaßen an solchen unverbundenen, aber lebendigen Erfahrungen. Ich kann also nur sagen, daß meine Beweise *für* das Christentum von derselben Lebendigkeit und Vielfältigkeit sind wie seine Beweise *gegen* das Christentum. Aber beim Blick auf die zahlreichen, von den Gegnern des Christentums vorgebrachten Wahrheiten mache ich die Entdeckung, daß keine davon wahr ist. Ich entdecke, daß alle Fakten mit Nachdruck in die Gegenrichtung weisen. Nehmen wir ein paar Beispiele. Mancher Moderne mit gesundem Verstand muß sich vom Christentum abgewandt haben, weil drei konvergierende Überzeugungen ihn dazu drängten: erstens, daß die Menschen nach Gestalt, innerem Aufbau und Geschlechtsleben den Tieren ganz ähnlich, also eine der vielen Arten im Tierreich sind; zweitens, daß die Religion einst aus Unwissen und Angst entstand; drittens, daß die Priester mit ihrem schädlichen Einfluß der menschlichen Gesellschaft nur Verbitterung und Trübsinn gebracht haben. Diese drei von den Gegnern des Christentums angeführten Argumente sind sehr unterschiedlich; aber alle sind stimmig und plausibel; und alle laufen auf dasselbe hinaus. Der einzige Einwand gegen sie lautet (wie ich erkannt habe), daß sie allesamt unwahr sind. Wer aufhört, sich Bücher über Tiere und Menschen anzuschauen, und sich statt dessen Tiere und Menschen anschaut, wird (wenn irgend er Humor oder Phantasie, Sinn für Ekstase oder Komik besitzt) feststellen, daß das Verblüffende gar nicht ist, wie sehr der Mensch dem Tier ähnelt, sondern wie sehr er sich von ihm unterscheidet. Erklärt werden muß, warum er so ungeheuer anders ist. Daß Menschen und Tiere sich ähneln, ist eigentlich eine Binsenwahrheit; aber daß derart ähnliche Lebewesen so wahnsinnig unähnlich sein sollen – das schockiert und gibt Rätsel auf. Daß ein Affe Hände hat, ist für den Philosophen weit weniger interessant, als daß er mit seinen Händen so gut wie nichts anfängt; weder Karten noch Violine spielt; weder Marmor noch Hammelfleisch behaut. Man spricht heute gern von barbarischer Baukunst und minderwertiger Malerei. Aber Elefanten errichten nicht einmal riesige Elfenbeintempel im Rokoko-Stil; Kamele malen nicht einmal schlechte Bilder, obgleich sie mit dem Material für viele Kamelhaarpinsel ausgestattet sind. Moderne Träumer behaupten, Ameisen und Bienen besäßen Gesellschaften, die den unseren überlegen sind. In der Tat besitzen sie eine Zivilisation; aber so sehr das zutrifft, es erinnert nur daran, daß ihre Zivilisation minderwertig ist. Wer hat je einen Ameisenhügel gesehen, der mit den Standbildern berühmter Ameisen geschmückt war?

Wer hat einen Bienenstock gesehen, in den die Bildnisse einstiger großer Königinnen eingemeißelt waren? Nein; die Kluft zwischen dem Menschen und anderen Geschöpfen mag auf natürliche Weise erklärbar sein, sie ist und bleibt eine Kluft. Wir sprechen heute gern von wilden Tieren, aber das einzige wilde Tier ist der Mensch. Er nämlich ist ausgebrochen. Alle übrigen Tiere sind folgsam; sie gehorchen dem strengen Verhaltenskodex des Stammes oder der Art. Alle übrigen Tiere sind gebändigt; nur der Mensch ist unbändig, ob als Liederjan oder als Mönch. Der erste dieser oberflächlichen Beweise für den Materialismus ist also allenfalls ein Beweis für das Gegenteil; genau da, wo die Biologie aufhört, beginnt alle Religion.

Nicht anders ist es, wenn ich mir das zweite der drei zufällig herausgegriffenen rationalistischen Argumente ansehe: daß nämlich alles, was wir göttlich nennen, in einer Zeit der Finsternis und des Schreckens entstanden sei. Als ich ernsthaft prüfte, worauf diese moderne Vorstellung aufbaut, entdeckte ich, daß kein Fundament zu finden ist. Über den prähistorischen Menschen weiß die Wissenschaft nicht das geringste; aus dem vorzüglichen Grund, weil er prähistorisch ist. Ein paar Professoren wagen zwar die These, Dinge wie das Menschenopfer seien ursprünglich erlaubt und weit verbreitet gewesen und erst allmählich verschwunden; aber einen direkten Beweis gibt es dafür nicht, und die wenigen indirekten zeigen genau in die Gegenrichtung. In den frühesten Mythen – etwa denen von Isaak oder Iphigenie – taucht das Menschenopfer nicht als etwas Uraltes, sondern als etwas Neues auf; als befremdliche und grauenhafte Ausnahme, die die Götter aus geheimnisvollen Gründen fordern. Die Geschichtsschreibung sagt also gar nichts darüber, und den Mythen zufolge ging es in der Frühzeit der Erde freundlicher zu. Der Fortschritt ist nicht überliefert; überliefert hingegen ist in der ganzen Menschheit der Sündenfall. Kurioserweise wird ausgerechnet die weite Verbreitung dieses Gedankens zum Argument gegen seine Glaubwürdigkeit. Gebildete Männer äußern wortwörtlich, diese prähistorische Katastrophe könne gerade darum nicht wahr sein, weil die ganze Menschheit sie im Gedächtnis aufbewahrt habe. Mit solchen Paradoxa komme ich nicht mehr mit.

Auch beim dritten Punkt sieht es nicht anders aus: bei dem Argument, die Priester brächten nur Düsternis und Verbitterung über die Welt. Ich schaue mir die Welt an und stelle fest, daß es nicht stimmt. Gerade in jenen europäischen Ländern, in denen die Priester weiterhin Einfluß besitzen, gibt es noch heute Gesang und Tanz und bunte Kleider und Kunstwerke unter freiem Himmel. Katholische Lehre und Disziplin mögen Mauern sein; aber sie sind Mauern um einen Spielplatz. Das Christentum ist der einzige Rahmen, in dem sich die Freuden des Heidentums erhalten haben. Nehmen wir ein Bild: spielende Kinder auf der grasbewachsenen Hochebene einer Insel im Meer. Solange es eine Mauer am Rand der Klippen gab, konnten sie sich in die wildesten Spiele stürzen, und es ging lärmend zu wie im Kinderzimmer. Doch die Mauern wurden eingerissen, und übrig blieb die nackte Gefahr der Klippen. Zwar fielen die Kinder nicht herab, aber als ihre Freunde zurückkamen, hockten sie zusammengekauert in der Mitte der Insel; und ihre Lieder waren verstummt.

Alle drei Tatsachen, die uns zum Agnostiker machen sollen, bekommen also aus anderer Sicht einen Gegensinn. Und nun sage ich meinerseits: »Erklären Sie mir erstens die einzigartige Sonderstellung des Menschen unter den Tieren, zweitens die bei den Menschen so verbreiteten Erzählungen von einem ursprünglichen Glückszustand und drittens das Fortleben mancher heidnischer Freuden in den Ländern der katholischen Kirche.« Für alle drei Phänomene gibt es ein und dieselbe Erklärung: Zweimal wurde die natürliche Ordnung unterbrochen durch eine Entladung oder Offenbarung, wie man sie heutzutage als sogenanntes psychisches Phänomen kennt. Das erste Mal kam der Himmel auf die Erde mit einem gewaltigen Prägestempel, dem sogenannten Bild Gottes, und der Mensch wurde zum Herrn über die Natur; und das andere Mal (nachdem der Mensch sich in jedem seiner Weltreiche als mangelhaft erwiesen hatte) kam der Himmel, um die ganze Menschheit in der furchtbaren Gestalt eines Menschen zu erlösen. Das könnte erklären, warum die Menschen in ihrer großen Mehrzahl stets zurückblicken und nur auf dem kleinen Kontinent, wo Christus Seine Kirche hat, nach vorn schauen. Ich weiß, man wird sagen, Fortschrittsdenken gebe es jetzt auch in Japan. Aber wie kann das ein Einwand sein, wenn wir noch mit dem Satz »Japan ist fortschrittlich geworden« eigentlich nur meinen: »Japan ist europäisch geworden«? Wichtiger freilich als diese Erklärungen ist hier das, was ich anfangs gesagt habe. Wie jeder normale nichtgläubige Mensch meine auch ich, daß man sich von drei oder vier separaten Fakten leiten lassen muß, die alle auf etwas hinweisen; doch immer wenn ich mir solche

Fakten anschaute, sah ich, daß sie auf etwas anderes hinwiesen.

Als Beispiel für die gängigen Argumente der Christengegner habe ich eine willkürliche Triade vorgestellt; sollte das eine zu schmale Basis sein, so will ich mir rasch noch eine weitere einfallen lassen. Es sind drei Urteile, die zusammengenommen den Eindruck erzeugen, das Christentum sei etwas Kraftloses und Kränkliches. Das erste lautet, Jesus sei ein sanfter Mensch gewesen, schüchtern und weltfremd, ein letztlich wirkungsloser Appell an die Welt; das zweite, das Christentum habe seine Blütezeit in den finsteren Jahrhunderten der Unwissenheit gehabt und die Kirche wolle uns dorthin zurückdrängen; und das dritte lautet, alle noch heute streng religiösen oder (wenn Sie so wollen) abergläubischen Menschen – wie etwa die Iren – seien schwächlich, praxisfern und rückständig. Ich erwähne diese Urteile nur, um erneut zu bekennen: Beim unbefangenen Blick auf sie erkannte ich, nicht daß die Beweisführung unphilosophisch ist, sondern daß die Fakten keine Fakten sind. Statt Bücher und Bilder über das Neue Testament sah ich mir das Neue Testament selber an. Dort wird, wie ich entdeckte, nicht etwa eine Person geschildert, die das Haar in der Mitte gescheitelt trägt oder sich flehend an andere anklammert, sondern ein außerordentlicher Mensch, aus dessen Munde donnernde Reden kommen und dessen Taten von unheimlicher Entschlußkraft zeugen; ein Mensch, der Tische und Stühle umstieß, Teufel austrieb oder schnell und heimlich wie der Wind aus der Einsamkeit der Berge auftauchte, um schrecklich aufwieglerische Volksreden zu halten; ein Mensch, der oftmals wie ein zorniger Gott – und immer wie ein Gott – handelte. Christus hatte sogar einen eigenen dichterischen Stil, wie er sonst wohl nirgends zu finden ist; er besteht im beinahe frenetischen Gebrauch des *a fortiori*. Sein »wieviel mehr« türmt sich übereinander wie eine Wolkenburg über die andere. Das *über* Christus Gesagte war immer – und vielleicht klugerweise – sanft und fügsam. Das *von* Christus Gesagte ist auf sonderbare Weise kolossal. In seinen Reden wimmelt es von Kamelen, die durch ein Nadelöhr gehen, und von Bergen, die ins Meer gestürzt werden. Auch ihre Moral ist furchterregend; er nannte sich ein fressendes Schwert und forderte Männer auf, ihr Kleid zu versetzen und ein Schwert zu kaufen. Daß er mit anderen, noch hemmungsloseren Worten für den Verzicht auf Widerstand sprach, macht das Geheimnis nur um so undurchdringlicher – aber die Gewaltsamkeit um so größer. Wir können es nicht einmal damit erklären, daß ein solcher Mensch eben wahnsinnig ist; denn der Wahnsinn verfolgt in aller Regel einen immergleichen Kurs. Manie ist gemeinhin Monomanie. Erinnert sei hier an die weiter oben formulierte, schwierige Definition der christlichen Religion: Sie ist ein übermenschliches Paradox, in dem zwei entgegengesetzte Leidenschaften nebeneinander glühen können. Für die Sprache des Evangeliums gibt es nur eine einzige Erklärung, die sie erklärt: Sie gehört einem, der aus überirdischer Höhe eine noch frappierendere Synthesis gewahrt.

Damit komme ich zum zweiten Punkt, dem Urteil, daß das Christentum in den finsteren Zeiten der Unwissenheit zu Hause war. Hierzu habe ich nicht bloß die allgemeinen Feststellungen der Modernen gelesen; ich las auch ein wenig Geschichtsschreibung. Und dort entdeckte ich, daß das Christentum, weit entfernt, selbst Teil der finsteren Zeiten zu sein, der einzige nicht finstere Weg durch die finsteren Zeiten war: eine leuchtende Brücke zwischen zwei leuchtenden Zivilisationen. Wer immer behauptet, der Glaube habe sich in Unwissenheit und Barbarei entfaltet, bekommt die schlichte Antwort: Nein. Er entfaltete sich in der Mittelmeerkultur, in der Blütezeit des Römischen Reiches. Die Welt wimmelte von Skeptikern, und nichts war so sonnenklar wie der Pantheismus, als Konstantin den Querbalken an den Mast nagelte. Es stimmt, daß das Schiff später sank; aber erstaunlicher ist, daß es wieder an die Oberfläche kam: mit neuer Farbe und neuem Glanz, obenauf noch immer das Kreuz. Die Religion machte etwas Unglaubliches: Sie verwandelte ein gesunkenes Schiff in ein Unterseeboot. Die Arche überlebte unter den Wassermassen; unter den Trümmern von Dynastien und Klans wurden wir begraben, aber später tauchten wir wieder auf und erinnerten uns an Rom. Wäre unser Glaube nichts gewesen als eine Mode des untergehenden Imperiums, so wäre diese Mode wie alle anderen im Dämmer verschwunden; und wäre dann die Zivilisation wieder aufgetaucht (und viele Kulturen sind nie wieder aufgetaucht!), so nur unter einer neuen barbarischen Flagge. Die christliche Kirche aber war das letzte Leben der alten Gesellschaft und das erste der neuen. Sie nahm sich die Menschen, die vergessen hatten, wie man einen Bogen baut, und lehrte sie, den gotischen Bogen zu entwerfen. Kurz, das Absurdeste, das man von der Kirche sagen kann, ist genau das, was wir alle über sie hören. Wie können wir behaupten, die Kirche wolle uns zurückbefördern in die finsteren Zeiten der Unwissenheit? Hat sie allein uns doch aus ihnen herausgeholfen.

Meine zweite Triade habe ich abgerundet mit dem banalen Einwand all jener, die meinen, Leute wie die Iren seien vom Aberglauben ihrer Kräfte beraubt oder zum Stillhalten gezwungen worden. Ich habe ihn nur deshalb angeführt, weil sich hier in beispielloser Weise eine Tatsachenbehauptung als Lüge erweist. Ständig sagt man von den Iren, sie seien unpraktische Menschen. Wenn wir uns jedoch einmal von dem abwenden, was man über sie sagt, und dem zuwenden, was man mit ihnen *tut*, werden wir feststellen, daß die Iren nicht bloß praktische, sondern auch in höchst peinlicher Weise erfolgreiche Leute sind. Die Armut ihres Landes, ihr Status als Minderheit sind nichts anderes als die Bedingungen, unter denen sie tätig werden mußten; aber keine andere Volksgruppe im britischen Empire hat aus solchen Bedingungen so viel gemacht. Die irischen Nationalisten waren die einzige Minderheit, der es gelang, das gesamte britische Parlament erheblich vom Kurs abzubringen. Die irischen Bauern sind die einzigen Armen unseres Inselstaats, die ihre Herren zwingen konnten, etwas herauszugeben. Diese Menschen, die wir immer unter der Fuchtel der Priester sehen, sind die einzigen Briten, die nicht unter der Fuchtel der Gutsherren stehen werden. Und beim Blick auf die heutigen Charakteristika der Iren kam ich zu demselben Ergebnis. Besonders tüchtig sind sie in den ausnehmend *harten* Berufen: in der Hüttenindustrie, als Rechtsanwälte, als Soldaten. In allen Punkten ergab sich also derselbe Schluß: Zu Recht hält sich der Skeptiker an die

Fakten, bloß hat er sie gar nicht angeschaut. Er ist zu leichtgläubig; er vertraut Zeitungen, ja Enzyklopädien. Auch jetzt hatte ich auf seine drei Fragen wieder nur drei Gegenfragen. Was der gewöhnliche Skeptiker wissen wollte, war: wie ich mir erstens den weichlichen Ton des Evangeliums, zweitens den Zusammenhang zwischen Glaube und mittelalterlicher Unwissenheit sowie drittens die politische Praxisferne der keltischen Christen erkläre. Ich dagegen wollte die dringende, ja schon drängende Frage stellen: »Was ist das für eine unvergleichliche Tatkraft: Zuerst manifestiert sie sich in einem Mann, der wie ein lebender Richterspruch auf unserer Erde wandelt; dann stirbt sie zusammen mit einer sterbenden Zivilisation, die sie dennoch zwingt, von den Toten wieder aufzuerstehen; und schließlich erfüllt sie verelendete Bauern mit einem so unbeirrbaren Glauben an Gerechtigkeit, daß sie bekommen, was sie fordern, während andere leer ausgehen – so daß die Insel, der niemand hilft, sich letzten Endes selbst helfen kann?«

Auf diese Frage gibt es eine Antwort: Man kann erwidern, daß eine solche Tatkraft nicht von dieser Welt ist; daß sie etwas Psychisches darstellt oder wenigstens von einer realen psychischen Störung herrührt. Gewiß haben die großen Kulturen der Menschheitsgeschichte wie etwa das alte Ägypten oder das noch heute bestehende China größten Dank und Respekt verdient. Und dennoch tut man ihnen nicht unrecht, wenn man feststellt, daß allein das moderne Europa zu permanenter Selbsterneuerung imstande war, zu einer Selbsterneuerung, die oftmals in kürzesten Zeitabständen stattfand und sich noch auf die kleinsten Details der Baukunst oder der Mode erstreckte. Alle anderen Gesellschaften sterben in Würde, wenn ihre Zeit gekommen ist. Wir sterben täglich. Und täglich werden wir dank einer fast schamlosen Geburtshilfe neu geboren. Es ist kaum übertrieben, wenn man sagt, im historischen Christentum stecke ein unnatürliches Leben: Erklärt werden könnte es als übernatürliches Leben. Erklärt werden könnte es als beängstigendes, künstlich stimuliertes Leben, das einen Körper durchzuckt, der sonst eine Leiche gewesen wäre. Denn unsere Zivilisation hätte eigentlich – wenn es nach Analogien oder soziologischer Wahrscheinlichkeit ginge – in der Götterdämmerung des römischen Reiches ihr Ende finden *müssen*. In einem unheimlichen Erkenntnisblitz sehen wir den Stand, in dem wir leben: Weder für Sie noch für mich besteht überhaupt Grund, hier zu sein. Wir alle sind *revenants*, Wiedergänger; die lebenden Christen sind auferstandene tote Heiden. Als Europa sich gerade in aller Stille zu Assyrien und Babylonien gesellen sollte, fuhr etwas in seinen Leib. Und seither lebt es ein wunderliches Leben – es hat, so kann man wohl sagen, nervöse Zuckungen, es ist ständig auf dem Sprung.

Mit beiden Triaden des Zweifels habe ich mich hier ausführlich befaßt, um meine Hauptthese zu veranschaulichen: Mein Plädoyer für das Christentum ist zwar rational, aber nicht einsträngig. Es besteht, nicht anders als die Position des gewöhnlichen Agnostikers, in der Zusammenballung vieler verschiedener Fakten; nur daß der Agnostiker die Fakten verdreht hat. Für seinen Unglauben findet er zahlreiche Gründe, doch die Gründe sind unwahr. Er zweifelt, weil das Mittelalter barbarisch war, aber es war nicht barbarisch; weil der Darwinismus bewiesen ist, aber er ist nicht bewiesen; weil Wunder nicht geschehen, aber sie geschehen; weil die Mönche faul waren, aber sie waren fleißig; weil Nonnen unglücklich sind, aber sie sind ganz besonders fröhlich; weil die christliche Kunst traurig und blaß war, aber sie war in auffälligen, leuchtenden Farben gemalt und strahlte vor Gold; weil die moderne Wissenschaft sich vom Übernatürlichen entfernt, aber das stimmt gar nicht, denn mit dem Tempo eines Eisenbahnzuges rast sie auf das Übernatürliche zu.

Unter diesen zahllosen Fakten, die alle in ein und dieselbe Richtung weisen, gibt es ein Problem, das handfest und eigenständig genug ist, um kurz, aber gesondert behandelt zu werden; ich meine das objektiv beobachtbare Auftreten des Übernatürlichen. Weiter oben war die Rede von dem verbreiteten Trugschluß, die Welt müsse etwas Unpersönliches sein, weil sie geordnet ist. Eine Person neigt aber ebensosehr zum Geordneten wie zum Ungeordneten. Meine positive Überzeugung, daß sich persönliche Schöpfung besser begreifen läßt als ein materielles Schicksal, ist – zugegebenermaßen – in gewissem Sinn undiskutierbar. Zwar würde ich sie weder Glaube noch Intuition nennen, da sich in beide auch reines Gefühl mischt; aber sie ist eine, wenn auch strikt verstandesmäßige, so doch *unmittelbare* Überzeugung, so unmittelbar wie die Gewißheit des Selbst, daß Leben ein hohes Gut ist. Jeder kann daher meinen Glauben an Gott getrost mystisch nennen; denn es lohnt nicht, um dieses Etikett zu streiten. Gar nicht mystisch hingegen ist mein Glaube daran, daß sich in der menschlichen Geschichte Wunder ereignet haben; ganz wie im Fall der Entdeckung Amerikas glaube ich daran, weil Menschen davon Zeugnis abgelegt haben. In diesem Zusammenhang erinnere ich an ein einfaches logisches Faktum, das nur einmal ausgesprochen und geklärt werden muß. Irgendwie hat sich die erstaunliche Vorstellung herausgebildet, daß diejenigen, die nicht an Wunder glauben, sie kühl und objektiv betrachten, während diejenigen, die an sie glauben, dies nie ohne Berufung auf ein Dogma tun. Tatsächlich verhält es sich genau andersherum. Die letzteren akzeptieren sie (zu Recht oder Unrecht), weil sie Beweise haben. Die ersteren bestreiten sie (zu Recht oder Unrecht), weil sie mit einem Lehrsatz gegen sie antreten. Offen, selbstverständlich und demokratisch ist es, einem alten Apfelweiblein zu glauben, wenn es ein Wunder bezeugt – so wie man ihm glaubt, wenn es einen Mord bezeugt. Redlich und volksnah ist es, dem Bauern zu glauben, was er von einem Gespenst erzählt – so wie man ihm glaubt, was er über den Grundbesitzer erzählt. Als Bauer wird er vermutlich in beiden Dingen eine gehörige Portion gesunden Agnostizismus mitbringen. Dennoch könnte man mit den Augenzeugenberichten, mit denen er sich für sein Gespenst stark macht, das Britische Museum füllen. Aussagen von Menschen, die Übernatürliches bezeugt haben, gibt es in erdrückender Fülle. Verwirft man sie, so kann man nur zweierlei meinen. Was der Bauer vom Gespenst erzählt, verwirft man bloß deshalb, weil der Mann ein Bauer ist oder weil seine Geschichte eine Gespenstergeschichte ist. Entweder man verneint das Kernprinzip der Demokratie; oder man bejaht das Kernprinzip des Materialismus, die abstrakte Unmöglichkeit von Wundern. Dazu hat man natürlich das Recht, aber dann ist man ein Dogmatiker. Wir Christen akzeptieren alle wirklichen Beweise – während ihr Rationalisten wirkliche Beweise verschmäht, weil euer Glaube euch dazu zwingt. Mich zwingt in dieser Sache überhaupt kein Glaube, und nachdem ich mir einige Wunder des Mittelalters und der Moderne unbefangen angesehen habe, bin ich zu dem Schluß gekommen, daß sie wirklich geschehen sind. Alle gegen diese unleugbaren Fakten vorgebrachten Argumente sind Zirkelschlüsse. Sage ich: »Die mittelalterlichen Dokumente bezeugen Wunder genauso, wie sie Schlachten bezeugen«, heißt es nur: »Aber im Mittelalter war man abergläubisch«; und will ich dann wissen, worin der Aberglaube bestand, lautet der einzige abschließende Bescheid, man habe an Wunder geglaubt. Sage ich: »Ein Bauer hat ein Gespenst gesehen«, so erwidert man mir: »Aber Bauern sind doch so leichtgläubig«; frage ich dann: »Wieso leichtgläubig?«, lautet die einzige Antwort: weil sie Gespenster sehen. Island kann es nicht geben, weil nur dumme Seefahrer die Insel gesehen haben; und die Seefahrer sind dumm, weil sie Island gesehen haben. Gerechtigkeitshalber will ich jedoch hinzufügen, daß der Nichtgläubige noch ein zweites Vernunftargument gegen das Wunder vorbringen kann, auch wenn er selber in der Regel vergißt, es geltend zu machen.

Er kann nämlich einwenden, in vielen Wundererzählungen werde angedeutet, man sei geistig vorbereitet und empfänglich gewesen: kurz, das Wunder geschehe eigentlich nur dem, der daran glaubt. Vielleicht ist es tatsächlich so, und wenn es so ist, wie sollen wir die Probe darauf machen? Wollen wir herausfinden, ob bestimmte Dinge sich aus dem Glauben ergeben, so nützt es gar nichts, wenn wir endlos wiederholen, daß sie (sollten sie vorkommen) sich aus dem Glauben ergeben. Gehört zu den Vorbedingungen auch der Glaube, dann dürfen die, die nicht glauben, zwar ein herzhaftes Lachen anstimmen. Aber sie dürfen nicht urteilen. Mag man gläubig sein für ebenso schlimm halten wie betrunken sein; aber wollten wir von Trunkenbolden bestimmte psychologische Auskünfte bekommen, wäre es absurd, sie beständig zu tadeln, weil sie betrunken waren. Angenommen, wir untersuchten, ob wütende Menschen tatsächlich roten Dunst vor den Augen haben. Angenommen, sechzig untadelige Familienväter beschwören, sie hätten in ihrer Wut diesen roten Nebel gesehen; dann wäre es gewiß absurd zu antworten: »Aha, aber Sie geben zu, daß Sie damals wütend gewesen sind.« Sie könnten mit vollem Recht und mit Stentorstimme im Chor erwidern: »Wie zum Teufel sollten wir wohl, ohne wütend zu sein, die Entdeckung machen, daß wütende Menschen rot sehen?« Genauso vernünftig wäre die Antwort der Heiligen und Asketen: »Angenommen, die Frage lautet, ob gläubige Menschen Visionen haben können – wenn ihr an den Visionen interessiert seid, ist es sinnlos, den Gläubigen zu widersprechen.« Absurde Einwände wie die hier erwähnten bleiben ein Zirkelschluß; sie beschreiben jenen alten Zirkel des Wahnsinns, mit dem dieses Buch begonnen hat.

Die Frage, ob Wunder geschehen, ist eine Sache des gesunden Verstandes und der ganz normalen historischen Phantasie, nicht aber des abschließenden physikalischen Experiments. Die alberne Pedanterie, bei Berichten von übersinnlichen Erscheinungen auf »wissenschaftliche Rahmenbedingungen« zu dringen, können wir uns getrost sparen. Wenn wir der Frage nachgehen, ob eine tote Seele mit einer lebenden kommunizieren kann, wäre es lächerlich zu fordern, daß das Ganze unter Bedingungen stattfindet, unter denen zwei zurechnungsfähige lebende Seelen nie ernsthaft miteinander kommunizieren würden. Daß Gespenster die Dunkelheit vorziehen, spricht ebensowenig gegen die Existenz von Gespenstern, wie die Tatsache, daß Liebende die Dunkelheit vorziehen, gegen die Existenz der Liebe spricht. Sollte zum Beispiel jemand sagen: »Daß Miss Brown ihren *fiancé* Bekassine genannt oder ihm sonst einen Kosenamen gegeben hat, glaube ich erst, wenn sie das Wort vor siebzehn Psychologen wiederholt«, so würde ich erwidern: »Gut, wenn das Ihre Bedingungen sind, dann finden Sie die Wahrheit nie heraus, denn mit Sicherheit wird sie es nicht über die Lippen bringen.« Es ist so unwissenschaftlich wie unphilosophisch, sich darüber zu wundern, daß in einer gefühlsfeindlichen Atmosphäre überschwengliche Gefühle nicht entstehen können. Das ist ja, als behauptete ich, ich könne keine Auskunft darüber geben, ob Nebel geherrscht habe, weil die Luft nicht klar genug gewesen sei; oder als bestünde ich auf ungemindertem Sonnenlicht, um eine Sonnenfinsternis zu sehen.

Nicht anders als jeder gesunde Verstand, der zu bestimmten Schlüssen über das Geschlechtsleben oder die Mitternacht kommt (wohl wissend, daß bei beidem naturgemäß viele Details im dunkeln bleiben müssen), komme ich meinerseits zu dem Schluß, daß Wunder wirklich geschehen. Erzwungen wird er durch ein Zusammenwirken mehrerer Tatsachen: erstens der Tatsache, daß diejenigen, denen Elfen oder Engel begegnen, nicht etwa Mystiker und krankhafte Träumer, sondern Fischer, Bauern und andere ebenso bodenständige wie bedachtsame Leute sind; zweitens der Tatsache, daß wir allesamt Menschen kennen, die okkulte Geschehnisse bezeugen können, ohne Okkultisten zu sein; und drittens der Tatsache, daß selbst die Wissenschaft von Tag zu Tag bereitwilliger einräumt, daß es dergleichen gibt. Noch Christi Himmelfahrt wird sie einräumen, wenn man sie Levitation nennt, und höchstwahrscheinlich auch Seine Auferstehung, sobald ihr ein anderes Wort dafür eingefallen ist. Mein Vorschlag: Galvanisation. Entscheidend jedoch ist das oben genannte Dilemma, daß die Leugnung des Übernatürlichen immer auf antidemokratischem Denken oder materialistischem Dogmatismus – fast könnte ich sagen: materialistischem Mystizismus – beruht. Stets hört man vom Skeptiker eines dieser beiden Argumente: Einem gewöhnlichen Menschen braucht man nicht zu glauben, ein außergewöhnliches Ereignis darf man nicht glauben. Den anderen, gegen Wunder vorgebrachten Einwand, der in der bloßen Aufzählung von Betrügereien, von Täuschungsmanövern des spiritistischen Mediums oder primitiven Zaubertricks besteht, können wir hoffentlich unberücksichtigt lassen. Er ist gar kein Einwand, weder ein guter noch ein schlechter. Ein falsches Gespenst widerlegt die Existenz von Gespenstern so wenig, wie eine gefälschte Banknote die Existenz der Bank von England widerlegt – die sie ja geradezu beweist.

Sind wir einmal zur Überzeugung gelangt, daß es Übersinnliches tatsächlich gibt (wofür ich viele verschiedene, aber rationale Beweise habe), stoßen wir auf eines der schlimmsten geistigen Übel unserer Zeit.

Das größte Unglück des 19. Jahrhunderts war, daß die Leute anfingen, Wörter wie »übersinnlich« oder »spirituell« als Synonym für »gut« zu verwenden. Je vergeistigter und unkörperlicher, so meinten sie, desto tugendhafter. Als die wissenschaftliche Revolution verkündet wurde, befürchteten manche, sie werde dem bloß Animalischen Auftrieb geben. Es kam schlimmer: Auftrieb gab sie dem bloß Geistigen. Sie verleitete die Menschen zu der Annahme, wenn sie sich nur vom Affen entfernten, kämen sie gleich in den Himmel. Aber man kann sich vom Affen entfernen und zum Teufel gehen. Ein genialer Mann und typischer Vertreter jener Zeit der Verwirrung hat es glänzend in Worte gefaßt. Benjamin Disraeli hatte recht, als er sagte, er stehe auf seiten der Engel. In der Tat: er stand auf seiten der gefallenen Engel. Nicht auf seiten irgendeiner nackten Begierde oder animalischen Brutalität, sondern auf seiten des Imperialismus der Höllenfürsten, der Überheblichkeit und Esoterik und der Verachtung für alles, was unverkennbar gut ist. Zwischen diesem gefallenen Stolz und der turmhoch über ihm stehenden Demut des Himmels gibt es, so ist anzunehmen, ein Reich leibhaftiger Geister. Wenn der Mensch diesen Geistern begegnet, muß er zwangsläufig dieselben Fehler machen, die er bei der Begegnung mit anderen Arten auf einem fernen Kontinent macht. Anfangs muß es schwierig sein herauszufinden, wer der Überlegene und wer der Unterlegene ist. Käme ein Schatten aus der Unterwelt und sähe den Piccadilly Circus, würde er wohl kaum begreifen, was eine ganz normale geschlossene Kutsche bedeutet. Er würde annehmen, der Kutscher auf dem Bock sei ein siegreicher Eroberer, der einen heftig strampelnden, aber sicher verwahrten Gefangenen hinter sich herzieht. Beim ersten Anblick übersinnlicher Erscheinungen können wir uns also durchaus darüber täuschen, wer hier die Oberhand hat. Es genügt nicht, irgendwelche Götter zu finden; sie sind unübersehbar; finden müssen wir Gott, das wahrhafte Oberhaupt der Götter. Erst wenn wir über eine lange historische Erfahrung mit übernatürlichen Phänomenen verfügen, können wir erkennen, welche von ihnen im Grunde natürlich sind. In dieser Hinsicht finde ich die Geschichte des Christentums und auch seiner jüdischen Ursprünge äußerst nützlich und unmißverständlich. Es macht mir gar nichts, wenn man mir sagt, der jüdische Gott sei doch nur einer unter vielen Göttern. Ich weiß das, auch ohne die Forscher. Jehova und Baal sahen aus, als wären sie gleich wichtig, so wie Sonne und Mond immer aussahen, als wären sie gleich groß. Erst allmählich erkennen wir, daß die Sonne uns unendlich überlegen, der Mond hingegen nur unser Trabant ist. Da ich glaube, daß es eine Geisterwelt gibt, werde ich mich darin bewegen wie in der Menschenwelt und nach etwas Ausschau halten, was ich mag und gut finde. Genauso wie ich mich in einer Wüste nach sauberem Wasser umsehen oder am Nordpol versuchen würde, mir ein behagliches Feuer zu machen, werde ich das Land der endlosen Weite und Leere so lange erkunden, bis ich etwas Erfrischendes wie Wasser und etwas Tröstliches wie Feuer, bis ich einen Ort in der Ewigkeit fände, an dem ich im Wortsinn daheim bin. Und so einen Ort gibt es nur ein einziges Mal.

Damit habe ich genug gesagt, um (allen, denen an einer solchen Erklärung gelegen ist) zu zeigen, daß schon die herkömmliche Apologetik mir Gründe für den Glauben liefert. In unverfälschten Erfahrungsberichten finden sich (vorausgesetzt, sie werden ganz demokratisch, ohne Verächtlichkeit oder Befangenheit zur Kenntnis genommen) alle Beweise dafür, daß Wunder tatsächlich geschehen und daß die erhabeneren Wunder Teil unserer Tradition sind. Dennoch ist das hier knapp Erörterte nicht der eigentliche Grund, weswegen ich uneingeschränkt Ja zum Christentum sage, anstatt mich (wie ich es auch beim Konfuzianismus tun könnte) mit dem moralisch Guten an ihm zu begnügen.

Ich habe noch einen anderen, viel handfesteren und wichtigeren Grund, weswegen ich dem Christentum als einer Glaubenslehre folge, statt ihm wie einem Programm nur Stichpunkte zu entnehmen. Und dieser Grund besteht darin, daß die christliche Kirche meiner Seele nicht wie eine tote, sondern wie eine lebendige Lehrmeisterin begegnet. Sie lehrte mich gestern, und sie wird es höchstwahrscheinlich auch morgen tun. Einst sah ich urplötzlich, was die Form des Kreuzes bedeutet; irgendwann werde ich vielleicht urplötzlich sehen, was die Form der Mitra bedeutet. Eines schönen Morgens sah ich, warum Fenster Spitzbögen haben; eines anderen schönen Morgens werde ich vielleicht sehen, warum Priestern das Haar geschoren wird. Platon hat uns eine Wahrheit mitgeteilt; aber Platon ist tot. Shakespeare hat uns mit einem Bild schockiert; aber Shakespeare wird uns nicht mehr damit schockieren. Nun stelle man sich einmal vor, wie das Leben aussähe, wenn diese Männer noch lebten; wie es wäre, wenn man wüßte, daß Platon sich morgen mit einer brandneuen Rede zu Wort melden oder Shakespeare jederzeit mit einem einzigen Gedicht alles ins Wanken bringen könnte. Wer in inniger Verbundenheit mit einer (für sein Gefühl) lebendigen Kirche lebt, ist stets darauf gefaßt, Platon und Shakespeare beim Frühstück anzutreffen. Er ist stets darauf gefaßt, eine Wahrheit zu sehen, die er nie zuvor gesehen hat. Zu diesem Standpunkt gibt es nur eine einzige Parallele: unser aller Leben, wie es in seinen Anfängen war. Als unser Vater uns beim Gang durch den Garten erzählte, daß Bienen stechen und Rosen duften, war nicht die Rede davon, aus dieser Philosophie bloß das Beste herauszupicken. Wenn Bienen uns stachen, haben wir das nicht als amüsanten Zufall bezeichnet. Wenn die Rose duftete, haben wir nicht gesagt: »Mein Vater ist ein primitives, barbarisches Symbol, das (vielleicht ohne es zu wissen) die tiefe, zarte Wahrheit umschließt, daß Blumen duften.« Nein: wir glaubten dem Vater, weil er sich als lebendiger Wissensquell erwiesen hatte, als ein Wesen, das wirklich mehr wußte als wir selbst und uns nicht bloß jetzt, sondern auch später die Wahrheit sagen würde. Und mehr noch als für den Vater galt das für unsere Mutter – jedenfalls für meine, der dieses Buch gewidmet ist. Heute, da die Gesellschaft ziemlich sinnlosen Lärm um die Unterdrückung der Frauen macht, erinnert natürlich niemand daran, wie viel jeder Mann der Despotie und dem Vorrecht der Frauen verdankt, der Tatsache nämlich, daß sie völlig allein die Erziehung in der Hand haben, bis zu dem Zeitpunkt, da sie überflüssig wird. Denn ein Knabe wird erst dann zum Unterricht in die Schule geschickt, wenn es zu spät ist, um ihn irgend etwas zu lehren. Das Wesentliche ist bereits getan, und Gottseidank wird es fast immer von Frauen getan. Jeder Mann wird verweiblicht, schon durch seine Geburt. Alles redet von der maskulinen Frau; aber alle Männer sind feminisierte Männer. Und sollten sie je nach Westminster marschieren und gegen dieses weibliche Privileg protestieren, werde ich mich ihrem Zug nicht anschließen.

Denn ich entsinne mich mit Bestimmtheit einer unverrückbaren psychologischen Tatsache: daß ich damals, als eine Frau die oberste Autorität für mich war, am meisten Leidenschaft und Abenteuer in mir hatte. Gerade weil die Ameisen – nachdem meine Mutter gesagt hatte, daß sie beißen – tatsächlich bissen und der Schnee wirklich (wie sie gesagt hatte) im Winter kam, war die Welt für mich ein Märchenland, in dem sich alles aufs wunderbarste erfüllte, fast als lebte ich in der Zeit der alten Hebräer, in der eine Prophezeiung nach der andern wahr wurde. Als Kind ging ich hinaus in den Garten, und er war für mich ein phantastischer Ort, gerade weil ich ihn entschlüsseln konnte: hätte ich es nicht gekonnt, wäre er nicht phantastisch, sondern langweilig gewesen. Eine Wildnis ohne jede Bedeutung ist nicht einmal beeindruckend. Aber der Garten der Kindheit war faszinierend, gerade weil alles eine unverrückbare Bedeutung hatte, die sich zu gegebener Zeit erkennen ließ. Schritt für Schritt konnte ich herausfinden, worin der Zweck jenes häßlichen Etwas bestand, das sie eine Harke nannten, oder eine Ahnung davon bekommen, warum meine Eltern eine Katze hatten.

Seit ich also im Christentum eine Mutter – und nicht bloß ein zufälliges Beispiel – sehe, werden Europa und die Welt für mich wieder zu dem Gärtchen, in dem ich

Katze und Harke als leibhaftige Symbole entdeckte; alles betrachte ich mit der alten Unwissenheit und Erwartung des kleinen Knirpses. Manche Riten oder Dogmen mögen so häßlich und befremdlich aussehen wie eine Harke; aber die Erfahrung hat mich gelehrt, daß so etwas irgendwie auf Gras und Blumen hinausläuft. Ein Geistlicher mag so überflüssig scheinen wie eine Katze, aber er ist nicht minder faszinierend, denn es muß irgendeinen seltsamen Grund für seine Existenz geben. Hier eins von zig Beispielen: Ich persönlich verspüre keinerlei Neigung zu jener Schwärmerei für die Jungfräulichkeit des Leibes, durch die sich das historische Christentum unleugbar auszeichnete. Wende ich jedoch den Blick von mir ab und der Welt zu, sehe ich, daß diese Schwärmerei nicht bloß das Christentum, sondern auch das Heidentum, ja höheres Menschsein in vielen Bereichen ausgezeichnet hat. Die Griechen spürten, was Jungfräulichkeit ist, als sie Artemis in Stein meißelten, die Römer, als sie die Vestalinnen in Gewänder hüllten; und der wüsteste und wildeste unter den großen Elisabethanischen Dramatikern klammerte sich an die buchstäbliche Reinheit einer Frau wie an den Pfeiler, auf dem die ganze Welt ruht. Und selbst die Moderne (die sich doch über geschlechtliche Unschuld mokiert) schwelgt in götzendienerischer Anbetung der geschlechtlichen Unschuld – im heutigen Kinderkult. Denn jeder, der Kinder liebt, wird sicher einräumen, daß der leiseste Anflug von Geschlechtlichkeit ihre ureigene Schönheit zunichte macht. Da all dieses menschliche Erleben im Bunde ist mit der christlichen Autorität, kann ich nur zu dem Schluß kommen, daß ich unrecht habe und die Kirche recht hat; oder vielmehr, daß mir etwas fehlt, während die Kirche alles umfaßt. Nur aus sämtlichen Schicksalen läßt sich eine Kirche bilden. Sie verlangt nicht von mir, daß ich keusch bleibe; aber daß mir Keuschheit nichts sagt, nehme ich hin wie die Tatsache, daß ich kein musikalisches Ohr habe. Das beste menschliche Erleben spricht gegen mich, genau wie bei Bachs Musik. Auch Keuschheit ist eine Blume im väterlichen Garten, deren lieblichen oder schrecklichen Namen ich noch nicht erfahren habe. Mag sein, daß ich ihn eines Tages erfahre.

Dies also ist der eigentliche Grund, weshalb ich die Religion will und nicht nur die vereinzelten und profanen Wahrheiten, die sie enthält. Ich will sie, weil sie nicht bloß diese oder jene Wahrheit verkündet, sondern weil sie, wie sich gezeigt hat, schlechthin die Wahrheit sagt. Alle anderen Philosophien sagen Dinge, die auf den ersten Blick wahr erscheinen; nur diese eine sagt seit jeher das, was nicht bloß wahr erscheint, sondern wahr ist. Als einzige von allen Glaubenslehren ist sie überzeugend, ohne verlockend zu sein; es erweist sich, daß sie recht hat – wie mein Vater im Garten. Die Theosophen zum Beispiel predigen eine verlockende Idee wie die Seelenwanderung; schauen wir jedoch nach, was logisch aus ihr folgt, so sind es geistiger Hochmut und die Grausamkeit der Kasten. Ist einer nämlich Bettler, weil er vor seiner Geburt gesündigt hat, werden die Menschen ihn in der Regel verachten. Das Christentum predigt eine gar nicht verlockende Idee wie die Erbsünde; schauen wir jedoch nach, was aus ihr folgt, so sind es Mitleiden und Brudersinn und markerschütterndes Lachen und Erbarmen; denn nur dank der Erbsünde können wir gleichermaßen Mitleid mit dem Bettler und Mißtrauen gegen den König empfinden. Die Wissenschaftler versprechen uns Gesundheit, etwas unleugbar Förderliches; erst im nachhinein merken wir, daß sie unter Gesundheit leibliche Knechtschaft und geistige Langeweile verstehen. Die Orthodoxie dagegen zwingt uns zum Sprung, weil sich urplötzlich der Höllenschlund auftut; erst im nachhinein merken wir, daß der Sprung unserer Gesundheit höchst förderlich, eine sportliche Übung war. Erst im nachhinein merken wir, daß diese Gefahr die Wurzel alles Dramatischen und Romantischen ist. Was am meisten für die göttliche Gnade spricht, ist ihre Ungnädigkeit. Was immer am Christentum volksfeindlich aussieht, entpuppt sich beim näheren Hinsehen als solidarisch mit dem Volk. Zwar zieht sich um das Christentum herum ein strenger Schutzwall aus Verzichtsmoral und Geistlichkeit; aber innerhalb dieses unmenschlichen Schutzwalls findet man das uralte Leben der Menschen, dort hüpfen sie wie Kinder und trinken Wein wie Männer; denn das Christentum ist der einzige Rahmen für heidnische Freiheit. Bei der modernen Philosophie verhält es sich genau umgekehrt; äußerlich sieht sie nach Kunstwerk und Befreiung aus; aber drinnen herrscht Verzweiflung.

Verzweifelt ist sie deshalb, weil sie nicht wirklich daran glaubt, daß es im Universum Sinn und Bedeutung gibt; daher kann sie nirgendwo eine Romanze entdecken; ihre Romanzen hätten keine Handlung. Im Land der Anarchie ist mit Abenteuern nicht zu rechnen. Bereist man jedoch das Land der Autorität, so sind beliebig viele Abenteuer zu erwarten. In einem Dschungel des Skeptizismus findet man keine

Bedeutungen; wandelt man aber durch einen Hain von Dogma und Plan, wird man immer mehr Bedeutungen entdecken. Hier zieht alles eine Geschichte hinter sich her, ganz wie die Werkzeuge oder Gemälde in meines Vaters Haus; denn dies hier ist meines Vaters Haus. Ich ende dort, wo ich begann – am richtigen Ende. Ich durchschreite die Pforte aller guten Philosophie. Ich bin in meiner zweiten Kindheit.

Dieses große und abenteuerliche Universum des Christentums hat ein allerletztes Kennzeichen, das schwer in Worte zu fassen ist; es dennoch in Worte zu fassen will ich zum Abschluß versuchen. Die ganze Debatte über Religion dreht sich in Wahrheit um die Frage, ob jemand, der auf dem Kopf stehend geboren wurde, Auskunft darüber geben kann, wann er endlich richtig herum steht. Das Hauptparadox des Christentums lautet: Die gewöhnliche Verfassung des Menschen ist nicht seine gesunde, vernünftige Verfassung; das Normale ist selbst schon eine Anomalie. Dies ist die eigentliche Lehre des Sündenfalls. Der neue und interessante Katechismus von Sir Oliver Lodge* beginnt mit zwei Fragen: »Was bist du?« und »Was also bedeutet der Sündenfall des Menschen?« Ich weiß noch, wie ich zum Spaß meine eigenen Antworten auf diese Fragen niederschrieb; aber bald entdeckte ich, daß es äußerst bruchstückhafte und agnostische Antworten waren. Auf die Frage »Was bist du?« blieb mir als einzige Antwort: »Das weiß nur Gott.« Und auf die Frage »Was also bedeutet der Sündenfall?« konnte ich in aller Aufrichtigkeit nur erwidern: »Was immer

---

* Oliver Joseph Lodge (1851–1940), englischer Physiker und Naturphilosoph, auch Autor zahlreicher theologischer Bücher.

ich bin, ich bin nicht ich selbst.« Eben darin besteht das oberste Paradox unserer Religion: Etwas, das wir nie im vollen Sinn *kennengelernt* haben, ist nicht bloß besser als wir, sondern entspricht sogar unserer Natur mehr als wir. Die Probe darauf läßt sich nicht machen – es sei denn jene bloß experimentelle Probe, mit der dieses Buch begonnen hat: der Versuch mit Gummizelle und offener Tür. Erst seit ich weiß, was Orthodoxie ist, weiß ich, was geistige Befreiung ist. Eine ganz eigene Rolle aber – das sei zum Abschluß gesagt – spielt das Paradox für die höchste Idee der Freude.

Es heißt immer, das Heidentum sei die Religion der Freude und das Christentum die Religion des Leids; es wäre genauso leicht zu beweisen, daß das Heidentum nichts als Leid und das Christentum nichts als Freude ist. Solche Gegensätze besagen gar nichts und führen nirgendwohin. In allem Menschlichen gibt es Freude wie Leid; interessant ist bloß, in welcher Weise beides ausbalanciert oder aufgeteilt wird. Und wirklich interessant ist allein dies: daß der Heide (im großen und ganzen) um so glücklicher war, je näher er der Erde, aber um so trauriger, je näher er dem Himmel kam. Der Frohsinn des besten Heidentums – etwa die Heiterkeit Catulls oder Theokrits – ist ein immerwährender Frohsinn, den die Menschheit dankbar im Gedächtnis behalten muß. Aber er gilt den Tatsachen des Lebens, nicht seinem Ursprung. Die kleinen Dinge erscheinen dem Heiden so lieblich wie die Bächlein, die aus dem Berg sprudeln, die großen hingegen so bitter wie das Meer. Beim Blick auf das Innerste des Kosmos fährt dem Heiden die Kälte ins Gebein. Hinter den Göttern, die bloß despotisch sind, stehen die Schicksalsmächte, die tödlich sind. Ja, sie sind sogar schlimmer als tödlich; sie sind tot. Und wenn Rationalisten behaupten, das Licht der Vernunft habe in der Antike heller geleuchtet als im Christentum, dann haben sie aus ihrer Sicht recht. Denn wenn sie »Licht der Vernunft« sagen, meinen sie die Finsternis der heillosen Verzweiflung. Es ist wahr, daß die antike Welt moderner war als die christliche. Den Modernen glichen die Alten darin, daß sie am Dasein schlechthin, also an allem litten, während man sich im Mittelalter wenigstens daran ergötzen konnte. Natürlich litten die Heiden bloß an allem – an allem anderen ergötzten sie sich. Und die Christen versöhnten sich bloß mit allem – mit allem anderen haderten sie. Aber sieht man die Sache vom Kosmos her, dann gab es mehr kosmische Zufriedenheit in den engen und blutgetränkten Straßen von Florenz als im Theater von Athen oder im offenen Garten des Epikur. Verglichen mit Euripides lebte Giotto zwar in einer traurigeren Stadt, aber in einem fröhlicheren Universum.

Die große Mehrheit der Menschen war gezwungen, froh über die kleinen, aber traurig über die großen Dinge zu sein. Dennoch (herausfordernd präsentiere ich mein letztes Dogma) ist das dem Menschen nicht angeboren. Mehr er selbst, mehr Mensch ist er, wenn Freude in ihm das Beständige und Trauer das Flüchtige ist. Sich grämen sollte ein harmloses Intermezzo, eine schwache und vorübergehende Stimmung, Lobpreisen hingegen der ständige Pulsschlag der Seele sein. Pessimismus ist höchstens ein freier Nachmittag der Gefühle; Freude ist die turbulente Arbeit, die alle Dinge gebiert. Wäre der Mensch so, wie der Heide oder der Agnostiker ihn sieht, könnte er dieses ureigene Bedürfnis seiner Natur nie befriedigen. Freude sollte sich ausbreiten; aber der Agnostiker will sie einengen und auf ein Eckchen der Welt beschränken. Trauer sollte nur kurz andauern; aber der Agnostiker dehnt ihren Trübsinn bis in alle Ewigkeit. Genau dies nenne ich: auf dem Kopf stehend geboren sein. Beim Skeptiker ist das Oberste zuunterst gekehrt, denn seine Füße hüpfen ganz oben in leerer Ekstase, während sein Kopf im Abgrund steckt. Für den Menschen der Moderne liegt der Himmel unter der Erde. Die Erklärung ist einfach: Er steht auf dem Kopf – und der ist ein schwacher Sockel. Hat er erst einmal seine Füße wiedergefunden, dann weiß er das. Der christliche Glaube befriedigt – im Nu und zur Gänze – das uralte Bedürfnis des Menschen, richtig herum zu stehen; er befriedigt es vor allem dadurch, daß er Freude zu etwas Gigantischem und Trauer zu etwas Vereinzeltem und Winzigem macht. Die Himmelskuppel ist nicht deshalb taub, weil das Universum dumpf dahinlebt; das Schweigen, das uns umgibt, ist nicht das herzlose Schweigen einer endlosen und ziellosen Welt. Vielmehr ist es ein kurzes, mitleidvolles Verstummen, wie die plötzliche Stille in einem Krankenzimmer. Unsere Tragödie ist vielleicht eine Art barmherziger Komödie, weil die unbändige Lebenskraft alles Göttlichen uns umwerfen würde wie eine im Rausch gespielte Farce. Selbst unsere Tränen können wir leichter nehmen als den phantastischen Leichtsinn der Engel. Vielleicht sitzen wir in einer gestirnten Kammer des Schweigens, während das himmlische Lachen so laut ist, daß wir es nicht hören können.

Freude war das kleine Vorzeigestück des Heiden, sie ist das gigantische Geheimnis des Christen. Und nun schlage ich zum Abschluß dieser wirren Seiten noch einmal das eigenartige Büchlein auf, von dem alles Christentum ausging; und noch einmal erlebe ich so etwas wie eine Bestätigung. Die gewaltige Persönlichkeit, von der die Evangelien erzählen, steht auch in diesem Punkt turmhoch über allen Denkern, die sich je für groß gehalten haben. Sein Pathos war etwas Natürliches, fast Beiläufiges. Die Stoiker der Antike und der Moderne waren stolz darauf, ihre Tränen zu verbergen. Er aber verbarg Seine Tränen nie; Er zeigte sie unverhohlen auf Seinem offenen Antlitz, auch bei den geringsten Anlässen, etwa wenn Er aus der Ferne Seine Geburtsstadt sah. Dennoch verbarg Er etwas. Aufgeblasene Übermenschen und kaiserliche Diplomaten sind stolz darauf, ihren Zorn zu bändigen. Er bändigte Seinen Zorn nie. Er schleuderte Tische von den Stufen des Tempels herab und fragte Menschen, wie sie darauf kämen, daß sie der Höllenverdammnis entgehen könnten. Dennoch hielt Er etwas zurück. Ich sage es mit der gebotenen Ehrfurcht: Diese alles ins Wanken bringende Persönlichkeit besaß einen Wesenszug, den man nur als Scheu bezeichnen kann. Da war etwas, das Er vor allen Menschen verbarg, wenn Er auf einen Berg stieg und betete. Da war etwas, das Er immer wieder unter abruptem Schweigen oder plötzlicher Absonderung von den andern versteckte. Da war etwas, das Gott zu groß fand, um es uns zu zeigen, als Er auf unserer Erde wandelte. Und manchmal denke ich: Es war Sein Jauchzen.

NACHWORT

VON PHILIP YANCEY

Von einem Journalisten wurde G. K. Chesterton gefragt, wofür er sich entscheiden würde, wenn er auf einer verlassenen Insel strandete und nur ein einziges Buch dabeihaben dürfte. Er überlegte einen kurzen Augenblick und antwortete dann: »Na, selbstverständlich für das Handbuch *Wie baue ich ein Schiff.*«

Klammere ich die Bibel einmal aus, so könnte ich mir durchaus vorstellen, daß ich mich in einem solchen Fall für *Orthodoxie*, Chestertons spirituelle Autobiographie, entschiede.

Wie jemand dazu kommt, ein Buch mit diesem furchterregenden Titel in die Hand zu nehmen, verstehe ich zwar selber nicht, aber ich tat es eines Tages, und bis heute laboriert mein Glaube an den Folgen. Ich durchlebte damals eine Zeit spiritueller Dürre, in der mir alles schal, aufgewärmt, leblos erschien.

Orthodoxie brachte Frische in mein Denken und vor allem ein neues Bewußtsein von Abenteuer. »Ich bin der Mann, der mit dem größten Wagemut entdeckte, was bereits entdeckt war«, erklärt Chesterton. »Ich strebte danach, eine Ketzerei zu finden, die mir paßt; und kaum hatte ich ihr den letzten Schliff gegeben, mußte ich feststellen, daß es die Orthodoxie war.« Von Chesterton geleitet, landete ich an demselben Ort, aber die Reise dorthin war aufregend und unvergeßlich.

Das Gleichnis von der einsamen Insel taucht oft in Chestertons Schriften auf, denn er sah in dieser Welt eine Art kosmisches Schiffswrack. Die menschliche Suche nach Sinn erinnert an einen Seemann, der aus einem tiefen dunklen Nachtmahr erwacht: *Der Mann, der Donnerstag war.* Angesichts der Verschiedenheit der beiden Werke erstaunt es, daß Chesterton *Der Mann, der Donnerstag war* im selben Jahr geschrieben hat wie *Orthodoxie.*

Er hat später geäußert, er habe damals gegen die Hoffnungslosigkeit angekämpft, mit dem Bösen gerungen und am Sinn des Lebens gezweifelt; er sei gar einem Nervenzusammenbruch nahe gewesen. Als er aus dieser Depression wiederaufgetaucht sei, habe er versucht, ein Plädoyer für Optimismus im Schatten einer solchen Welt vorzutragen. Das Ergebnis waren diese beiden Bücher, wobei es sich beim einen um eine Apologie voller überraschender Wendungen und Finessen handelt, während sich das andere am besten als eine Mischung aus Spionageroman und Alptraum beschreiben läßt.

Wichtiger als alle Informationen oder intellektuellen Argumente, die ich von Chesterton erhalten habe, ist ein neuer, »romantischer« Blick auf meinen Glauben, den er mir eröffnet hat. Heidnische Tugenden wie Gerechtigkeit und Mäßigung sind ihm zufolge die traurigen Tugenden. Die christlichen Tugenden des Glaubens, der Hoffnung und der Barmherzigkeit sind dagegen erfüllt von Fröhlichkeit und Jauchzen.

Jede von ihnen hat etwas Waghalsiges an sich: »Christliche Nächstenliebe heißt etwas verzeihen, was unverzeihlich ist, sonst wäre sie gar nicht erst eine Tugend. Hoffnung heißt hoffen, wenn alles hoffnungslos ist, sonst wäre sie keine Tugend. Und Glaube heißt das Unglaubliche glauben, sonst wäre auch er keine Tugend.«

Ich erkannte, daß mein eigener Glaube zu einer verkniffenen, ingrimmigen Übung in spiritueller Disziplin geworden war, zu einem Gemisch aus Askese und Rationalismus. Die Freude war auf der Strecke geblieben. Chesterton gab mir ein Gefühl von Romantik zurück, einen Durst nach den fröhlichen, jauchzenden Tugenden. »Verzweiflung«, erklärte er, »besteht nicht darin, daß man des Leidens überdrüssig ist, sondern daß man die Lust an der Freude verloren hat.«

G. K. Chesterton entspricht dem Klischee des lustigen Dicken. Er brachte knapp 300 Pfund auf die Waage, und zusammen mit seinem schlechten allgemeinen Gesundheitszustand genügte das für seine Befreiung vom Militärdienst. Dieser Umstand führte im Ersten Weltkrieg zu einer ziemlich brüsken Begegnung mit einer britischen Patriotin. »Warum sind Sie nicht an der Front?« wollte eine empörte ältere Dame wissen, als sie Chesterton in den Straßen Londons erspähte. Er antwortete: »Meine liebe Dame, Sie brauchen nur einen Blick um meine ausladenden

Rundungen zu werfen, dann werden Sie sehen, daß ich es *bin.*«

Chesterton bewährte seinen Scharfsinn in öffentlichen Debatten mit Agnostikern und Skeptikern seiner Zeit, unter ihnen der berühmte George Bernard Shaw. (Man stelle sich vor, daß damals ein Streitgespräch über den Glauben einen ganzen Vorlesungssaal füllen konnte!) Chesterton kam gewöhnlich zu spät, musterte durch seinen Kneifer kurzsichtig verschiedene Zettelchen, auf die er Notizen gekritzelt hatte, und widmete sich dann der Aufgabe, die Menge zu unterhalten, wobei er aus vollem Hals über seine eigenen Witze lachte. Durch seinen Schnurrbart schnaufend und mit den Äuglein zwinkernd machte er sich für »reaktionäre« Ideen wie die Erbsünde und das Jüngste Gericht stark. Normalerweise gelang es ihm, die Zuhörer zu bezirzen und auf seine Seite zu ziehen; anschließend feierte er das Ereignis damit, daß er seinen geläuterten Gegner in die nächste Wirtschaft einlud. »Er ist so lustig, daß man fast glauben könnte, er habe Gott gefunden«, hat Franz Kafka über ihn gesagt.*

Zu den Werken Chestertons, die als »apologetisch« gelten können, zählen *Orthodoxie*, *Ketzer* und *The Blatchford Controversies*, die alle drei durch eine lange, in der Zeitung ausgetragene Kontroverse zwischen Chesterton und Robert Blatchford, dem Herausgeber des *Clarion*, angeregt wurden. Als Blatchford die Gründe anführte, die ihn bewogen, das Christentum abzulehnen, antwortete Chesterton mit einer lebhaften, launigen Widerrede, durch die er die

* Gustav Janouch, *Gespräche mit Kafka*, Frankfurt a. M. 1961, S. 59.

Stoßrichtung der Argumente Blatchfords umkehrte. »Würde ich die Gründe nennen, die mich Christ sein lassen«, schrieb er, »wären sie zum großen Teil die gleichen Gründe, die Mr. Blatchford daran hindern, Christ zu sein.«

Chesterton räumte bereitwillig ein, daß die Kirche der christlichen Botschaft ganz und gar nicht gerecht geworden sei. Tatsächlich gibt es, meinte er, nur ein Argument gegen das Christentum, das sich nicht entkräften läßt: die Christen. Sie seien wandelndes Beispiel für die biblische Lehre vom Sündenfall. Als die *Times* eine Reihe von Autoren um Beiträge zu dem Thema »Was ist faul an dieser Welt?« bat, schickte Chesterton die kürzeste und treffendste Antwort ein:

Sehr geehrte Herren:
Ich.

Ihr sehr ergebener
G. K. Chesterton.

Chesterton schien instinktiv zu spüren, daß ein eifernder Prophet schwerlich zu einer Gesellschaft durchdringt, in der es von »gebildeten Verächtern« der Religion wimmelt; er gab der Rolle des Spaßmachers den Vorzug. Seine Methode beschrieb er folgendermaßen: »Wenn ich es mit einem anmaßenden Verfechter des Zweifels zu tun habe, hat es keinen Sinn, ihm zu sagen, er solle mit Zweifeln aufhören. Besser fordere ich ihn auf, weiter zu zweifeln, noch ein bißchen mehr zu bezweifeln, sich täglich zu neuen und phantastischeren Zweifeln an der Welt zu versteigen, bis er vielleicht endlich, dank einer merkwürdigen Erleuchtung, anfängt, an sich selbst zu zweifeln.«

Ich glaube, wir Heutigen haben einen neuen Chesterton bitter nötig. In einer Zeit, in der sich kulturelles Leben und Glaube noch weiter voneinander entfernt haben, könnten wir seine Brillanz, seinen unterhaltsamen Stil und vor allem seinen großherzigen, fröhlichen Geist gut gebrauchen. Wenn sich die Gesellschaft polarisiert, so wie unsere das getan hat, dann ist es, als stünden die Parteien beidseits einer breiten Kluft und brüllten sich an. Chesterton hatte da seine eigene Methode: Er trat hinaus, mitten auf die schwankende Brücke, forderte die diversen Einzelkämpfer lauthals heraus und brachte schließlich beide Parteien zum Lachen.

G. K. Chesterton gelang es wie keinem anderen in diesem Jahrhundert, den christlichen Glauben mit Scharfsinn, guter Laune und intellektueller Überzeugungskraft zu vertreten. Mit dem Feuereifer eines Ritters, der die letzte Bastion verteidigt, legte er sich mit Leuten wie Shaw, H.G. Wells, Sigmund Freud, Karl Marx und mit jedem an, der sich vermaß, die Welt ohne Gott und die Fleischwerdung des Herrn verstehen zu wollen. Nach T. S. Eliots Ansicht »tat er mehr ... als jeder andere seiner Zeitgenossen ... um die wichtige Minorität in der modernen Welt am Leben zu erhalten«.

Ich weiß, das hat er für mich getan. Sooft ich spüre, daß mein Glaube wieder einmal zu verdorren droht, wandere ich zum Bücherregal und nehme ein Buch von G.K. Chesterton heraus, und das Abenteuer beginnt von vorne.

London, 1996

ORTHODOXIE – *eine Handreichung für die Ungläubigen* von Gilbert Keith Chesterton, ist im Juli 2000 als hundertsiebenundachtzigster Band der *Anderen Bibliothek* im Eichborn Verlag, Frankfurt am Main, erschienen.
Das englische Original wurde unter dem Titel *Orthodoxy* im Jahre 1908 bei John Lane/The Bodley Head in London verlegt. Die Neuübersetzung haben Monika Noll und Ulrich Enderwitz besorgt. Martin Mosebach schrieb die Einleitung zu dieser Ausgabe. Das Nachwort von Philip Yancey wurde aus einer englischen Nachauflage aus dem Jahre 1996 übernommen. Das Lektorat lag in den Händen von Rainer Wieland.

Dieses Buch wurde in der Cicero
Century Expanded von Wilfried Schmidberger
in Nördlingen gesetzt und bei der
Fuldaer Verlagsanstalt auf holz- und säurefreies
mattgeglättetes 100 g/m^2 Bücherpapier der Papier-
fabrik Schleipen gedruckt. Den Einband
besorgte die Buchbinderei G. Lachenmaier
in Reutlingen. Ausstattung und Typographie
von Franz Greno.

1. bis 7. Tausend, Juli 2000.
Von diesem Band der *Anderen Bibliothek*
gibt es eine handgebundene Lederausgabe
mit den Nummern 1 bis 999; die folgenden
Exemplare der limitierten Erstausgabe
werden ab 1001 numeriert.
Dieses Buch trägt die Nummer:

4809